思想觀念的帶動者
文化現象的觀察者
本土經驗的整理者
生命故事的關懷者

心靈工坊 | PsyGarden |

Holistic

探索身體，追求智性，呼喊靈性

攀向更高遠的意義與價值

是幸福，是恩典，更是內在心靈的基本需求

企求穿越回歸真我的旅程

成為有能的自己
探索自發性與強迫性

The Potent Self
A Study of Spontaneity and Compulsion

摩謝‧費登奎斯（Moshé Feldenkrais）——著

馬克‧瑞斯（Mark Reese）——編

易之新——譯

目錄

CONTENTS

【推薦序一】

自然發生，才是真正有益的學習

劉美珠

國立台東大學
身心整合與運動休閒產業學系 教授
美國俄亥俄州立大學身心學（Somatics）博士
Body-Mind Centering® Certified Teacher
GYROTONIC®/GYROKINESIS® pre-trainer

　　1998年自美國完成身心學博士返台時，就已看到這本 *The Potent Self* 的中文翻譯版「從身態改變心態」，對於不擅文字的我，那本書讀起來感覺辛苦，不易理解，不禁想起自己初次學習費登奎斯方法時霧裡看花的經驗。那是在美國俄亥俄州立大學研修舞蹈教育碩士學位時，參加了費登奎斯方法工作坊，第一次上動中覺察（Awareness Through Movement）的團體課，因平日慣於學習動作技巧，在面對微小動作變化時，不知不覺在課堂中睡睡醒醒了好幾回，過程中好像知道又好像不知道地不確定在做什麼，課程結束後好像也不清楚自己學到了什麼，並沒有領略到該方法的精隨。當時閱讀過 *The Potent Self*，也是似懂非懂。後來，決定投入於身心技法的學習時，因緣際會利用暑假到麻州參加Body-Mind Centering®的四年訓練課程。在第一個暑假上完BMC課程回到學校，又再次參加「Awareness Through Movement」團體課，突然發現身體變得清楚許多，不再有半睡半醒的情況，也體會到費登奎斯方法的美妙之處，啟發了我重新思考動作與人性、學習的概念和意義，及身體的

改變和心理變化之間的微妙關係。再次閱讀本書時，有了不同的理解和體悟。

　　歷經 20 年後看到易之新老師將 *The Potent Self* 翻譯了另一個新的中文版，書名改為：「成為有能的自己」，心中真是既興奮又佩服。這本書是費氏幾本難讀的經典之一，難讀是因為他提出了許多非常不同於傳統思維的身體觀和學習模式，若非有深刻的體會和經驗，不容易精準地表達其意涵。易老師有相當豐富的翻譯經驗，加上親身對該方法的學習、體會和感悟，這幾年又接連翻譯了幾本費登奎斯方法的經典書籍，流暢而精準的翻譯功力，真令人敬佩；感謝他的用心與投入，讓我們可以透過比較容易理解的語彙來閱讀費登奎斯大師的著作，為許多興趣於身心探索的人、動作教學的老師，和協助恢復身體使用的治療師，提供了一本非常重要的指引經典。

　　費登奎斯方法是早期最具影響力的身心學派之一，費氏認為人們應該把「學習如何學習」當成人生中最重要的事情，對於人之所以為人的啟發，有莫大的貢獻。在本書中，從人的本能、動機、行為、環境、成熟度、外在的獎懲、導致錯誤姿勢的形成和動作的表現，到調整和治療等不同的角度，都做了深入的思考和反省，也對於何謂覺察、什麼是良好的姿勢及動作和如何培養有其獨特的論述。他認為人的成長與改變，就是在不斷的學習過程中發生，而「學習」應在沒有嚴苛的強迫要求下進行，不必握緊拳頭、皺起雙眉、咬緊下巴努力，也沒有必須、一定的教條及獎懲，而是當人體保持在自然、自發、不受干擾地，帶著喜悅的心情讓微笑轉成大笑時，學習自然發生，才是真正有益的學習。

　　我們自幼被父母、老師、文化教導要「吃得苦中苦，方為人上人」，人們總是被要求帶著強迫自己以努力及認真的態度來學習。這常見於許多動作學習中，肌肉要有撕裂、疲勞、疼痛才有訓練的感覺；不管是否符合自己的正確姿勢，就是要依照要求的標準動作，不斷地反覆操練千百次直到疲憊不堪，才符合認真、努力的標籤。這種強迫性的學習逐漸形塑出一種觀念，認為做任何事只要沒有費力的投入，就表示不夠好、不夠認真、不夠努力；為了比別人更好，為了得到預設的結果，就要不斷緊逼，以能感覺到被推往極限的壓力，否則就不應該自我滿足。這種思維習慣深植人心，以至於當我們學習任何事物時，總是戰戰兢兢、小心翼翼。慢慢地，人們忘記了學習是有選擇的，是可以輕鬆、喜悅、不費力且開心的。

　　人類的本能會將注意力導向舒適、安全的感覺，遠離危及安全感的面向，個人的選擇也是取決於神經系統及其支持系統的健康狀態和環境的影響。環境可以強化神經系統的成長與更新，也可以迫使神經系統趨往不正確的方向發展，而產生許多代價的運作，使身體的活動逐漸窄化、局限而形成機械性的習慣動作。當強迫性發生，內在的安全感受到干擾，以至於失去嘗試的意願或害怕犯錯，即使有最好的條件，也無法產生真正的學習和改變。

　　許多身體治療和動作訓練最大的缺憾就是少了提供身體輕鬆、直接而主動的學習，讓身體能夠在愉悅的放鬆狀態下，找到自己的邏輯和可能性。費氏以「動作」做為了解身體行為的媒介，因為，他認為「動作」可以完全把感官知覺連結到肌肉活動，藉由促進某些肌肉模式，如學習吸吮、飲食、轉頭、說話、坐、站等，其心智

歷程的所有跡象會透過自主的肌肉活動讓我們意識到；透過這意識化的過程，可重新建構身體形態的新模式，就能改變與心智歷程的互動狀態。

學習的基礎就是身與心之間的相互關係，神經系統與身體是一個整體的有機體，身體的經驗必須形成神經機制與現實連結，因為神經系統的運作與神經系統裡進行的電化學變化，被轉譯成外在世界的語言，這是對我們所有人都具有客觀意義的語言。而啟動神經系統的重要關鍵就是覺察（awareness），對身體內在驅力欲望的覺察，可謂人類自我了解、認知和掌控的基礎。覺察能力就在意識和無意識之間扮演著重要的溝通角色，唯有開發了身體覺察的敏銳度，才有能力輕鬆地駕馭身心的變化及欲求。開發身體覺察能夠讓人的心性更寧靜，並喚醒沉睡的感官能力，透過覺察能力的增進，身體的感覺更明確，能更穩健、更有效率的執行動作，並減少疼痛與不舒服。再者，因自我「肯定感」和自信心的增強，使人更能掌握情緒的表達，對自我目標和生存的意義更加肯定，進而成為有能力自我掌握的人。

本書雖然文意本身就艱澀難懂，但絕對是值得投入、理解，深思的一本好書，希望此書的被看見，能夠讓更多人對於人類學習、身體行為、動作教育的思維能有突破性的衝擊和改變。

【推薦序二】

真正的自由

理夏 Richard Corbeil

（音樂家、資深費登奎斯培訓老師）

　　我全心全意邀請你閱讀這本迷人的書。

　　雖然我的人生早年是研究音樂，初期的專業生涯是音樂家與聲樂老師，但成人期大部分時間都在研究、練習與教授費登奎斯方法。

　　1986年，我首次閱讀這本書，它在我生涯劇烈轉變的過程中，扮演了非常重要的角色。我在那一年開始從音樂家與聲樂老師轉換成費登奎斯方法的培訓老師。

　　身為聲樂老師，我常常必須處理學生的「情緒困擾」——我以為的「情緒困擾」。強迫性的追求完美對某些人的藝術成長與發展會造成極大的傷害，導致「舞台恐懼症」或「藝術家的瓶頸」，年輕表演家的焦慮程度幾乎會摧毀他們的藝術能力。許多人對於稱讚與認可的需求是如此強烈，以至於回絕表演的機會，只因為害怕不夠完美的表演結果會導致徹底的拒絕。多年來，他們在表現自己的需求與無法這樣去做的兩極之間倍受折磨。

　　我閱讀本書時，體會到原本看似各種情緒困擾的情形，其實是同一種困境的不同表現方式。藉由這種認識，再加上費登奎斯方法，我擁有效果絕佳的整套工具，可以改善種種造成自我挫敗的情緒與行為。

　　這本書帶領我們探討個人、社會與環境的狀況，我們的習慣是

在這些狀況中形成，並得到維持。更重要的是，透過本書，作者還邀請我們更新習慣或重新調整習慣，以增進我們表現行動的能力，改善行動的有效性，並能欣賞其價值。

　　不論是藝術表演，或是日常行動，若是缺少區辨與選擇，是非常可怕的，那是沒有自由的生活。相反的，如果隨著行動的進行，我們能感覺到越來越多的可能性自發地浮現，並能自由選擇越來越多的選項，就會經驗到真正的啟發。我們會得到自由，而能自發地找到各種方式，以表現全面且多向度的內在自我。

　　本書雖然「尚未完成」，但對我們這些關切行動品質與生活品質的人而言，卻是無價之寶，是靈感與智慧的來源。本書是追尋內在平靜與幸福時，最富洞察力的資源。我真心希望你會喜歡它，並像我一樣從它獲益。

【譯序】

潛能無限，但我們限制了自己　　易之新

　　我剛開始接受師資培訓時，老師就強調，費登奎斯方法是與眾不同的，重點並不在於比其他學派或方法「更好」，而是「不同」，但很難簡單地為這個方法下定義、說明這個方法是什麼。我想在此試著闡述這個方法的「不同」，以及本書的特色。

　　由於不容易說明什麼是費登奎斯方法，我向大家介紹時，喜歡先談這個方法不是什麼：它並不是一種放鬆的技法，雖然常常有放鬆的作用；它也不是某種療法，雖然有時會出現療效；它當然不同於瑜伽、皮拉提斯或各種運動，卻常常用來改善它們的動作與效果，即使如此，費登奎斯方法也不只是動作教育。

　　我們比較容易從外在的形貌來認識費登奎斯方法，比如團體課的「動中覺察」、個別課的「功能整合」，或是操作過程的手法與技巧，但這個方法其實完全不能從這些形貌來定義；我在教課時，喜歡用「身心實驗」來類比這個方法，但這只表達了它的部分面向，它當然不僅僅是身心實驗。

　　如果從它的核心精神來看，可以說，費登奎斯方法是透過身心的探索與覺察，來學習如何有更好的學習，學習如何運用自己，學習找到自身內在的權威，學習如何有適情適性的人生發展，學習如何與外在世界有更合宜的關係。摩謝說：「我所追求的，不是靈活的身體，而是靈活的大腦；我所追求的是每一個人的人性尊嚴。」

人類神經系統的特殊性及其原本具有的能力與發展的可能性，可說就是摩謝所說的人性尊嚴。

　　「動中覺察」與「功能整合」就是以具體的方式來實際體驗上述的各種抽象觀念。所以若是從效果來看，就不只在於身心狀況的改善、病痛的減輕或消除，更是可以發揮這個方法的核心精神與學習經驗，應用到人生中形形色色的經歷與各種面向的學習與發展。簡言之，就是找到認識自己、發揮潛能的方法。

　　不只是我親身的經驗，許多費登奎斯老師也與我談到，學了費登奎斯方法之後，學習其他事物的能力增加了，分辨自身需要與興趣的能力也變敏銳了。摩謝‧費登奎斯在《費解的顯然》書中談到，他用這樣的精神來學習繪畫，並在另一本書 Master Moves（舊譯書名為《大師之舞》）談到以這個方法學彈鋼琴，都事半功倍。我覺得摩謝會舉這兩個例子，就是希望學習這個方法的人不會受限於其形貌或類比。

　　當談到「學習」，主流觀念給予我們的往往是目標、成就的導向，充滿了「努力」、「用力」、「費力」、「拚命」等等很壓迫的感覺，相當破壞學習的樂趣。本書所談的學習，可說是歷程導向，從「強迫性」與「自發性」的角度來探索我們的潛能受到什麼阻礙，以及如何去除這些障礙，得到生機盎然的發展。

　　當我們看著心目中的「完美」目標，「努力」往前時，往往有過多、不必要的費力，並承受著自己不夠好的壓力，即使達到原本以為的目標，也往往付出許多身心方面的代價；但如果把眼光放在當下的自己，體會學習的樂趣，享受過程中一點一滴的經驗，逐漸

地、不知不覺中，可以在輕鬆不費力的身心狀態下自然進步，而且進步會逐漸累積，以至於超過原本的想像。「強迫性」與「自發性」的探索，可以讓我們看見，人的潛能超過我們原本所以為的，甚至，不會被「完美的目標」所限制。

本書前半段，一到十一章，比較著重在核心觀念的介紹，引用實證研究說明神經系統的運作，顯示他在那個時代就已具備今日蓬勃發展的「神經可塑性」觀念，內文有時會穿插一些較短的練習，讓讀者體會這些理論的實用性。後半段，從第十二章開始，就比較著重在實際的體會，引用許多後來被稱為「動中覺察」的練習，但仍不時串連到他的核心觀念，甚至與內在心理的探索結合起來。Mark Reese的序言對本書內容有相當詳細的介紹，譯者在此不多贅言。

本書得以譯成，要感謝許多人，我當年的培訓老師Paul Rubin與Richard Corbeil，藉著來台灣教學的時候，花了許多時間陪我澄清許多疑問。Richard Corbeil是將音樂專業與費登奎斯方法結合起來的知名老師，他從本書得到許多啟發，熱情地為本書寫序。Paul Rubin是具有四十年教學經驗的資深老師，他向我強調，摩謝的用字，意含往往不同於一般的觀念，相當挑戰我們的慣性，比如「正確」這個字眼就會分別以他特定的定義與一般的用法出現。這兩位經驗豐富的老師日後仍會到台灣教學。我在舊金山的老同學Mary Romine是英文老師，熱心地透過電子郵件與我核對原文的意思。促成台北師資培訓這麼艱鉅任務的陳怡如老師，也常常與我討論書中許多核心觀念。這些人都花了許多時間陪伴我度過原本孤寂的翻

譯過程，在此一一表達感謝。

1985 年版編者注

密查林・金美 Michaeleen Kimmey

　　這份手稿是為一般大眾寫的，書寫的時間開始於《身體與成熟的行為》（*Body and Mature Behavior*）之前，延續到該書出版之後。比較科學取向的《身體與成熟的行為》於1949年出版。費登奎斯博士本身是科學家，當時考慮的是怎麼做可以造成改變，並希望整體科學界對他的方法即使不是支持，至少會抱持友善的態度。基於這個理由，他當時選擇不出版本書，因為其內容詳細分析了普遍存在我們社會的嬰兒式依賴現象背後的情緒機制。

　　接下來的四十年，他的方法得到科學界廣泛的接納，所以現在正是時候，可以公開這本為大眾而寫的書。他在親朋好友的催促下，終於決定出版此書，希望對當前的世代有一些益處。

　　他允許我肆意修改各章的性別語氣。我建議大家看這本書時要讀出聲音，因為他使用的是說話的語氣，而不是書寫的文體。

　　1984年7月1日，摩謝・費登奎斯在80歲時平靜離世。我們這些人有幸親自與這位充滿人性精神的人相遇，也希望你們能從他的話語認識他的偉大人性。

2002 年版編者序

馬克・瑞斯 Mark Reese

　　我們的目標是……發現你真正想要的是什麼。這絕對不是容易的任務。（第302頁）

　　大部分人都有夢想，如果實現了，就是人生得到更深層滿足感的來源。但儘管付出最大的努力，這種夢想往往仍深藏內心或隱晦不明，悲哀地隨時間流逝。本書探討的就是為改變時要面對的挑戰，提供一條路徑，幫助我們得到到更大的自我實現。摩謝・費登奎斯相信我們都有非凡的能力，欠缺的是適當的方法，稍加應用，就能開啟充分的潛能。他認為動作是最重要的關鍵。

　　費登奎斯相信，身體的動作是認識人類狀況的基礎。他在成為物理學家、工程師之前，就已是勞工、運動員、武術專家，終其一生，他都把自己的動作技巧與知識應用到他探索的每一個問題。費登奎斯方法既是動作科學，也是一人獨立發展出來的心智運動。他以徹底科學化的方式探究動作，以檢視種種疑問，從日常生活的實際細節，乃至心理學、醫學、愛與道德，還有美學、教育與宗教。費登奎斯所進行的大量心智探索，讓我們看見動作與物理概念可以應用到什麼程度，以處理複雜的生物、心理、社會與哲學議題。即使到了現在，費登奎斯的方法仍強大有用，可以讓我們從嶄新的觀點來了解世界。

　　本書最初的版本完成於《身體與成熟的行為》一書出版的年代，但直到1985年才出版。《身體與成熟的行為》一書於1949年由羅德里奇（Routledge and Kegan Paul）公司出版，這是摩謝為其方法的理論與實務所寫的第一本書。這兩本書一起呈現出費登奎斯意圖提出的廣泛議題、他擁有的知識深度，以及他成就的範圍與原創性。書中介紹的方法後來被他稱為費登奎斯方法：一種以動作為基礎的經驗性學習方式，用來改善身心生活的所有面向。費登奎斯在本書中說：「生命和動作其實是同一件事。」（第139頁）他相信動作是生命最基本的事實。

　　費登奎斯方法是以綜合體的方式崛起。摩謝結合各種不同學門的知識，並從親身經歷的戲劇化生活事件來學習。他在剛進入青少年期的十四歲就獨自離開波蘭，那時還不過是個大孩子，輾轉到了巴勒斯坦，一開始在台拉維夫的建設工地當勞工。他取得遲來的高中畢業證書的過程中，不但去當問題學生的家庭教師，也自學防身術與催眠，接著撰寫他最初的兩本書《防身術》（*Self-Defense*）與《自我暗示》（*Autosuggestion*），然後移居法國，取得工程學博士學位。在核能研究的早期階段，費登奎斯曾與弗瑞德里克·約里奧—居里（Frederic Joliot-Curie）共事，發表了數篇科學論文。他在旅居法國期間學習柔道，成為著名的柔道老師，寫了兩本頗獲好評的書《柔道》（*Judo*）與《高等柔道》（*Higher Judo*），為柔道的原則提出科學的解釋，並協助柔道成為國際認可的運動。納粹入侵巴黎時，他想辦法逃到蘇格蘭，投入英國海軍部的聲納與其他反潛艦技術的科學研究。

他在蘇格蘭的歲月中，憑一己之力鑽研他原創的方法。年輕時，他在巴勒斯坦因為踢足球而傷到膝蓋，從此飽受痛苦，特別是在辛苦逃離法國之後。經過數年的研究，他發現一種獨特的解決方法，那是根據密集的自我再教育過程而來。他領悟到自己的膝蓋問題與他的整個人格有非常密切的關聯，而踏上自我探索與知性冒險的道路。費登奎斯的核心發現就是自我覺察的歷程，特別是透過動作的動覺來覺察。費登奎斯強調：「我們所做的每一件事都是透過肌肉來表現」（第101頁）。他發現，藉由把注意力放到肌肉與關節的感覺、地心引力與平衡的感覺，以及我們著手做事的方式，並把這種覺察帶入所有層面的活動，就可以對自己、對改變的過程有非常深入的認識。

費登奎斯曾是難民，不只一次必須從零開始。他不斷面對挑戰，適應新的社會，學習新的語言與工作，而不犧牲自己的獨特性。透過生活經驗、自我觀察、學術研究與科學訓練，費登奎斯有良好的學習，不只學會如何學習，還學會教導別人學習如何學習。

從本書的引用文字與參考文獻，可以瞥見費登奎斯的領域跨越不同學門，對各種取向兼容並蓄。他汲取迥然不同心理學派的知識，從古典的巴夫洛夫式行為學家（第78-80、209-210頁），到佛洛伊德（例如第156、207、233頁）。雖然他漏談了艾彌爾·庫埃（Emile Coué，他曾研究庫埃的自我暗示體系，並撰寫《自我暗示》一書），但確實在本書第210與220頁討論了舒茲教授（Professor J. H. Schultz）所謂的自生訓練（autogenic training）體系，那為催眠提供了科學的基礎。費登奎斯在分析大腦皮質、自律神經系統，以及運

動控制系統時（第80、135-136、249-251頁），也展現出對當時神經生理學的精通。他還受到馬克思的影響，在巴勒斯坦時期也從伏爾泰（第91頁）與盧梭（第62頁）的思想獲得啟發。他也常常引述聖經（第50、130、139、145頁），這並不讓人驚訝，因為他早年接受過正統宗教教育。雖然他只偶爾談到柔道，但柔道在費登奎斯思想的核心角色是毋庸置疑的（例如第150、276、285頁）。

本書分析了造成身體、情緒、心智與社會困境的原因，說明如何辨識妨礙個人發展的因素，並找出更為健康的可能選擇。在本書的用語中，個人發展意謂著：

1、消除「交錯動機」，達到「單一動機」；

2、消除「強迫性」行為，得到「自發性」；

3、放下僵化形式的姿勢，獲得「有反轉能力」的「動姿」的動態狀態；

4、成長以超越「不成熟」的「發展依賴」期，並「成熟到」「有能」的狀態。

「交錯動機」（cross motivation）是費登奎斯為社會動機與個人欲望之間的內在衝突所定的名稱。他把這個問題追溯到童年期的依賴──我們在兒時學會關閉內心深處的感受與衝動，以維持父母以有條件的方式提供安全感與稱讚：

安全感的需求與依賴是直接相關的，難怪在人類所有活動的背

景中，都有依賴與渴望獨立的主題。（第105頁）

根據費登奎斯的觀點，大部分人在兒時都因為父母的養育方式而受苦，他們的養育或隱微或明顯地威脅到我們的安全感。結果就是個人發展停滯，限制了隨後各方面的學習。

安全感的喪失是比懲罰的疼痛更巨大的痛苦。安全感的受損會扭曲一個人對現實的調適，因為會讓依賴關係變成讓人害怕的關係，而破壞了學習的能力。（第141頁）

若考慮到費登奎斯的童年經歷，就可以看見本書具有自傳的意含。他對依賴的洞識很可能始於他本人還是小孩的時候：摩謝十四歲就早熟，在依賴與自主的渴望間被撕裂，離開波蘭的家，啟程前往巴勒斯坦。

尼采、佛洛伊德與其他人都在傳世的著作中談到社會需求與個人需求間的衝突所造成的痛苦。費登奎斯向佛洛伊德表達敬意時寫道：「近年來，由於精神分析，我們對心智狀態的認識有了大幅的進展。」（第113頁）費登奎斯分享佛洛伊德的信念，談到破壞性的衝突大多是出於潛意識的，而解決的方法需要更大的有意識的覺察。

但佛洛伊德認為，社會的需求造成性欲的實現與「本我」（id）或本能我（instinctual self）欲望的滿足都變得不可能：對佛洛伊德而言，我們能做的最佳方法就是讓重要的驅動力得到昇華或重新導向。相反的，費登奎斯與佛洛伊德的弟子威廉・芮克（Wilhelm

Reich）則相信，適切的心理狀況可以允許個體的實現，並讓身體功能的運作達到更理想的層次。費登奎斯與芮克都強調，我們的衝突深植於身體之中，並強調要特別注意身體。

雖然芮克的實務取向與佛洛伊德的取向不同，但他們對性欲本質的觀點有許多共通之處。然而，就性欲而言，費登奎斯在理論與實務上都非常不同於佛洛伊德學派。本書一開始就對佛洛伊德的觀點提出評論。佛洛伊德與芮克在治療過程中，都把目標放在透過情緒的宣洩來抒解肌肉的緊張中持有的情緒痛苦，兩者都把潛抑與其他機制視為能量的阻滯與流動。但費登奎斯反對把性反應與情緒反應視為「能量」形式，也駁斥以此觀念所形成的性欲理論：

> 能量的類比並不適用於情緒的驅動力，因為此處與能量無關，而在於行動的形式。攻擊性是一種行為，不是能量。根本沒有「受到壓抑的攻擊性會增加壓力，直到潰堤，而讓攻擊性自由流出」這回事⋯⋯但如果以為這就是累積起來的攻擊性所產生的神經質行為，那就大錯特錯了。（第 54-57 頁）

不像佛洛伊德學派，費登奎斯相信，不需要為了根除情緒的衝突而重新經驗童年的情緒創傷。費登奎斯對身體的關注並沒有違反對心的關注；而是相信學習的最重要形式並不是透過語言，而是經驗性的，這是實際且積極的形式。

任何方法的治療價值都可以只根據下述的方式來衡量：它對於

一個人無能的功能，能產生多少學習的效果。（第55頁）

　　佛洛伊德相信精神分析是一種教學方法，當好好完成分析時，這一點毫無疑問。即使如此，分析過程仍沒有充分運用直接而積極的教學。（第207頁）

　　費登奎斯是教育家，強調我們的問題與解決方式兩者都屬於學習的領域。他認為我們的肌肉—情緒模式都是在世上學習去做的過程而有的產物。原先可能製造出問題的學習能力，也提供了學習新的做事方式的能力。不論在任何領域——身體、心智或情緒——學習新的行動模式就好像學習新的語言，要學習以非慣性的方式來思考與行動（第71頁）。這個過程需要練習，因此費登奎斯的取向是非常實用的。

　　費登奎斯在1940年代到1950年代初期撰寫本書時，周圍許多朋友與同事是著名的馬克斯主義科學家、藝術家與治療師，包括伯納（J. D. Bernal）和弗瑞德里克‧約里奧—居里，費登奎斯與他們都對當時的社會抱持批判的觀點。本書特別對家庭與學校如何教養小孩提出批判，費登奎斯使用「專制」（第106頁）和「無情」（第118頁）之類的字眼形容傳統的養育與教學方式。費登奎斯與馬克斯主義觀點的共鳴，為佛洛伊德學派與其他純心理學取向、比較傳統的內在心理議題，添加了政治、社會與經濟的面向。

　　佛洛伊德與馬克斯分別對人類的問題提出非常不同的解決方式，費登奎斯顯然熱衷於把兩者的議題都帶入公開的覺察，但他喜歡同時探討社會與個人的議題，例如：

　　我們發現不穩定的情緒幾乎普遍存在於（1）社會與經濟處於深度轉變過程的國家，以及（2）勇於偏離父母、階級或社群的傳統行動方式的人。（第160頁）

　　我們很容易在這些敘述中看見一些自傳式的解釋。他自己的生活環境符合這兩個標準。他童年所在的俄國、青少年時期所在的巴勒斯坦，以及長大成人後所在的法國、英國與以色列，都面臨「社會與經濟的深度轉變」。第二次世界大戰後，費登奎斯離開原有的科學生涯以追尋自己的道路，他稱之為自己的「狂熱」，面臨家人、朋友與專業同仁的反對。直到1950年代後期，他完成本書一段時間之後，才享有相對程度的自立與安全感。那時，費登奎斯贏得他最著名的學生以色列總理大衛・班─古里昂的堅定支持，而以色列這個國家也歷經兩次重大的戰爭，開始成為穩定的社會。

　　費登奎斯指出，個人的改變需要社會環境的改變才能得到支持，但他又說：「大多數情形下，在改變環境之前，先改變自己的反應方式，會比較合宜」（第100頁）。這也是他透過自身經驗得知的；人不能等待環境的改變。此外，他的生活背景中，清楚顯示經濟的獨立對情緒的健康非常重要，因為如果沒有獨立的經濟能力，就不可能超越嬰兒式依賴的模式。關於逐漸增加自身生命力的學習階段，費登奎斯說：「人對於這種釋出的能量最重要的運用就是增加安全感，包括經濟與情緒上的安全感，兩者是同一件事。」

　　改變往往並不容易。即使我們想要改變，仍會發現自己的努力會被過去的習慣與交錯的動機所顛覆。消除抗拒與減少努力──這

個主題一直見於費登奎斯持續演進的探索，一開始是他在1920年代對艾彌爾·庫埃的研究；庫埃向世人說明，為了成功所做的努力會如何妨礙我們達到目標。費登奎斯在研究催眠的同時也沉浸於日本武術中的柔術，柔術的字面意義就是順應的藝術，其訓練顯示出，與內在的抗拒對抗會如何使自己失敗。

費登奎斯在法國時，接觸到柔道的創始者嘉納治五郎，於是從柔術轉而去學更細緻的武術——柔道。柔道對他的思想與實務的影響是再怎麼強調也不為過的。就像他工作中其他的基礎核心一樣，柔道對他具有深刻的個人意義。摩謝談到他在兒時親見目睹一頭豬因為聖誕盛宴而被宰殺的過程：

血腥的景象與動物的嘶喊造成我無法抹滅的印象，我當時想像自己被綁起來，無助地落入成人的手裡，如果他們想要的話，也會對我做出同樣的事。我現在可以相當清楚看見先前的經驗如何導致我在這個層面強烈的敏感度，而接下來的事件又如何印證了我的憂慮。我必須成為強壯的人，總是做好準備。直到後來，當我取得柔道黑帶段位時，才在某種程度上處理了那個不幸經驗對我的糾纏。（第150頁）

費登奎斯在英國撰寫《身體與成熟的行為》與本書時，在倫敦武道館教柔道，那時他寫了一些關於柔道的文章，以及評價很高的經典之作《高等柔道》。費登奎斯在尋找有能狀態的範例時，就是在看有沒有柔道大師的沉穩與能力。他說：

　　某些柔道專家是骨盆控制藝術的大師，相較於技術不夠精湛的人，他們的優勢讓人目眩神迷（第276頁）。再強調一次：柔道大師可以毫不費力就讓一打年紀比他年輕一半的人筋疲力竭。（第285頁）

　　摩謝從學習柔術與柔道的經驗中體認到有能狀態的特徵：他稱之為反轉的能力（reversibility）。我們在可反轉的行動中，有能力在任何時刻運用選擇。反轉的能力是沉穩狀態的精髓：我們能在任何時刻開始或停止自己所做的事，或改變方向：

　　所謂正確的動作，就是在動作的每一瞬間或階段，都可以不預先改變姿態，也不用費力，就隨時停止，不再繼續下去，或是反轉動作。（第188頁）

　　這與強迫性的行為形成鮮明的對比。強迫性的行為是人類發展範疇的另一端，以機械化的方式再次執行舊有的習慣。對費登奎斯而言，反轉能力這個術語代表物理解釋原則的延伸：「反轉能力之於身體行動的動力學，就相當於不穩定的平衡之於靜止狀態。」（第242頁）

　　他擴展這個觀念，以此表現行為靈活度與意向行動的狀況，可以做為所有行動的整合層次或品質的測量標準。費登奎斯把這個原則應用到「人類的所有活動，不論是從身體的角度或情緒的角度來看」，因為「……只有當神經的興奮與抑制具有精細的控制，以及

副交感神經與交感神經之間有正常的波動起伏時，才可能有反轉的能力。」（第188頁）

反轉的能力代表情緒的成熟與健康，因為這表示我們不是被自己的激情所主宰。有一段話可能隱然反駁了佛洛伊德認為「性交中斷」（coitus interruptus）會造成精神官能症的論點，費登奎斯說：「只有真正成熟與協調能力良好的人才能中斷性交，放棄或毫無困難地恢復性交。」（第188頁）費登奎斯對健康性欲的觀點呼應了東方的密教修行方法。

理想的情形下，連睡眠也可以被打斷或毫無不適地恢復睡眠。我們發現善於應變的生意人、政治家與能幹的父母都會練習反轉的能力。

費登奎斯教導他最重要的觀念時，會透過最具體的身體經驗形式來傳達這些觀念的基礎。他在本書請學生實驗自己從椅子起身、坐下時姿勢與動作的動態穩定性，來探討反轉的能力。（第286-290頁）

多年來，費登奎斯每天練習柔道；柔道是他對身體控制的基本養成之道，也是他最重要的身心健康模式之一。書中有些體驗性的課程毫無疑問取材自柔道的練習套路。柔道需要多年的訓練才能達到精通的程度，但費登奎斯在本書第十三、十五與十七章給予讀者簡單而立即的方式，可以經驗到柔道大師熟悉的腹部放鬆且動作可反轉的狀態，並增進頭部、脊椎與骨盆的控制。

　　本書有許多對身體的深刻分析。費登奎斯深入討論神經系統、肌肉組織與骨骼架構在行動中扮演的角色，分析姿勢、呼吸與頭的姿態，以及骨盆的功能、身心疾病，還有性欲。

　　此處值得進一步討論費登奎斯選擇「有能」（potency）這個字眼。這個用語很少用於當代心理學的討論。他在書中的個案研究與其他地方談到「有能」時，常常直接指涉性高潮、勃起功能、欲望與其他性方面的問題。但費登奎斯運用這個字眼時，也同時包含力量、效能和控制的觀念。這個字眼在本書還有一個重要但較少用到的意義：未來成長或發展的能力。

　　有能的活動……我們會在成熟良好的人身上看見這種行為……我們逐漸為自己的行動負起責任……我們在發展最不成熟的生活面向時，會持續表現出強迫性，在做（或不做）某些事時，完全知道自己想要的其實是相反的結果。在這些情境下，就會表現出無能。因此，重要的是仔細探究我們是如何學習去做，而內在的衝突是如何升起、如何表現出來的，好讓我們裝備得更周全，在無能出現時，可以加以處理。（第67頁）

　　本書有一個遠大的目標：展現出達到理想人類功能狀態的路徑——有能、自發、所有面向都達到平衡。費登奎斯對平衡的看法包含功能運作的許多成分與層面。他的訓練是為了在肌肉的緊張、大腦皮質、自律神經系統、姿勢，以及個人性與社會性的存在，各方面在本身與彼此之間，都達到平衡。

費登奎斯的練習具有細微而複雜的目標，同時影響所有這些層面，透過具體而且能感覺得到的方式，在我們與環境的關係中，改變我們行動的方式。

從意圖的形成到行動的實現，費登奎斯針對整個過程，分析我們如何控制動作。交錯動機會造成我們執行與自己欲望矛盾的肌肉模式，而表現出自律神經系統的運作受到擾亂，以及不必要的慣性肌肉收縮。根據費登奎斯的看法，這種效率不彰的肌肉使用方式會凸顯出身體屈肌與伸肌在自主隨意與不隨意動作控制中的角色。

有效率的行動中，互相對抗的肌肉群（稱為「主動肌」與「拮抗肌」）之間是平衡的，最主要就是身體的伸肌與屈肌。例如，背肌（伸肌）若要呈現充分的力量時，腹肌（屈肌）就要充分放鬆。

（屈肌與伸肌）以拉鋸的方式合作：當屈肌縮短肢體時，伸肌就會放鬆而延長，讓自主動作可以發生。（第193頁）

費登奎斯談到，負責肌肉張力收縮的主要是伸肌；伸肌是對抗地心引力的肌群，持續在日常背景中運作，以維持直立的姿勢。相反的，屈肌則具有相位收縮的性質，讓它們能快速收縮，持續時間較短。費登奎斯認為伸肌在行動中具有一種基本上是不隨意的角色，比如姿勢的支持，而屈肌則負責動作中比較出於意願的部分。當我們的行動有適當的整合時，不會感覺到肌肉的用力，或只用一點力量。但在有交錯動機或強迫行為時，我們對行動自主控制是沒有效率的，且肌肉功能的平衡受到擾亂，導致肌肉疲勞、喪失活力。

我們會覺察到內在的緊張與抗拒；當我們去做時，會覺得要很用力。這種用力會透過肌肉的緊張表現出來，包括臉部、頸部、腹部、手指或腳趾的肌肉，觀察時很容易發現。（第69頁）

這種慎密的分析讓費登奎斯得到一種全面性的視野：

慣性的不當姿勢並非像有些人以為的，單純到只要用更好的姿勢取代既有的姿勢就可加以矯正。實際上，錯誤的張力分布一開始是出於錯誤的意志努力，意識的控制凌駕一切，而張力的形態長期受到扭曲。工作過度的神經中樞會疲勞，而被抑制的中樞卻發育不良，身體意象的整個空間感已被扭曲，身體的感覺不再可靠，需要增加眼睛的使用來代償，以補充並矯正身體狀態在空間中的錯誤肌肉狀況。進而又需要更多的自主控制與注意力，現在每一項行動都需要大量時間來仔細考慮與做好準備，這種狀況的人在走向地下鐵或甚至自己家門的階梯時，都要很小心走路。持續不變的注意力很難長時間維持下去，因此會在冒然突發的行動中出現持續的疲倦感、煩躁感，與擔心失敗的感覺。（第158-159頁）

費登奎斯在本書較簡化地把屈肌對應到自主隨意的動作，伸肌對應到不隨意動作，是符合當時的科學知識的。然而，後來的研究對動作的生理學有了更複雜的觀點。不過，費登奎斯的分析確實突顯出一些最重要的議題。毫無疑問，無效率的動作與整體性的欠缺靈活性，確實會表現出屈肌與伸肌過度一起收縮的狀態，而不是對

立肌群中一方伸長另一方縮短的順暢過程。再者，效率不彰的姿勢中，原本在常態中不會扮演主要支撐角色的肌肉會負起支撐的責任，代價就是強烈的肌肉緊繃與不舒服。

費登奎斯認為我們在產生抗拒時，或肌肉費力時，問題不在肌肉，而是在神經系統。

> 我們必須了解，造成妨礙的並不是肌肉實際的收縮，而是（1）大腦皮質持續受到激發的部位，以及（2）長久受到抑制的部位，這兩者會妨礙激發與抑制的自由流動，而無法做出單一動機的運作。（第258頁）

本書提出許多實際的例子，對照單一動機的功能（此時我們的所有活動是互相合作的）與交錯動機的功能（自己與社會間的衝突造成我們在對抗自己）。削弱自身力量的交錯動機特別會明確呈現於「自律」神經系統的模式。

自律神經系統（費登奎斯以舊式的用語「內臟神經系統」來稱呼）有兩個分枝：交感神經系統與副交感神經系統。它們以互補對等的方式一起工作，影響整體的運作。它們的神經會傳送到骨骼肌，調節心臟與循環，控制瞳孔的擴張、消化作用與腺體的分泌等等。某些情況下，一個系統會比另一個系統更占優勢。當我們需要立即、快速或強而有力的行動時，例如戰或逃，交感神經系統就會占有支配的地位。當我們很安全，準備睡覺、休息或做愛時，副交感神經系統就會出面負責。各個系統若要適切地為我們服務，就必

須抑制對立系統的行動。顯然的,骨骼肌與自律神經系統兩者都會表現出相同的性質:交互行動,也就是在神經的激發與抑制間平衡地轉換。

本書提供了好幾堂課程,主題是抑制不必要的腹部緊張,以促進有能的狀態。費登奎斯以慣性的腹部收縮為目標,因為它們呈現出交感神經與副交感神經不平衡的運作。衝突的狀態中,交感神經系統的激活會引發費登奎斯所說的「焦慮的身體模式」(見《身體與成熟的行為》一書)。恐懼會造成呼吸暫停、腹部緊縮,以及許多骨盆肌肉的收縮,頭部向前、向下移動的傾向。抑制腹部的緊繃是一種抑制交感神經系統的方法,並讓副交感神經系統有較佳的運作。抒解腹部的緊繃會讓自律神經系統的運作遠離焦慮模式,產生較佳的呼吸與內臟功能,包括更充分展開的性功能。

我們可以也必須學習去感覺和控制副交感神經的支配,以學習去分辨自主決斷(self-assertion)與保護的動機,這些動機會激發交感神經,並妨礙勃起與性高潮。我們也必須學習去分辨那些未被意識到的慣性自主決斷動機,這些動機會維持肌肉的緊張,直接妨礙了骨盆底部、下腹部、臀部與肛門括約肌的不自主收縮,而無法形成性高潮。簡言之,我們必須學習有條理而順暢地控制我們的整體架構、情緒與肌肉,它們是同一個功能性的整體。(第258頁)

對於任何活動層面的每一功能,調節適當的系統能完全消除抑制,也完全去除激發,只執行適合當下需要的部分。只有在行動的各個層次或層面都擁有完整範圍的運作時,才能完全去除強迫性,

而讓我們的行動成為自發之我的表現。（第285頁）

　　本書的焦點是性欲，透過性欲的探索來指引個人轉化的整個歷程。費登奎斯撰寫本書時，正是金賽博士（Alfred Kinsey）第一次發表他關於人類性行為研究的時代。然而，費登奎斯早在十二歲就開始研究性的議題，他那時閱讀著名的瑞士神經科學家奧古斯特‧弗瑞爾（August Forel）的著作。弗瑞爾是性革命與重新以科學評估性欲的先驅，這些變革到二十世紀才得以實現。費登奎斯在本書從既具體又廣泛的角度看待性：每一章都致力於討論性的理論；性也是第十六章與本書結尾案例研究的主要議題。費登奎斯看見我們的性問題源自於我們的文化：

　　我們自己的文化中，性的成熟並不是發生在經濟上依賴父母的階段結束的時候，所以生理上的成人仍有相當長的時期逗留在嬰兒式的依賴。因此，僅僅是這個因素，就會讓我們所有人的人際互動與性仍然密切相關……

　　我們的教育中，自主決斷力是全然受到肯定的能力，然而，性與經濟能力在性功能的形成階段仍然互不相容。這個階段並沒有給予人最需要的指導，而是教導人要壓抑自己。每一個能伸出援手的人仍持續散播衝突，傳統並沒有傳遞下去，迫使每一個人從一開始就處於最不利的處境。（第257頁）

　　費登奎斯認為肌肉控制的訓練是一種有意識的平衡交感神經與

副交感神經功能的方法，也認為性可能是維持這個平衡最重要的生物學方法。

性行為具有兩種不同的功能：（1）繁殖，與（2）調節交感神經—副交感神經的平衡。這種雙重功能很少被人充分了解。（第252頁）

費登奎斯顯然相信性欲不只是一種行為，他對性的觀點與佛洛伊德對愛欲（Eros）的觀點互相共鳴，認為那就是生命力（vitality）的同義字。

不可能充分矯正或改善整體的自我運用，卻沒有恢復性的自發性……有能力獲得充分性滿足的人，也具有自發的能力，可以把所有力量都投入當下進行的任務。（第49頁）

性功能是一個人想要與其他個體交流和交融的驅力在生物面的表現。最極端的個人主義者必須放棄某種程度的自立自足，才可能有性關係。適當的人際互動需要有一種覺察，了解個人的幸福與他人有關。（第257頁）

費登奎斯公開討論性欲，在那個時代是非常大膽的。事實上，費登奎斯在1940年代已經提出來應用的許多原則、取向與方法，都顯示他遠遠超前當時的世代。他覺得需要讓心理學以學習為基礎，而不是根據「心理能量」（psychic energy）而有的模式，這只是

他超前當時世代的一個例子。他也運用系統理論、動作與認知科學的基本原理，比這些理論受到廣泛接納之前，早了至少四十年。

以系統理論為例，費登奎斯是真正「參與奠基工作」。他的朋友伯納和索利·祖克曼（Solly Zuckerman）是系統理論的兩位先驅，他們以「作戰研究」的名義在第二次世界大戰期間運用系統的思維，對德國入侵英國的可能結果、不同武器系統的相互作用，以及諾曼第登陸的可能後果，建立模型。伯納是世界最先進的X光晶體繞射學家，祖克曼是生理學家，兩人都是科學工作者協會（Association of Scientific Workers）的會員，這是一個左派的國際組織，費登奎斯曾數度在此協會的大會演講，內容就成為《身體與成熟的行為》一書的基礎。他在演講與書中提出的模式，應該就是把系統理論的取向應用到生活的最早實例。例如，費登奎斯解釋，若要了解行動，就只能從行動與環境的關係入手，因為「……行為與環境是無法區分開來的整體，不會分開運作。」（第100頁）

真實的生命在活著的時候是一種持續的整體，不論環境會為生活其中的人帶來多少痛苦，其行動方式都會以客觀、有形的方式與環境相稱。（第97頁）

「具身認知」（embodied cognition）的取向最早也是萌芽於1940年代，早期的倡導者包括非常多樣化的人物，比如法國哲學家梅洛龐蒂（Maurice Merleau-Ponty）與神經科學家麥卡洛克（Warren McCulloch），這個觀點反對以電腦和邏輯為基礎來理解大腦的運

作模式,時至今日已普及開來,包括了許多神經與認知科學家,比如傑拉爾德‧埃德爾曼(Gerald Edelman,譯註:1929-2014,生物學家,1972年諾貝爾醫學獎得主)、安東尼奧‧達馬西奧(Antonio Damasio,譯註:1944-,神經科學家)、艾倫‧伯索茲(Alain Berthoz,譯註:1939-,神經科學家)、喬治‧萊考夫(George Lakoff,譯註:1941,語言學家)、馬克‧強生(Mark Johnson,譯註:1949-,具身哲學家)、埃絲特‧泰倫(Esther Thelen,譯註:1941-2004,發展心理學家)、拉斐爾‧努涅茲(Rafael Nunez,譯註:1960-,認知科學家)、沃爾特‧弗里曼(Walter Freeman,譯註:1927-2016神經科學家)、弗朗西斯科‧瓦雷拉(Francisco Varela,譯註:1946-2001,神經科學家)。請看一看費登奎斯在本書說了什麼:

心靈、潛意識與意志都是功能;在行動發生之前,它們並不存在。它們被用來描繪行動的關係模式,別無它意(第135頁)

以右與左為例,兩者都是抽象的概念,如果沒有身體,就無法感知右或左,所以關於右或左的想法都是身體的一部分,是透過身體、從身體的個人經驗形成的。(第204頁)

所有學習的基礎就是身與心之間的相互關係……(第208頁)

費登奎斯對姿勢的概念也遠遠超過他的時代。科學已經顯示,即使身體看起來是靜止的,但仍持續在動,稱為「姿勢的擺動」。也已有人證明了每一個動作是如何包含一套明確的姿勢,為想要進行的行動做好準備。姿勢的本質既然是動態的,就不可能從靜態測

量正確體位的方式來評估姿勢。費登奎斯是這麼說的：

　　姿勢⋯⋯是⋯⋯在描述行動，是一種動態的用語。一個人可以
在良好的姿勢中表現無精打采、低頭垂肩，採取最不舒服的體位，
也可以用非常不良的姿勢來呈現相同的體位。姿勢關係到如何運用
整個神經肌肉的功能，或是以更籠統的說法，就是大腦身心的整
體；也就是在表現情感、動機、方向，以及執行動作時的組織方式。
因此，姿勢必然是用來描述一個動作的觀念被投射出來的方式，以
及身體不同部位之間如何連結以改變或維持某個狀態的方式。所以
跛子仍然可以有優良的姿勢，雖然他的體位並不正常。

　　不良的姿勢是內在的衝突或矛盾在身體對應出來的外在、可觀
察的現象。這是在依賴期培養出來的，小孩那時被要求做出她還無
法做的事所造成的。（第120-121頁）

　　良好的姿勢與沉穩狀態（也就是心智或情緒上的平靜）之間常
見的關聯，其實就是良好姿勢的絕佳標準。（第121頁）

　　費登奎斯把良好的姿勢比擬為「任何運作協調、學習良好的行
動，比如思考、說話、飲食、呼吸、解決問題、繪畫或打架」。他
又說：「我們都能從中找到某些特質，或辨識出下述幾種身體感覺。」
包括沒有費力的感覺、沒有抗拒的感覺、沒有屏住呼吸的情形，以
及具有反轉的能力（第185-189頁）。

　　視覺化的想像能力則是費登奎斯先見之明的另一例子。他是最
早解釋視覺化想像的重要性的人之一，大約在這個觀念普及化之前

三十年左右。他強調這個方法對所有學習的價值。他談到一個例子是不用彈琴鍵就能學習彈鋼琴。他對視覺化想像的效果，提出神經學的解釋：

（1）心智功能是透過有機體的個別經驗形成的，所以大腦的運作與身體的狀態是一致的，以及（2）意識的控制讓我們能把大腦的運作和執行的架構區分開來，或是允許情境重現，就像先前發生時一樣（或是任何我們選擇的其他形態）。這兩個事實給予我們有力而方便的方法，可以抑制肌肉組織，不去執行大腦皮質的神經衝動，只透過心智活動來學習。（第270頁，也可參考第204-206頁）

本書包括了費登奎斯早期與個案一起工作的案例研究，以及如何與團體一起工作的早期實例。他在開始訓練別人之前（他的第一個專業訓練團體於1972年畢業），還沒有為他的方法命名，然而這本書仍有助於介紹後來被他稱為「費登奎斯方法」的兩種互補的取向。第一種取向是「功能整合」（Functional Integration），這是一對一的私人課程，主要是非口語、透過碰觸進行的方式。他把第二種取向稱為「動中覺察」（Awareness through Movement），是在團體中用口語引導的課程，也可透過書本或錄音來練習。

「動中覺察」與「功能整合」能處理許多需求與興趣。費登奎斯的方法牽涉到身與心的技巧，能促進整體的健康，產生許多益處，比如增進動作的敏捷與效率、姿勢更好、能量增加、心情較佳，以及提升警覺度、思考與想像力。一方面，費登奎斯取向可以用來

減輕疼痛，幫助有骨科或神經科問題的人恢復能力；另一方面，演員、舞者與音樂家可以運用費登奎斯方法增進他們的專業技能，克服演出的障礙。

第十八章有兩位個案的研究，是費登奎斯運用功能整合的最早記錄。他在本書只稱之為「個人督導」，在「指導」的方式下進行。費登奎斯方法進行時，老師除了引導動作，還會運用碰觸，但本書沒有描述這個部分。費登奎斯早期的書沒有談到他對碰觸的運用，直到《諾拉的案例》（1977年）與《費解的顯然》（1980年），才加以描述。

本書案例研究所處理的顯然是性的問題，比如早洩和陽痿。費登奎斯把這些問題連結到肌肉的慣性與社會心理的情緒衝突，這些衝突也表現於這些學生其他的生活領域。P先生的例子中，很清楚看見費登奎斯有多麼重視「身體語言」，他詳細談到這個人的姿勢與行為：

　　頭部前傾，下巴突出，骨盆前傾凸出，雙腳外轉，腳趾朝外。他的態度和善，但害羞不安。他在幾分鐘之內不斷清喉嚨，用手帕擦臉，卻沒有什麼明顯的理由。他的目光溫和，但有點過於柔順。

　　仔細檢視後可看出他的足弓扁平，腳趾形狀有如槌子，且腳趾之間彼此緊貼，大拇趾與其他腳趾間沒有空隙。腳跟稍微轉向外側。胸腔鼓起，幾乎是在吸氣的位置保持不動，他的呼吸主要是靠下方的肋骨向側面移動。（第321頁）

費登奎斯解釋他與學生一起工作的過程,如下:

老師根據經驗,能發現一個人心中的自我意象,有什麼身體部位是或多或少固定不變的,且會在每一個行動中製造寄生性的收縮。

然而,談這些發現並沒有什麼好處,只會引發大量的合理化解釋,這些是維持個人原有動姿所必要的;它們構成精神分析師所說的抗拒。我們的方式是先給學生方法,可以在行動時不會帶入慣性的自我動員,一旦他在某個特定功能中掌握到更完整的行動範圍,就能消除慣性的方式(慣性的方式中,抗拒是調適的一部分,若不抗拒,這個人就完全無法去做)。由於有其他可用的選擇方式,那個特定功能中的強迫性就被消除了。在這個時刻,就會清楚意識到抗拒,往往像是突然的洞見,或是禪修所說的悟道。

藉由讓抗拒成為不必要的,而化解抗拒。結果產生的突然洞見只會飽含適度的情感,不會產生精神分析過早詮釋所帶來的危險。(第241-242頁)

本書的案例研究顯示出的主要是費登奎斯當時的思維,比較不在於他的實際方法。

費登奎斯對佛洛伊德雖然有所批評,但仍試圖保留精神分析中最好的部分,並揚棄最不好的部分。他想為心理學理論尋找一種更科學且具體的基礎。在費登奎斯後期的著作中,讀者可以看到佛洛伊德的影響逐漸減少。

他撰寫本書的時候,正是剛開始發展以雙手來教學的那幾年。

接下來的年歲，在他的「功能整合」實務中，碰觸的敏感度與效果達到絕佳的程度。他在臨床實務的最後幾年，即使長時間工作，仍能滿足許多從世界各地前來尋求協助的人的需要。

本書第十三、十五與十七章都包含精細而深入體系的課程，他後來稱為「動中覺察」。本書的觀念不能與實務分開，讀者若要了解本書的訊息、從中得到益處，就必須親自嘗試書中的身體課程。只有跟隨動作的引導，並體驗其效果，才能了解各種觀念的意含，比如有能、自發性，與反轉的能力。這些動作看起來很簡單，但費登奎斯會向你顯示，即使在這些最簡單的行動中，我們也能發現自己可以有什麼程度的效率來執行我們的意圖，以及會遇到什麼程度的抗拒與阻礙。第十七章的課程有一部分是從坐在椅子上起身，以極為簡單的方式教導了我們功能運作的許多重要面向。他寫道：

我們會在頭與骨盆之間的某個部位做出一些動作，以符合我們覺得自己能力不足、無法勝任、不夠好的個人經驗──或試圖表現出相反的情形──簡言之，就是強迫性。（第288頁）

他接著建議學生「以自己能想像得到的所有方式，嘗試從椅子上起身」。學習的最佳方式就是嘗試許多種可能性，然後從中選出最好用的幾種方式。

第十五章的課程教導翻滾的動作。這個動作具體呈現出本書許多重要的觀念。害怕跌倒是人類處境的特徵，由於我們的結構與較高的重心，注定會保持一種最不穩定的平衡。我們直立的姿勢越整

合，就越不穩定；必然是一種具有最高潛在動能與最容易移動的狀態。費登奎斯最初是在他早期的防身術書中教導跌倒的能力，這個能力需要在交感系統與副交感系統間有非常高度的協調性，以及充分的自我控制力。如果我們在跌倒時會緊繃或屏住呼吸，就有可能傷到自己；如果我們能學習翻滾，就沒有問題。費登奎斯在第十五章以反轉的能力與呼吸來檢測動作，他邀請讀者：

　　請繼續嘗試滾動到最終的姿勢，運用下述兩種方法來核對並糾正你自己：（1）發生自主的干擾時，將呼吸與動作區分開來，以及（2）反轉身體動作的能力，不斷順著相同的軌跡回來。（第244頁）

　　費登奎斯的課程是探索式的學習方法。他拒絕任何由上而下的指導方式，也就是由一位專家指導學生什麼是進行動作的正確方式。我們看見他採用自然選擇的方式，呼應了演化的歷程、嬰兒的發展過程，以及所有自我調節的系統。他的「動中覺察」課程其實包含成千上萬的變化，在精心設計下，讓身體感覺與本體感覺的資訊之流更為豐富。對行動的有效解決方法是探索過程中自然浮現出來的結果。

　　本書提供的課程能促進頸部的自由度，改善頭部的姿態，讓讀者具備更有效率的呼吸與背部的運用，更好的腹部控制，以及更多其他功能運作的進步。它們會傳遞出輕盈的感覺與輕鬆的動作，讓讀者想要更深入探索。費登奎斯的動作與取向毫無疑問是原創的：

　　我們不教導「正確的呼吸方法」，而是教導所有可能的呼吸方式。我們不教導人收小腹保持平坦，而是教導腹部肌肉收縮的所有可能性，從鼓漲擴張腹腔到完全壓縮腹腔，就像瑜伽所練習的。骨盆、頭、身體的每一個關節，也是如此。結果就是在各個處境中，身體架構會自行調整到最佳的可能方式，因為我們會覺察到寄生性的肌肉收縮除了破壞動姿之外，沒有任何別的作用。於是各種抑制與激發的作用都得到探索，讓人能做出有意識的行動，也有能力為之承擔完全的責任。

　　這個重新教育身體架構的方法幾乎與健身運動完全無關，我們並不是透過重複練習、鍛鍊肌肉或增加速度與力量，來得到各個關節完整的運轉範圍，而是擴大並改進大腦對各種肌肉動作的控制。我們以非常緩慢的方式進行動作。動作進行時的所有困難，並不是用意志和力量、過度努力達到目標動作來消除，而是用誘發的方式讓錯誤的控制可以被感知。於是藉由恢復能力，可以抑制緊縮的部分，並激發軟弱無力的部分，而消除自相對抗的行動。只要幾分鐘就能重新建立某處關節的完整活動範圍，而純靠鍛鍊卻可能需要幾個月才能達到這個結果，這種情形並不罕見。此外，當事人能學會學習的藝術，而這可以應用到所有功能。一旦當事人得到的控制力被整合到平常的行為，就可以不靠任何特殊的注意力，也不用持續鍛鍊關節，而保持效果。（第235-236頁）

　　費登奎斯就像許多天才一樣，偶然想到一個觀念，然後深陷其中，把它往前推進，以了解其中的所有意含。寫下本書之後，費登

奎斯在三十年間培養出一個創意驚人的產物，包含上千堂課程，都是根據他原初的觀念而來的。費登奎斯的眼界既廣闊又深入，探索了許多種類的動作、姿勢與認知歷程。讀者可以參加世界各地許多正式認證的費登奎斯老師所教的「動中覺察」課程，持續研究這個既迷人又極有價值的體系。

＊　　　＊　　　＊

本書在作者過世後才正式出版，大約是內容完成之後三十年。延宕出版的幕後故事有助於讀者了解本書在歷史上與個人方面的背景。

費登奎斯在1940年代後期於倫敦開始寫這本書，他那時剛離開英國海軍的研究職位，然後在不同的地方做不同的工作，有時是工程顧問，有時是科學文章的代筆者或譯者，他也涉足發明，他的發明中有一項就是以新的方式餵紙給打字機。

那是文書處理之前的時代，費登奎斯覺得換紙很不方便，會打斷他的思緒，於是用整捲的紙來餵打字機，每當達到標準頁面的長度時，就留一段空間，事後再剪成一頁一頁，把整疊紙放在桌上。但是他忘了寫下頁數，造成後來的困擾。

事實上，看起來就是性這件事干擾了書籍的完成——或是，反過來說後者影響了前者也可以。費登奎斯向一些朋友與學生透露，他和一位女子在桌上狂野做愛時，整疊書稿散落到地上，他與這位不知名的女子手忙腳亂撿起散落的書稿，試圖依序歸位，但費登奎

斯無法按照順序排好，為此倍感挫折。一本以性和抗拒為核心主題的書，落得這種命運，讓費登奎斯覺得實在太諷刺了。

費登奎斯多次解釋他沒有出版這本書的原因是他尚未完成。他沒有寫完案例研究，也想再增加兩章，涵蓋有能與控制性高潮的主題。但恐怕還有其他因素，讓手稿一直未得出版。費登奎斯可能對這本書的組織不滿意，本書的結構與思路的複雜性，有一部分原因是出於內容分別在好幾個不同階段寫就的，期間長達十年以上，從1940年代中期一直到1950年代中期。原稿標記了許多不同的頁數，也許反映出他想重新編排內容的企圖。

根據密查林·金美的說法，費登奎斯懷疑大眾對這本書可能會有什麼反應。金美是他的老朋友，幫助他在1969年把《動中覺察》一書從原本的希伯來文翻譯成英文，在初版序言中，金美寫道：「他希望整體科學界對他的方法即使不是支持，至少會抱持友善的態度。」由於他推測與分析了「普遍存在於我們社會的嬰兒式依賴現象背後的情緒機制」，費登奎斯懷疑科學界的聽眾是否會有正向的回應。

他可能覺得這本書的內容明顯與性有關，也是一個問題。這本書以現代的標準來看，並不是什麼露骨討論性愛的書，但在1940年代後期，公開討論性仍是相當忌諱的。《身體與成熟的行為》的編者刪除了兩章以性為焦點的內容，所以費登奎斯有可能合理假定本書會遇到阻力。不論出於什麼原因，這本書最後被擱置了許多年。

1970年代後期，有人在費登奎斯的書架看見這份書稿，出版本書的念頭重新浮現。我們有許多人讀過之後，都對他的其他著作

所沒有的洞見與處理的議題，感到非常興奮。於是我們催促他出版此書，費登奎斯解釋這本書在多年前就沒有完成，他要如何重新找回思路呢？傑瑞・卡森（Jerry Karzen）當時是他的行政助理，後來成為費登奎斯培訓課程的安排者，傑瑞願意盡其所能提供協助，於是在費登奎斯的授意之下，他整理出章節的綱要，但計畫仍延宕下去。

又過了數年，1982 年，費登奎斯當時從硬腦膜下出血的手術恢復過來，請密查林・金美看了原稿。他信任她，讓她把手稿帶回去編輯，工作了九個月。他們原本計畫一起合作完成這本書。可是，當她返回台拉維夫時，他越來越虛弱，無法積極參與，他能做的就只是以欣賞的態度聆聽密查林閱讀書中的段落。這時是 1984 年初，費登奎斯在六個月後過世。

金美對文本的編修，有一項是逐章更改人稱代名詞的性別，讓男性與女性在書中可以有較為均等的出現機會。本書最終在費登奎斯過世的隔年 1985 年出版。

可惜的是，本書出版後，絕版了好幾年，所幸全世界對費登奎斯方法的興趣漸增，於是再度付印。書名是費登奎斯與金美多次討論的主題，他們至少曾提出七個書名，其中有《有能與習慣》（*Potency and Habit*）、《強迫性與自發性》（*Compulsion and Spontaneity*）、《自發性與強迫性》（*Spontaneity and Compulsion*）、《健康行動的實用指南》（*A Practical Guide to Healthy Action*），以及《自發性與主動有能的恢復》（*The Recovery of Spontaneity and Active Potency*）。本書最初出版的書名《有能的自己》（*The Potent Self*）是金美的主意，

而《自發性與強迫性》是費登奎斯的首選之一，於是目前版本的副標題就以此為根據。

＊　　　　＊　　　　＊

雖然本書對精神官能症的行為有許多分析，詳述其緣由，並呈現出我們持續存在的肌肉慣性，但這本書的目的是實用且具有轉化性的。費登奎斯的目的基本上不是要在理智上說服讀者，而是要更新成長的歷程，讓讀者的自我意象產生變動，而讓自我實現成為可能。

閱讀本書，很難不把焦點放在內在，並看見費登奎斯的實例可以如何應用到自身的生活。我們的童年有什麼樣的環境？我們的親密關係有什麼巨大的挑戰？經濟與社會的期待與要求是如何妨礙我們得到滿足的愛？我們在個人與身心的層面，付出了什麼樣的代價？什麼條件會為我們產生最大的滿足感？本書向我們提出樂觀的訊息，以及實用、有效的方式，可以改善我們的生活。

費登奎斯所關心的，並沒有停在個人的進步，他向他的世代其他有遠見的人分享了追求美好社會的觀點，遠遠超越個體的改善。費登奎斯期待全新的社會形式，所有個體都可以在其中茁壯，人性得以演進。

作者前言

當下只是一閃即逝的片刻，立即成為過去的瞬間，馬上脫離我們的掌握，如此徹底，即使是最狂野的想像力也無法抓住。大部分人的行為表現得好像未來完全受制於過去的作為，無法改變。這種信念如此深植內心，以至於他們仍持續活在過去，而印證自己的預期，也就是因為過去的束縛，他們必然會一次又一次地重蹈覆轍。

當下是我們活著的時刻，當下的自己所做的才是最重要的事。因為過去是經過當下的自己而被帶入未來；對明天而言，我們現在所做的才是最重要的因素。如果我們完全不去改變自己行為的情緒模式，明天就會與昨天類似，只是日期不同罷了。過去是歷史，未來只是臆測——而這個當下造就了兩者的樣貌。

不要嘗試忘記過去；忘記過去的同時也必然會遺忘自己。你可能會想像自己已忘卻某個不喜歡的事情，但它其實銘刻在你身體某處。那個過去的經驗在以前可能很可怕，但現在卻能做為當下的重要基礎，通往更豐富、更具吸引力的有趣未來。當你學會接納過去，與之和解，那麼它也不會再打擾你。我認為在人類活動的任何層面中，成熟的歷程永遠不會停止，如此的人生才是健康的歷程。成熟本身是一個歷程，不是最終的狀態；在這個歷程中，過去的個人經驗會碎解成各種不同的成分，再從中形成適合當前環境狀況與身體當下狀態的新模式。

乍看之下，本書似乎過度強調性的問題，花太多篇幅討論性。

但深思熟慮的讀者很快就會體認到，本書無意把這個問題放在人類行為中的優先位置。身為老師的我雖然想要增進學生成熟的性能力，但目的不是為了滿足不成熟的人想要的強烈性欲或愉悅的耽溺。性的成熟是發展階段的終點，因此也是最脆弱的功能。先前的成長階段中，個人經驗形成的不適當、不合宜的習慣所產生的每一種結果，都會影響性功能，而且對這個功能的影響遠甚於任何其他較早成熟的功能。兒童期和青春期是敏感的階段，其中任何發展的停滯都必然會影響尚未成熟的功能。同樣的，不可能充分矯正或改善整體的自我運用，卻沒有恢復性的自發性。許多人不認為自己在這個面向有所欠缺，卻仍然覺得沒有充分地活著，生命彷彿只是空洞的義務，沒有真正的樂趣。他們總覺得應該有更出色的人生——他們可能不曾認識性的自發性，雖然他們可能會發自內心地反駁，卻不曾享受全然活躍的性能力。他們蟄伏於較低的存在層面，如果沒有學習健康的自我運用，以導向自發、充分與活躍的有能狀態，就不可能提升自己。同樣的，如果沒有成為積極活躍、不斷發展的人，也不可能得到這種能力。

健康的人比充滿強迫性的人具有更充分也更滿足的性生活，而健康的性驅力並不會成為許多人所熟悉的衝動感，不會讓人日夜牽腸掛肚，無法自拔。有能力獲得充分性滿足的人，也具有自發的能力，可以把所有力量都投入當下進行的任務。本書的目的是讓讀者可以得到這種令人滿足的自我實現，性的問題應該退離核心，回到它應有的位置——重要而值得尊重的位置，適時而有，但不是隨時都需要。

簡介：愛己如人

「愛人如己」這句格言是所有宗教的核心，符合人性，一直是所有人道主義者珍視的目標。然而，這句對稱的格言仍有值得探討的空間。任何一件事，如果是以強迫的方式實行，即使有最好的意圖，也會產生相反的結果。過去的種種事件中，強迫性的宗教人士已造成太多傷害，且現在仍這麼做，為害遠甚於宗教的道德準則所帶來的祝福。我們的教育瀰漫著愛人如己的觀念，但往往是以激烈、絕對的方式來灌輸，完全消除了自發性。許多人成為「好人」，並不是學習與他人建立良好的相互關係，而是無法在必要時保護自己，因為害怕而無法拒絕別人的要求。因此，他們的「好」是強迫性的，會立刻做出讓自己怨恨自己的行為，一連串的行動完全是強迫自己去做的（有的情形是強迫自己不去做），只因為他們無法拒絕或反駁任何人，即使有多麼正確、合理的理由，也做不到。

這種強迫性的「善良」或「好」是攻擊性受到壓抑的症狀與結果，這種人如此徹底地認同別人，以至於會認定別人在面臨反駁或拒絕時，也會有相同的焦慮，同樣覺得丟臉、寂寞與疏離，就像他在這些情境中的經驗一樣。旁人自然會發現這種愛是無法接受的，所以強迫性的好人很少有真正的朋友（如果有的話）。處於這種情境的人生只是一連串的怨恨。強迫性的好人對自己這個也是社會一員的好人本身，所造成的傷害程度之大，如果是用同樣的方式強迫別人，一定會被社會視為罪犯。強迫性的好人對待自己，還不如對

待一條狗。他引導自己去做或不做某件事時，會以有如虐待狂的激烈或嚴格來要求自己，但他不會以這種方式對待別人，因為會害怕失控的後果。他往往害怕自己，甚於別人的直接報復。這種行為的特色就是，當事人通常會在微小、日常、瑣碎事物的問題中，沒有預先考慮好就自動表現出來。較重要的行動中，人通常會做好準備，費極大的力氣來克服自己的無能，而在符合自己的期待時，得到不成比例的快樂。這種成就感有時會被帶入其他活動，持續數天，當事人興高采烈，直到下次犯錯，又進入深度的沮喪狀態。即使是最親近的朋友，也無法解釋這種變化，因為外在沒有發生什麼事情可以說明這種高興或沮喪。

這段也許過度生動的描述是用來說明許多敏感且行為良好的人的傾向，這些人所具有的特質，如謙遜、害羞、為別人的感受著想（如果不是強迫性的非遵守不可，這些特質本身是值得稱道的），會讓他們得不到別人和善、尊重的對待。如果這種人能了解「愛人如己」這句話並不是指他們自己不如任何別人，更不應該依此來對待自己，就會獲益良多。

這篇「說教」的出發點在於，學習以新的方式引導自己時，必須先促成理想的條件，才能成功。以這種方式提出要求，比較容易讓人配合，因為當他了解某種行為的必要性，並收到客觀、平和的邀請時，即使很不愉快，也會願意按照要求而做，不會有什麼反抗。但如果是受到威嚇，即使本來是愉快的事，也會生氣而拒絕提供協助。

同樣的，如果以粗魯的方式引導自己──責備自己懶惰、軟

弱、笨拙──就會發現自己頑固地拒絕協助。所以對自己提出要求時，最好不帶著固執、緊張、對自己的威嚇，而是只提出客觀合理的理由。只有小孩才必須在無論多麼不合理的情形下，仍服從命令；有人稱之為學習紀律。但成人不應該把自己當成小孩來對待，而應該學習有禮貌地對待自己，就像對待別人一樣，在做任何重要的事時，如果以不合理的問題困擾自己，也應該感到局促不安。人應該學到，不斷抱怨自己，就像不斷抱怨旁人一樣，對方不會忍受這種事，沒有人會親切、甘願地回應抱怨，就算是對自己也是如此。人越是訓練自己的意志力，卻不去做必要而有用的事，就會變得更具有強迫性，心理與舉止都會僵化，身體也會僵硬。最偉大的領導者如佛陀、孔夫子、摩西和基督，改變了千萬人的行為，讓他們願意做很困難的事，並不是透過威嚇，而是以要求自己時同樣人性化的方式來要求他們。這些領導者受人稱道，即使像我這樣的非信徒也欣賞他們，並不是因為他們的意志力，而是他們沉穩反思的態度。他們溫和而客觀，清楚了解那個時代的人需要什麼，也依此對待他人。

我們應該把「學習如何學習」當成人生最重要的事；也就是以寧靜而不嚴肅的態度，帶著耐心的客觀，而沒有強迫性的嚴峻。握緊拳頭、皺起雙眉、咬緊下巴，都是無能而費力的表現。雖然有這些缺點時，還是有成功的可能，但代價是失去生活中真正健康的歡娛。當整個有機體保持的狀態是可以自然、自發、不受干擾地把微笑轉成大笑時，就必然會產生學習，而且是真正有益的學習。

強迫性教學會讓人累積出一種觀念，認為做一件事時，只要沒

有費力的感覺，就表示不夠好。我們從童年早期就被教導要過度用力，父母與老師好像可以從強迫小孩努力而得到虐待狂的滿足感，如果小孩能毫不勉強地達到要求，就會讓他跳級，或增加他的功課，以確定這個可憐的傢伙會學到「什麼是真正的人生」。也就是嘗試去做一些本身根本不需要去做的事，就只是為了比別人更好，而且除非真的感覺到被推往極限的壓力，否則就不應該覺得滿足。這種習慣如此深植人心，以至於當我們做某件事，而事情非常順利時，通常會覺得是出於僥倖——不應該如此輕易——好像這個世界不應該是輕鬆的。我們甚至會重複同樣的事，以確定這一次是以平常的方式竭盡全力達成的，好讓我們覺得自己真的完成了什麼事，而不是「僅僅」做了這件事。由於文化環境的支持，這種習性很難消除，甚至會被推崇為偉大意志力的表徵。然而，只有在欠缺能力時，才需要意志力。我認為學習不是意志力的訓練，而是獲得可以抑制寄生行動（parasitic action）的技能，以及導向清楚動機的能力，這是自我認識的結果。

很可能與此有關聯的，就是所有具有創意的人會以自己的方式做事。畫家、數學家、作曲家，以及其他從事任何值得一做之事的每一個人，總是全心學習繪畫、思考、作曲——但不會以別人教導的方式進行！他們全心投入學習與工作，直到知道自己足以進入自發的狀態，在這種狀態中，內在最深層的自己可以升起、開展。這種人並不是完全沒有強迫性——恰恰相反。差別在於他們從強迫狀態產生的東西具有某些價值，因為產物具有真正自發的性質。

我希望接下來的內容可以幫助那些想要學習如何學習的人。

能量

　　觀念，不論好壞，如果符合我們以為的世界圖像的整體背景，就會抓住我們。現代心理學開始興盛的時候，正是熱力學理論與潛在能量理論終於取得堅實基礎的時代，並由當時幾位最負盛名的科學家清楚地加以闡述。因此，能量不會增加也不會減少的觀念或多或少成為常識，任何受過教育的人都知道這一點，很自然地也會以同樣的思路形成欲力（libido）理論，也就是用能量理論來類比，而認為情緒的能量可以累積，像築水壩一樣積聚起來；由於能量不會消失，就必須加以釋放或昇華。同樣的背景至今仍然盛行，有些優秀的學者雖然清楚看見欲力類比的謬誤，卻仍不知不覺對其他情緒的表現（比如攻擊性）犯下相同的錯誤。

　　能量的類比並不適用於情緒的驅動力，因為此處與能量無關，而在於行動的形式。攻擊性是一種行為，不是能量。根本沒有「受到壓抑的攻擊性會增加壓力，直到潰堤，而讓攻擊性自由流出」這回事。沒有容納攻擊性的屏障可以讓它累積，不論是神經系統或人的任何其他部位都沒有可以累積攻擊性的地方。

　　同樣的，也不可能有欲力能量的昇華，因為欲力並沒有以能量的形式累積起來。如果沒有性欲的出口，性腺不會持續活躍，精子也不會不斷生成。性腺有自我調節的機制，就像所有腺體的分泌一樣。禁欲一年後的欲力緊張度可能比禁欲兩個星期時還要少。（長期的禁欲並不會造成什麼無法在數天到數週內就解決的問題，這要依據個人的健康與年齡而定。）

　　若有人發現自己的情緒安全感來自強迫性的謙卑（也就是說，她個人對環境的經驗造成她容易壓抑自主決斷性，以得到友善的環境。一旦她堅持自己想要的，反而會造成過度強烈的焦慮，甚至出現孤立感與強烈的恐懼感），我們可以選擇把這種行為看成是被攻擊性的願望所支配。但如果以為這就是累積起來的攻擊性所產生的神經質行為，那就大錯特錯了。假如真的如此，那麼，釋放怒氣、揮空拳、尖叫大喊，對想像的攻擊對象拳打腳踢（在密閉的房間，以避免被人意外撞見），就應該可以完全釋放累積起來的攻擊性，產生全新的人。

　　這個過程中真正發生的事非常複雜，凡是我們想像得到的因素幾乎都涉入其中。事實上，無節制地表達攻擊性確實具有抒解的效果。但我認為這不是因為減少了攻擊性累積的壓力，而在於這個人透過鍛練自己原本無能的功能，得到了相當的自信。所有優秀的騎士在冒險爬上馬背之前，都會先用木馬練習。任何方法的治療價值都可以只根據下述的方式來衡量：它對於一個人無能的功能，能產生多少學習的效果。

　　這種效果可能只是稍微增加自信，但如果隨之而有正向的學習，比如抑制身心功能中的某種寄生元素，或是在展現行動時能釐清自己的方向，就能預期會出現更多進展。此處可以明顯看見，對不正確的能量類比提出質疑有其重要性，除了顯露出類比的謬誤，還能把學習重點轉移到積極的元素。持續揮空拳與咬東西來釋放攻擊性，顯然不會讓具有強迫性且貶抑自己的人變得具有創意、不斷發展。（另一方面，這種初步做法或許有助於學習一些行動，讓人

比較不需要用強迫性的自我貶抑來維持內在的安全感。）

　　每一個人的個別經驗確實會促進某些感受、能力、功能的發展，而排除其他部分。但被促進的功能並沒有占據全部可用的能量而造成其他功能得不到能量。從所謂的欲力昇華為例就能清楚看見這一點，假設有人沒有性欲出口，卻能產出有創意的詩作，在其中還能找到豐富、具象徵性的欲力意象，乍看之下，似乎可以證明昇華理論，但這只是膚淺的看法，因為同一位詩人也可能得到認可，改善經濟地位，建立與異性之間的融洽關係，那麼，性活動幾乎也確定會得到發展。她可以在短時間內在性生活與詩作都達到同樣優秀的層次，同時盡情投入這兩件事。這時，昇華理論背後的能量類比就無法解釋這種興盛的情形，而必須提出新的假設，認為有其他來源的累積能量被釋放出來。

　　生命有機體的運作無法以物理世界的能量表現形式來類比，除非只是把它當成一種說法。

　　以下的觀點比較容易理解：每一個人都會把自己的注意力轉移到可以增進情緒安全感的有利面向，並把注意力撤離危及安全感的面向。每一個人實際會做出的選擇取決於神經系統與其支持系統的健康，還有環境的影響。環境可以強化神經系統的成長與自我更新，也可以迫使神經系統採取有缺陷的傾向與運作方式，逐漸把活動窄化、局限成機械性的例行公事。當內在的安全感受到侵蝕，以至於失去嘗試的意願、害怕犯錯時，即使有最好的條件，失敗仍是無法避免的。儘管表面看起來很像，我們還是必須小心，不要落入「情緒驅動力會累積起來」這種輕率的解釋，那暗示了錯誤的解決

方法，由此忽視了要學著去適當運用自己（use of self），而無法產生真正的改變。我們會以為產生洞識、加以「意識到」之類的方式就足以打開水壩，讓能量流入適當的管道。但這樣只能清楚顯示出有哪些功能被排除不用而留在未發展的狀態。我們最好能儘快走入更進一層的學習階段。

注意事項

下述幾個用語在本書被賦予較嚴謹的意義，不同於一般的用法：

適應（adaptation）：魚適應水的存在，牛適應群體生活，北極熊適應雪的顏色，也就是指透過突變與不同環境狀況的天擇而有的種系或物種適應。

調適（adjustment）：調適集中營的生活，調適鄉下生活，調適芭蕾舞鞋，調整以適合傳統或適於用湯匙進食，也就是指透過一個人的個別經驗而有的個體調適。

潛意識（unconscious）：嬰兒的潛意識情感衝動，新生兒的潛意識生存驅力，也就是不需要個人經驗的驅力、衝動或其他情緒流動。

未被辨識（unrecognized）：是指曾經被認識但現在已不認識，存在那裡卻無法被辨識，比如說話時慣常維持的緊張，原本是刻意製造出來或被允許的，原本學習過而變成慣性與自動化，以至於完全失去覺察。壓抑的東西不是潛意識的，而是未被辨識的。

人類滅亡

第一章

　　智力曾被定義為「抽象思考的能力」、「獲取能力的能力」、「對新環境的適應力」，以及「掌握複雜關係的能力」。此外，這個費解的能力還可以用許多其他方式來定義——但沒有哪一個定義可以讓每一個人都滿意。這個能力本身甚至不足以通過任何為了測量它而設計的測驗。一個人可能具有所有潛在的「智力」，有能力進行抽象思考、獲取技能、適應新環境、掌握錯綜複雜的關係，卻一事無成。健康運用自己的方式，必然會運用到每一種功能。「智力」（不論這是什麼意思）平庸的人，如果具有健康的驅力來運用智力，通常可以達到具有所謂優秀能力的人原本能達到卻未達到的程度。

　　現代心理學家似乎同意，智力是一種遺傳的性質；意思就是我們要不然就是擁有它，要不然就是沒有，無法做什麼來得到它。從理論的角度來看，我相信將來會有人質疑智力的遺傳性。但就目前而言，智力是不是遺傳，其實並不重要。事實是我們可以改善自己的能力，以進行抽象思考、適應環境、掌握複雜的處境，原因很簡單，因為大部分人都不曾學習去充分運用這些能力。

　　若要說明我的論點「智力不是一種遺傳性質」，就要檢視其他人類功能，因為有一點很重要，需要牢牢記住：智力就是功能運作的方式，不是任何什麼別的東西。

　　如果我們嘗試查明騎馬的能力是不是一種遺傳性質，就會發現這完全要依據在什麼樣的社會進行調查。如果是在高度重視騎術的社會，我們會發現大家堅稱亞歷山大大帝或匈奴王亞提拉是「天生的騎士」，遺傳到優秀騎士的身形、特徵、姿勢等等，若是少了任何一項條件，再怎麼練習騎術，都無法成為真正的騎士。但如果正

確地運用統計學，調查騎士家族和一般人的家族，就會發現騎術和家庭的社會地位有關。我們會發現王族的小孩具有較高的「騎術智商」，接下來的順序是騎士、軍人、居民，以及學者。

我們的時代與社會則是高度重視智力，不難發現，取得較佳社會地位的子女，其父母具有較高的智商。但如果不用智力商數，而是把消費能力的統計數據應用到同一群小孩，也會得到完全一樣的關聯。所有這些調查的結果都會證明有清楚的關聯，並證明這些統計方法是正確的，指出確實存在著關聯。可是，如果根據高度相關的係數，而把騎術智商或消費能力推斷為基因傳遞的遺傳性質，就與我們把智商視為遺傳性質，是差不多一樣的意思。

整體說來，遺傳的能力會大致均勻分布於所有人口。我們很少發現有人具有雙倍於一般人的能力——兩倍的體重、兩倍的速度、兩倍的力量，都是非常難達到的。只具有一般人一半能力的情形，也同樣少見。由智力商數測量的智力也不例外，平均智商是100，但智商達到200的人恐怕比智商50的人更罕見。

因此，不能只用遺傳來解釋人與人之間智力的懸殊差異。另一方面，智商有許多細分的項目，是運用各種思考與訓練的方法以實驗得到的。這些細項會導致幅度很大的差異，相較於遺傳因素造成的差異，往往幅度更大。我相信我們稱為天才的人與其他每一個人並沒有基本的差異，唯一的差別是所謂的天才找到了正確運用自己的方法——有時是透過幸運的環境而得，但更常是透過尋找得到的。一旦找到方法，新的模式得以清楚呈現，許多人就可以做得像方法的創始者一樣好，甚至往往可以更好。

　　每一位天才的追隨者都會再改良天才的做法。更好的運用自我方法一旦為人所知之後──不論是思考、拋接球、游泳或表演──就會有許多人可以和最初的發明者一樣好，甚至加以超越。這表示此項發明的必要元素潛藏在我們每一個人裡面；天才只是提供模式，把這些元素整合起來。換句話說，我們一般欠缺的是運用自己的方法，以及這樣做的驅動力。這項差別非常重要，因為我們無法對遺傳再做些什麼，但對於改善運用自己的方法，以釋放創造的驅動力，則有相當多可以做的。

　　有些智力非常優秀的人體認到他們的能力主要在於運用自己的方法。舉例來說，盧梭（Jean-Jacques Rousseau）在《懺悔錄》中一再強調他缺少「自然的」天賦，並把所有成就都歸因於他如何運用自己的體系，那是花了許多年才得到的。他嘗試以不帶著贊同或批評的方式來閱讀，而找到自己的方法；也就是沒有情緒性的偏見。他的體系是學習盡可能清楚呈現作者心裡的觀念，以至於能加以清楚地闡述，有如作者所想表達的一樣。經過長時間練習這個技巧後，他發現自己更有能力去清楚、生動地闡述別人的觀念，同時也加強了自己思考的能力。他在偶然學會這個觀念之前所使用的方法所得有限，完全無法和後來的收穫相比。

　　盧梭發現「他越想要，就越得不到」。許多人無法認識自己無能或失敗的真正原因，而原因往往不是缺少能力，而是使用自己的方式並不適當──做的驅動力、行動的渴望，既不能太少，也不能太多。我們雖然無法影響自己的遺傳，但有相當大的控制力去管理我們的驅動力，並能運用方法把驅動力從我們很少覺察到的抑制因

素中釋放出來。我們可以學習去調整自己身體的緊張與神經系統的狀態，而讓自主決斷的功能與修復的功能可以輪流支配我們的架構。在這種不穩定平衡的狀態中，我們發現自己能更合宜地執行想要的事。

我們有時處於一種狀態，無法執行任何計畫好的想法，從無法寫一封信到無法愛人，都有可能。無能的暴怒與無能的愛有很大的共通性。兩者都有過多想做的欲望，也都因為各種不必要、互相矛盾且強度相同的動機，而無法表達出來。以寫信為例，我們知道自己應該要寫，卻仍不去寫。所有無法去做的事例中，都有一種「應該」的感覺，比「想要」的感覺更為明顯。飲食、思考、移動、做愛的驅動力都是出於遺傳而來的特定身體緊張感，但「應該」的感覺是由過去經驗形成的個人習慣。遺傳的功能是很難快速改變的，需要生物環境出現劇烈而持久的變化，才會慢慢改變——但個人經驗形成的功能基本上是可以改變的，且其本質就是會被新的個人經驗所影響。

我們有時無法執行某些動機，是因為我們只是模糊地想要它們；我們有「應該想要」的感覺，而不是純粹「想要」的感覺。這種情形下，我們不會去執行任何事，因為「應該」已經包含了「我不想要」的元素；「應該」或「不應該」的感覺都具有抑制的特性。

我們對人類神經系統運作的認識仍如此原始，若是對其絕對性質做出任何斷言，都只是像鍊金術士對鈾或甚至碳元素的使用所做的斷言一樣無效。我們以為神經系統是某種從受孕以來就完全固定不變的東西，只能像一棵樹一樣成長，但事實上，神經系統能在引

導下成長。我們現在所知的人類，是在仔細挑選出的特殊條件下成長的結果，恰恰得到那個條件中會得到的結果。

當前關於人類的概念是靜態的，在形成這種概念的環境中成長的人，通常也無法脫離與其系統交織在一起的限制。即使是我們之中最優秀的人，也一直依附於任何可以支持這種靜態自我概念的觀點。最早是靈魂，接下來有本能、潛意識、體質，晚近則是智力——他們都必然是遺傳的，因此會限定人類可能性的終極邊界。當然了，邊界只不過是現在的限制。我希望向大家顯示出，人的架構基本上是一種動態的組成（dynamic organization），人的行為也同樣是動態的，因此，「人性」是一種動態的實體，由某些遺傳特徵與個人經驗共同組成，我們碰到的限制大部分都是出於個人遭遇的經驗，而不是出於遺傳。

第二章

自發性與強迫的行動

用字遣辭需要精確的定義，以免傳達出剛好相反的意含。我吃飯是因為我餓了；那麼，我是自發地吃飯，還是在飢餓的強迫下吃飯呢？我看見或聞到好吃的食物，於是伸手去拿；是出於自發的行動呢？還是被迫去滿足欲望？因此，我的強烈驅動力的來源究竟是出於內在或外在，還無法得到整體一致的看法。更重要的是，後續發生的行動究竟是自發的還是強迫的，也沒有一致的看法。

某些行為中，我們知道有某種類似「放掉剎車」的東西；有些行為則是必須啟動我們的執行機器；還有一些行為則是在不知道自己在做什麼時就發生的。一般說來，事情如何去做，是無關緊要的──但對於做這些事的當事人而言，卻至關重要。

自發性是一種主觀且相對的概念，只有受過訓練的觀察者才能分辨某個特定的行動是自發的或是出於強迫的。這要依據在進行或抑制行動時經驗到的內在抗拒感。因此，我們也許會習慣性地稱呼某人「親愛的」，卻經驗到內在的勉強，而剝奪了這個字眼的真誠度。即使說出這個字眼時，沒有明顯的延遲或猶豫，但因為伴隨內在的抗拒，我們還是認為這個行動是強迫性的。抗拒的程度大多取決於我們的早期經驗與過去建立的思考習慣。對某些人而言，殺死一隻雞只是為了吃牠而有的行為；但其他人可能覺得下不了手。如果他們強迫自己去做，就可能發現自己陷入非常強烈的情緒狀態，以至於根本無法吃這隻雞。但到了下一餐，可能又毫無困難地到餐廳點烤雞來吃。

這些例子看似微不足道，其實很有意義，因為它們清楚顯示出，形成自發的行為時，個人經驗的重要性。此外，它們也顯示出，

人常常具有互相衝突的模式，這些模式就像緊緊靠在一起的密閉隔間。然而，環境有時會迫使兩個隔間之間的分隔被打破，這時必須化解矛盾，才能繼續與自己和平相處。因此，就如我們所定義的，只有在環境保持足夠的不變性時，才可能有自發的行為。因為在這種情境下，我們永遠不會覺察互相衝突的模式，它們平靜地共同存在，但永遠不會被同時喚起。

　　如果我們沒有解決這種衝突的經驗，環境可能會將之呈現出來，我們會突然面對重大的危機，而周遭所有與之無關的人（也就是沒有被這些環境引發衝突的人），仍會保持完全不受干擾。這些內在的衝突，比如愛與物質的考量、出於良心的反戰與戰爭、私人企業與企業聯盟、人類知識的普遍性與科學的保密原則，諸如此類，都沒有普遍適用的解決方法，因為每一個人的論點都會根據個人歷史與過去建立的思考習慣。對一個人重要的，對另一個人卻毫無意義，所以不需要與別人的行為比較，因為完全無助於解決個人的問題。此外，嘗試模仿別人的行為，只會讓問題更為複雜，也更難為個別的人找到正確的解決方法。

　　自發性其實是一個非常相對且主觀的概念。凡是具有強烈本能的物種，個別動物的行為並沒有什麼個別性，在正常狀況下，其行為表現大多沒有什麼內在的抗拒，除非是在特殊情形下被捕捉而受到撕咬或殺害。至於人類，有許多活動是由大量學習而得的行為組成的，其中有一種活動，若是以最好的方式描述，可稱為「有能的活動」（potent activity），我們會在成熟良好的人身上看見這種行為。隨著主動控制的發展，我們逐漸學會信賴自己，並可以決定為了不

要遵從我們被灌輸的思考與行動的習慣，願意放棄多少快樂，也決定願意承受多少不快樂，來對抗這些習慣。簡言之，我們逐漸為自己的行動負起責任。如果沒有這種成熟度，我們會回復成消極的抗拒，一部分在對抗習慣，另一部分則順從習慣。我們在發展最不成熟的生活面向時，會持續表現出強迫性，在做（或不做）某些事時，完全知道自己想要的其實是相反的結果。在這些情境下，就會表現出無能。因此，重要的是仔細探究我們是如何學習去做，而內在的衝突是如何升起、如何表現出來的，好讓我們裝備得更周全，在無能出現時，可以加以處理。

從生命的最初時刻開始，就可以區分出兩種行動：（1）一種是我們以自己的方式運作，比如學習順應身體的需求。（2）另一種會激起負責照顧我們的成人的情緒，而鼓勵我們繼續同樣的行動，或根據其判斷盡其所能阻止我們的行動。兩者之間並沒有明確的分野；也就是說，我們保留以自己的方式進行的行動，會突然成為大人干涉的焦點，反之亦然，原本被嚴格監督的行動也會突然以自己的方式進行。我們在這個過程中會形成（1）一系列個人的行為模式，伴隨相對較低的情緒張力，以及（2）其他總是伴隨著高度情緒緊張的行為模式。

最初的行動都是在平常的環境進行的，做這些事時，並沒有特殊的偏好；我們可以輕易地克制自己，不去做這些事。我們也可以不帶有強烈的感受，用某種方式重複做這些事，或完全不去做，很少有猶豫不決的情形；簡言之，這些是我們有能力進行的行為中最自發的部分，它們也形成正常成人會有的各種活動。

　　其他行動——包括長期情緒壓力下衍生的行動，或是從一個團體以過度激烈的方式轉移到其他團體的行動，或是在某個團體裡不曾得到允許的行動（由於成人行為的不規律性）——都會持續與高強度的情緒有關。小孩如果在食物、衣著、外觀等議題總是要面對許多爭執，就會持續對這些事產生高張的情緒，除非他們曾學會不必如此。當進行這種行動時，我們會感覺到一種不要去做的驅動力，由於執行這些事的驅動力大過不要去做的驅動力，所以會在情緒壓力下以強迫的方式執行。當克制自己不去做時，則會感覺到一股想做的衝動——它們受到強迫性的抑制。我們在強迫性的行為中會覺察到內在的緊張與抗拒；當我們去做時，會覺得要很用力。這種用力會透過肌肉的緊張表現出來，包括臉部、頸部、腹部、手指或腳趾的肌肉，觀察時很容易發現。

　　容我舉一個粗略的例子。每一個小孩都有突然被人高舉過頭的時候，第一次遇到這種情形時，她的臉會漲紅、屏住呼吸、收縮屈肌——也就是會蜷曲身體，準備大哭。然而，大部分家長做這種事是為了逗小孩玩，所以通常會給她足夠的時間了解這件事並不危險。於是小孩會放鬆、微笑，如果第一次嘗試時不會太激烈，也沒有產生強烈的不愉快感覺，小孩通常會要求一次又一次地被舉高。她會發現重複之後，這件事越來越好玩，因為她學會及時收縮腹肌，以避免即將發生的心跳加速。她越來越不會屏住呼吸，很快就知道如何調整自己的身體，以控制不舒服的感覺。這樣做的能力本身就是一種愉悅的感受——這是新的經驗，小孩會從中學到一些東西。

　　我們由此可以看見小孩如何學習身體的模式，這些模式讓她能透過經驗在不舒服的感覺發生時加以控制並掌握，小孩在這種經驗中可以判斷自己能應付什麼強度的不舒服感受。她很快就能改善自己的表現，然後整件事就會被遺忘，所有這種經驗都是如此。

　　身體必須有調整的能力，以處理各種愉悅或不悅的刺激。我們在面對搔癢、搖晃和轉動前，腹腔與呼吸必須先做好某些特殊的調整。如果學習過程不會太激烈，身體的回應就會越來越機械化，也越來越不牽涉到情緒反應。我們會逐漸學會控制身體的反應，直到被搖晃或轉動時能經驗到愉悅感，這取決於我們在那一刻如何調整自己的身體。

　　成人狀態中，在預期會有強烈的感覺時，會持續引發腹部肌肉的緊繃與屏住呼吸，這有助於控制加速的脈搏，以及在這種情形下所有其他不舒適的身體反應。這樣會保護自己，避免過度強烈的感覺，包括舒適或不舒適的感覺。當預期會出現陌生、未經檢視的感覺時，我們會緊繃身體到足以應付這個情形，並為最大的可能強度做好準備。

　　我們以這個方式學習去處理生活中的大部分事件。受過檢視、熟悉且往往已重複多次的感覺會成為習慣，長久下來，我們就不會為它們預做準備；不會為了完成想要的行動而緊繃肌肉到超出實際需要的程度，也不會屏住呼吸。但對於我們還沒有學會如何處理的感覺，以及曾以不恰當方式學習的感覺，還有最重要的，出乎預期、未經檢測的感覺，仍會持續產生強迫性的身體緊張。當預期會有強烈的愉悅或強烈的疼痛時，都會形成這種緊張。兩種情形中，身體

都處於焦慮的狀態。這種焦慮會出現在所有強迫性的行動中，且在我們能對它做任何事之前就出現了。教育的目標應該放在消除這些強迫的狀態，幫助人得到能力，做出有能的行動；也就是能控制身體的激發，像是以自發的行動來做一樣。如果對普遍的身心機制與個別案例的個人歷史，能有清楚的洞見，加上對自我導向（self-direction）的必要知識，就很有助於提供令人滿意且促進成熟的條件。

所有焦慮的根源（教育在此已經失敗），都有想要去做或檢核行動的內在強迫性。當行動的動機有衝突時，就會感知到強迫性；也就是這個人能執行的慣性模式被感知為會危害到他的安全感。安全感連結到依賴期被培養出來的自我意象，對某些人而言是他們美好的外貌，對其他人而言是絕對的無私、絕對的活力、超人的觀念、絕對的良善，以及各種想像出來、未經檢測的概念、思考習慣與行為模式——這些會被當成得到情感、稱讚、保護與照顧的方法。當這些方法可能失效時，就會感知到強迫性；這個人會覺得陷入危險，深信沒有任何方法可以保護自己。當有客觀的危險而沒有防衛的方法時，結果就可能造成真正的傷害。但就內在的強迫性而言，由於沒有客觀的危險，唯一可能的結果就是內在的崩潰。面對真實危險所經驗到的焦慮，是大部分人都會有的正常經驗。但內在強迫性產生的焦慮並沒有明顯的原因；它基本上會連結到人在成長過程中形成的得到安全感的方法。

隨著對成人的依賴減少，我們會越來越有能；也就是不再根據早期建立的模式來行動。我們會覺得自己能冒險運用早期經驗中我們覺得合宜的部分，並拒絕其他不適宜的部分，或嘗試新的模式，

並準備好要為這樣做付出代價。成熟的過程中，我們有機會發現自己可以把依賴期得到的舊有慣性模式放下到什麼程度。教育的目標應該是幫助個體達到生命不斷演進的狀態，讓個體更容易切斷慣性的依賴關係，或至少在判斷仍需要它時，能以比較不痛苦的方式持續這種關係。如果教育沒有達到這個目標，就是失敗的教育，會讓成熟的獨立變成沉重而疲累的任務，持續掙扎，與自己對抗。

　　有情緒困擾的人通常會擔心自己是否正常。當他們強迫性地執行某些對別人而言並不重要的單純行為時，會經驗到古怪且不舒服的感覺，會不斷被這種感覺帶回這個疑問。他們會繃緊自己；屈肌有收縮的傾向，且長時間保持收縮；他們會覺得有點頭暈，好像快要生病的感覺。他們的臉會漲紅或變蒼白，沒有明顯原因就冒汗或覺得口乾，一直想要排便或排尿卻不是真的需要排泄。或是胃部有下沉的感覺，或是心悸。有些人會覺得快要昏倒，或是覺得可能失控或爆炸，或是這些身體感覺與類似感覺的組合。苦於某種失能的人，特別是性無能的男性，以及無法達到完整性高潮的女性，很容易在自己身上看到上述某個症狀。強烈刺激耳朵的前庭器官，快速轉動頭部，或是強烈搖晃身體時，也會引發剛才列舉的各種感受；身體突然降低或升高，也會產生相同的感受。容易感覺到上述症狀的人，很不喜歡快速且長時間的轉動、搖晃與強烈的加速。他們不喜歡的程度有時會強烈到在日常生活的行為、走路、轉身或彎身中，也避免這些動作。高度緊張的人的特徵就是肌肉隨時準備緊繃起來，以避免任何可能產生這些不舒服感覺的動作。她必須隨時準備好要檢核並控制身體，以免發生她懼怕的突然、無法控制的移動。

　　上述這一切本身基本上並沒有什麼不正常，差別在於其嚴重程度，以及這些感受的強度與持續性。大部分的身心障礙，特別是情緒障礙，問題都在於程度，而不是性質。比如強烈的直線或旋轉加速，一定會對前庭器官產生非常不舒服的刺激，造成噁心、頭暈等等。不過，有些人會過度敏感，而對生活造成重大的影響，就需要進一步的探索。

第三章

動機與行動

重要行動的驅動力都可以追溯到身體的緊張。我們飲食是因為飢餓，休息是因為疲倦，跳舞是因為想要有肌肉的活動。每一種情形下產生的活動都會抒解、消除緊張。大部分的基本緊張，比如剛剛描述的幾種，或多或少都完全局限在身體，我們可以毫無困難地加以辨識，並產生抒解緊張的行動。可是，有些緊張並不容易辨識，也比較難產生必要的行動來消除緊張。

這些不一樣的緊張是較分散的，它們起源於高等神經中樞，會以許多不同的方式表現，比較難辨識，因為它們產生的身體感覺並沒有連結到身體的特定部位，也因為它們很少重複發生於相同的條件，比如不安全感的發生可以與身體的許多不同部位有關，有如此多不同的形式，每一個人都不一樣，即使是同一個人，也會在不同時候有不同的表現，所以與不安全感有關的緊張往往不容易辨識。因此，在開始有所覺察之前，實在很難相信我們竟然如此無知，連自己內在發生了什麼都不知道。我們通常會為渴望、焦慮、煩躁的感覺找到某種合理化的解釋，好讓自己不會為此過於困擾。當這些感覺持續到一個程度，干擾到生活的樂趣時，就需要有能力加以辨識，以了解有什麼方法可以加以抒解，而不是只能坐等它的發生。

明確、可辨識的緊張會推動我們的行動。我們接下來會把「動機」（motivation）這個字眼應用到所有行動，會根據造成肌肉產生行動的神經衝動路徑與來源，來區分意識的（conscious）動機、未被辨識的（unrecognized）動機，以及反射的（reflex）動機。

單純的行動會對應到單純的動機。但就成人而言，沒有任何動作是真的非常單純的。舉例來說，請轉動手掌，讓手掌朝上，然後

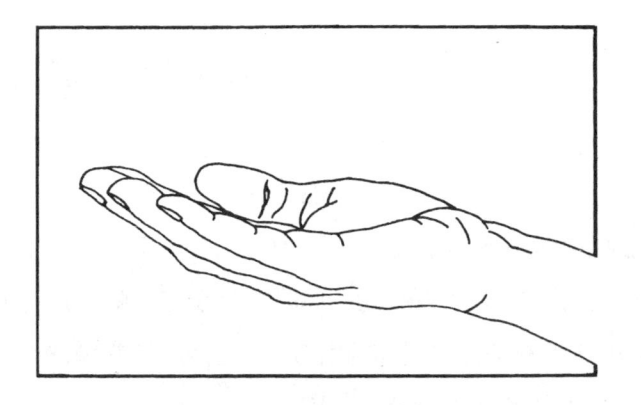

轉動手，讓手掌朝上

轉向下。閉眼來回重複這個步驟六次；然後睜眼再次轉動手掌。（請停止閱讀本書一會兒，實際進行上述的實驗，然後才往下看。）

　　如果你有觀察自己，就會發現當手掌朝向上方時，手指是彎曲的；當手掌朝向下方時，手指會稍微伸直。所以你被要求的雖然只是轉動手掌，但其實多做了一件事，就是手指的彎曲與伸直。手指的彎曲並不是你刻意要做的動作，不是你有清楚動機的必要動作，而且沒有推動它的理由。你也不知道自己做了這件事。這種情形通常發生在反射的動作。手指的重量在兩種情形中是相同的，兩種位置中的伸張反射應該是相同的。再者，肌腱與韌帶的長度也無法完全解釋觀察到的差異，因為兩種姿勢中，手指都仍可以再有更多的彎曲或伸直。

　　手指會有這種不對稱動作的主要原因就是我們「習慣」在手掌朝下時伸直手指，準備去握住物品或抓住東西，手掌朝上的姿勢中，大多會握拳而彎曲手指，比如拿取物品靠近自己以詳細觀看、

聞聞味道、吃一口或聆聽聲音。

這個小實驗的趣味在於，你只知道行動中的一個動機，亦即轉動手掌，但你做了另一個不需要的動作，而且自己並不知道，一部分是因為它是反射性的動作，一部分是出於習慣。接下來的實驗只是為了檢視這個解釋是否正確，請用食指與中指夾住一根菸或別的小東西，然後重複手掌的轉動，你的手指現在比較會保持伸直，與手掌的轉向無關。夾住物品的動作現在是被辨識的動機，因此需要有意識上的新動機，才會彎曲手指。

這表示有一種行動方式不同於未被辨識的反射性活動，反射性活動是個人經驗形成的習慣而產生的，但曾經需要覺察與有意識的動機。反射性動作中，如果沒有觀察自己一段相當長的時間，並知道要觀察什麼，就永遠不會對身體內的動機有所覺察。

我們談到了兩種行動：（1）純屬神經系統生理性質的反射行動，與個體的個人經驗完全無關。以及（2）完全依據個人經驗而有的行動，有可能因為太習慣而成為自動；也就是從自主中樞發出，但很難加以辨識。還有一整個系列的情形是介於上述兩種行動之間的，從行動得到較佳整合性的觀點來看，這些介於兩者之間的情形可能才是最重要的，因為我們平常不會去注意它們。

條件反射理論到現在已是常識，健康的動物會回應相當隨意且通常並非必要的訊號──比如間隔時間很短的特殊聲音、既定形狀的影像、抓癢──就像回應食物的攝取需求一樣。這種非必要的訊號（條件刺激）必須發生在給予食物之前的那一刻，且重複數十次。食物則被視為「無條件刺激」，因為動物不需要先前的經驗，就會

引發流口水，以及接受、消化與吸收食物所需的其他內在過程。

實驗證明，不同刺激間的接續關係非常重要；亦即，非必要的訊號必須發生在給予食物之前，而不是之後，才能教導動物產生回應，就像看見食物時一樣會流口水。實驗也證明，如果動物的高等神經中樞無法有良好的運作，無論再怎麼努力訓練，也無法建立新的反射。因此，對於大腦皮質被去除的動物或鳥，不但無法建立條件反射，就連前腦被去除之前所建立的條件反射也會停止運作。若要消除所有條件反射，就必須用抑制大腦皮質的方式阻止高等神經中樞的正常運作；也就是切除大腦的兩個半球，或是讓動物服用酒精或其他藥物。

高等神經中樞必須運作良好，才能讓制約的現象得以發生。這個事實對於了解學習而得的行為有什麼機制，非常重要，因為還有第三種行動方式是無法以反射理論或習慣的形成來解釋的，但通常會被人用已知的兩種方式來掩飾或強加解釋。第三種行動特別有意思，因為非常像精神官能症的反應，稱為模式化行動（stereotyped action）。乍看之下，這種行動像是有目的、有動機且協調的行動。然而，仔細檢視之後，我們所以為的目的卻又顯得不太確定，好像並不重要，因為當事者對是否達到目的，完全漠不關心。因此我們很容易誤以為是動機的目的，其實只是隨意的制約訊號，與防衛、進食或性的無條件反射有反射性的關連。

波帕夫（N. A. Popov）教授的幾個實驗可以說明這個情形。

實驗 1
丘腦鴿（丘腦以上的前腦均被切除的鴿子）有時會做出環狀移

動，發出正常雄鴿向雌鴿求愛時的聲音。任何刺激，比如吹口哨、拍手、對牠吹氣，或突然推動籠子，都可以在丘腦鴿引發這種反應。但雌鴿在場卻沒有任何效果。這種模式化反應可以在幾小時內重複數百次，而毫無減弱的傾向，且可以被各種刺激引發（如前所述）。

實驗2

丘腦雞會啄周遭的地面，好像在進食，但仔細觀察卻顯示牠們並沒有撿起穀粒，只是單純在啄地，穀粒會散開來。如果在穀粒中放入一些彩色的碎石，牠們會啄碎石就像啄穀粒一樣。丘腦雞休息時，對牠說話、碰觸牠、移動籠子、吹口哨或對牠吹氣，都可以引發啄地的反應。反應會持續十到十五秒，且可以在很短的時間內重複，沒有減弱的傾向，但在強迫進食之後，則會消失。

實驗3

兩隻雛鳥在很幼小的階段就被切除大腦皮質，牠們在籠子裡仍會持續找食物與進食。食物通常是在牠們睡覺時放進去。牠們的反應如下：鼻孔開合，舌頭舔唇，抬頭，四處嗅聞，起身走動，直到碰到食物，然後吃下去。這個過程很像正常的行為，但雛鳥被任何其他刺激喚醒時，比如以氨水碰觸鼻子、拍手，或搖動籠子，仍會以相同的次序重複所有相同的動作，只是沒有進食。如果在雛鳥休息後重複刺激，若是刺激之間有一點短暫的間隔，整個模式化反應就會一再重複。

當我們了解上述的模式化反應並不是條件反射時，這些觀察的意義就變明顯了。理由有二：首先，大腦正常的動物，必須在條件刺激之後立刻給予食物，否則已建立的反射就會越來越微弱，很快

就完全消失。其次，巴夫洛夫條件反射理論的基礎是大腦皮質與其下神經節形成的各種暫時連結。上述的動物中，大腦皮質已被切除，即使沒有伴隨無條件的刺激，但模式化反應仍持續出現，並沒有減弱的跡象。因此，模式化反應的循環特徵似乎是低等神經中樞的性質，也就是說，這種複雜的行為順序可以像生理行為一樣重複出現。某個行動有循環特徵，就表示它是有目的的，通常與意識的行為有關，或是歸因為進食、保護、繁殖等具有演化意義的反射動作。然而，循環的模式化順序其實是低等中樞的特質，在前腦的高等中樞被移除後，就會得到強化。

新生兒會以吸吮動作回應許多不同的刺激；進食後，這個反應就會立刻消失。進食反射的制約是從低等神經中樞的循環性模式化行動的先天性質形成的。

我們往往會把強迫性的模式化行為想像成具有確切的目的，因為我們無法以別的方式來解釋看起來如此有目的而又協調的一系列行動。於是我們會談到潛意識的動機。但循環而有次序的特徵可能只不過是表示高等神經中樞的功能發生異常或疲勞。

在這個脈絡下，下述實驗可以說明一些事。一隻鴿子被懸掛在特殊的架子上，雙腿可以自由活動。腿部貼上記錄用的指針與電極，實驗人員嘗試各種不同的刺激時，包括吹氣、抖動、亮光，進行方式都不會引起腿部任何防衛反應，然後持續十天讓強烈的感應電流通過腿部，在這之後，原本不曾與電流結合所以也沒有防衛性條件反射的那些刺激，就變得可以產生腿部的強烈防衛動作。此外，如果重複施予條件刺激之後沒有伴隨無條件刺激，條件反射就

會消失,但這隻鴿子仍每隔幾分鐘就表現出防衛反應,持續三個小時,且到最後仍沒有減弱的跡象。每天連續給予刺激,持續六個月後,也不會減弱反應。用酒精將鴿子麻醉後,也沒有減弱的情形。正常情形下,酒精可以消除條件反射。

因此,我們可以認為有三種主要的行動:(1)反射性行動(the reflective action)是神經系統因為演化經驗天生就具有的,(2)慣性與制約性行動(the habitual and conditioned action)是透過個人經驗形成的,需要高等神經中樞的抑制與調節,(3)循環的模式化行動(cyclic stereotyped action)會出現於高等意識中樞的功能減弱時。我們在反射行動中永遠不會找到任何主觀的動機,因此不會感覺到瞳孔在日光下的收縮。我們在慣性與制約的行動中,會感覺或察覺到行動的動機。循環的模式化行動是低等中樞的機械化現象,我們不必去尋找支配的動機,而是要看見產生它的機制。

理想的意識行動會對應到清楚可辨識的獨一動機。有意識的行為具有單一的動機,而行動的技巧包括具有能力可以抑制並排除所有透過習慣、制約與模式化動作而表現出來的寄生元素。我們在大部分時候無法得到自己想要的,是因為做的比自己知道的更多,而不是因為少做了必要的部分。學習新技巧時,特別會有這種情形,在行動中會緊繃並做出許多不必要且互相對抗的元素;到後來才會知道自己比實際想做的多做了許多。游泳時如果能去除所有寄生的動作,只執行前進所需的動作,就可以往想要的方向前進。游泳專家只會做出需要的動作,這就是他的技巧,他的行動符合清楚的動機,也只針對這個動機。我們在學習階段會表現出許多出於習慣且

模糊難以分辨的動機，學習的基本要素就在於能辨識這些不需要的模糊動機，並加以揚棄。

具有一個清楚、可辨識的動機，並能抑制或丟棄那些容易透過慣性而執行的動機，是非常重要的。如果檢視所有不會為我們帶來想要結果的行為，或是更進一步檢視那些勉強成功或近乎失敗的行為，就可以看見這個重要性。我們會一再發現自己因為習慣與過去形成的態度而執行了不必要的動機。

舉例來說，有人「詢問」某項資訊，並表明想要得到單純、客觀的答覆，但提問者對權威表現出自己所不知道的敵意，以挑釁的方式逼問答案，好像要強調對方非得回答不可。他提出的問題並不是用簡單、直接的方式就可以回答的。別人的回答會針對他的措辭，而不是他的問題（不過，任何人都很容易猜得到答案）。他從習慣與既有的態度執行無關的寄生動機，他的行為是失敗或近乎失敗的，總是產生非常類似的結果，也就是（1）維持他對權威的敵意，以及（2）把責任轉移到別人身上，甚至是某個「他們」身上。這種人的表現就像初學游泳的人，做出遠超過達到目的所需要的，他是正確行動的「初學者」，他的行為是「幼稚的」，因為他還沒有學會成人管理動機的方式。

同樣的，我們發現人會在行動中表現內疚、完美、良善、尋求稱讚、情感的動機，但如果沒有這些慣性的動機，反而能以最好的方式完成行動。所有這些動機本身都沒有好或不好的問題，我們也不需要認為這個世界可以在一夜之間改變，但「我們的」世界，我的世界，或你的世界，可以變得更好。這個世界需要正確的行動，

事實上這是比較簡單的方法，只是無法很簡單得到。

　　我們已知道，從神經系統如何運作以產生動作的角度來看，即使是我們所做的最簡單的動作，也是極度複雜的。光是用叉子拿取食物，靠近嘴巴，就需要經過長期學習才能適當完成。這個單純的動作是由無數元素結合而成的，只要有一個元素變得與我們的習慣不同，就連這個簡單的動作也會變得困難，甚至無法進行。

　　舉例來說，假如你在公開的晚宴進餐，發現自己用錯了叉子，在那一刻，進食的動作就可能變得難以進行。成熟的成人在這種情況下可以毫無困難地繼續使用錯誤的叉子，或是矯正自己的錯誤。有的人卻會發現自己的動作變得完全失序，好像要讓每一個在場的人都發現他的難處。若要適切產生最簡單的動作，我們就需要有單一的動機，或一個負責支配的動機。

　　以人的情形而言，如果沒有學會抑制某些動機，沒有把一些動機整合出一個最終的支配動機，即使是進食這樣簡單的動作也會難以進行。最簡單的例子就是，動作的動機是為了身體某部位的週期性緊張，比如呼吸的動作，而且環境和身體都沒有妨礙它的矛盾動機。由於依賴的因素，其實在我們覺察到的動作中，都不可能沒有互相矛盾的動機。習慣的形成基本上是在一段處理多重動機的學習期中，學會在各個合宜的情形中形成足以負責支配的動機。

第四章

抗拒與交錯
動機

我們已區分出兩種行為：(1)對外在刺激產生直接反應的行為，這種外在刺激不需要激發大腦的高等中樞，以及(2)與大腦高等中樞有關的行為，而且是我們能覺察的行為。在這兩端之間，還有各式各樣的行為與動作，由於我們過於習慣，以至於不再覺察自己做了什麼才產生它們。由於在正常情形下，如果沒有神經衝動傳達到肌肉，肌肉並不會收縮，這些不同的行動必然對應到不同來源、種類或路徑的神經衝動。反射動作是低等神經中樞的神經衝動造成的；它們通常可以被我們的意圖壓抑下來，特別是橫紋肌的動作，這是產生動作的骨骼肌。我們對平滑肌比較沒有控制力，比如各種括約肌（如虹膜、肛門）。

推動肌肉反射行為的神經衝動，速度比產生意向行為的神經衝動更快。反射性神經衝動從起源到肌肉，本來就具有較短的距離、較少的神經轉接點。當意向行為與反射動作互相矛盾時，雖然兩者可能都起於相同的事件，但反射性神經衝動會較早抵達肌肉，我們會感覺到身體拒絕遵守。反射性推動的身體姿態或動作，感覺起來有如事先就已存在，我們會將之覺察為抗拒。慣性行為或多或少獨立於我們的意向，它們幾乎是自動出現的，其神經衝動只會經過較少的神經轉接點，速度幾乎與反射性動作差不多。如果慣性自動行為的神經衝動與意向的神經衝動互相矛盾，也會產生同樣的抗拒感。這種感覺就好像抗拒是出於某種比意向行為更早存在的東西。我們需要練習，才能學會覺察自己在執行這些被感覺為抗拒的東西。

行動中的抗拒感是出於執行互相矛盾的動機。除非有足夠強烈的支配動機，否則我們很難適切地行動，因為讓肌肉收縮的神經衝

動是以代數的方式合計的，也就是說，當它們沒有矛盾時，會相加而產生較大的神經衝動，但它們互相矛盾時，較大的神經衝動要減掉對立的較小神經衝動之後，才會產生與動機對應的行動。

　　所有展現良好的行為都是單一動機的。我們能以相當大的力量來執行的行為，或多或少都有支配的動機。我們無法達成的行為則有互相矛盾的動機，而這些不同的動機具有相同的強度，或是抑制的動機才是最強烈的動機。

　　基於歷史因素，人類社會對各個行為塑造出許多不必要的動機。任何高度組織化的社會都有責任建立新的世代，好讓發展的過程得以延續。人類社會的發展得利於年輕世代較長的依賴期，因為只有在完全依賴的束縛之下，才可能有起初的教導與學習。

　　一個社會的生活越是豐富、複雜，新世代在接手的時候就需要具備更大的技能，因此也需要經歷更嚴格的訓練——除非有更新、更好的教學方法。我們發現青春期其實在逐漸延長，現在離開學校的年齡已經延後到我們的祖先早已自力更生、成為一家之主的年紀。當我們的生理達到性功能完全成熟的時候，才離開學校；也就是說，當我們生理已達成熟時，卻還沒有脫離極度依賴社會的狀態。於是，在性成熟的階段仍被迫維持嬰兒式的社會與經濟依賴。所以，這種處境本身就充滿危險，因為我們在成熟的年齡仍留在相當不合宜的狀態（從個體獨立的觀點來看）。難怪大多數人性功能的發展都受到阻礙。

　　從這個角度來分析，可以預期性功能常常會因為經濟安全感（最多的情形）與情緒安全感（最慘的情形）的考量而受到阻礙。

一般說來，人於依賴期所形成的行為模式在這個轉折點會展現出其價值與適用性，如果這些模式合情合理，新的成人的性功能在生理、心理、情緒、社會等各個層面就應該不會有什麼困難。但如果是不合情理的模式，所有教育上的錯誤──比如過度暴力或放縱，過度溫順或有攻擊性，或是過度絕對而武斷──都會在性功能呈現出來（性功能是最晚成熟的功能，基本上處於較不利的狀況）。

舉例來說，許多年輕男子在依賴期如此徹底地投入學習，以至於因為缺乏地位或收入而毫不懷疑地認為自己沒有結婚的權利。他們相信男人一定要賺到足夠的錢，有能力為妻子買東西，才有公開渴望妻子的權利（此處只提一個不必要卻與主要的性動機連結起來的動機）。我們僅僅考慮這一個因素，就能開始了解性成熟之路堆疊的障礙有多高、多深了！

我們的文明對人的社會調適設下如此嚴厲而困難的條件，所以我們不應該把女性的性冷感與男性的性無能當成生理上的缺陷，而是錯誤卻成功的教育造成的結果。正常的行動中，身體緊張引發的活動會抒解緊張。這時的行動非常明確：為了抒解飢餓，我們必須吃；為了抒解疲勞，我們必須睡覺或休息；為了抒解癢，我們就必須抓癢。同樣的，只有結束於全然高潮的性行為，才能抒解性的緊張。但所有無法這樣做的人──比如性冷感與性無能──被導入了寄生的動機，其強度相當於或高於性緊張本身的動機，而且無法把它們整合成單一且足以支配的動機。

此外，每當性的緊張升起時，源於社會的抑制動機就會一再重複出現，讓人陷入情緒困惑的狀態，以至於失去分辨不同動機的能

力。這種可能性看起來很奇怪，但瞧瞧有多少人想用性行為來證明自己是成人或已經獨立，或是藉此要別人佩服他！多少人誤把自己對情感的渴望或社交力量的需求當成性的緊張，而用性行為來滿足這些渴望！性行為只能抒解性的緊張；所有其他的動機都不會因此得到抒解。吃麵包無法止癢，就好像抓癢不會滿足飢餓的需要（不過吃了塗滿奶油或果醬的麵包，有可能減輕癢的感覺，而暫時不需抓癢）。同樣的，不可能以性行為來滿足情感、安全感、稱讚、權力、獨立等等的渴望。那些沒有性的緊張卻進行性行為的人，除非是在個人經驗中把慣性而非必要動機的緊張與性混淆在一起，否則很少能抒解那種緊張，他們只是暫時減輕它，然後一再更換對象，希望找到一個能為他們解決問題的人。這種人在嘗試以一種針對其他緊張的方法來抒解這種緊張時，會發現自己性無能或性冷感。他們往往模糊地知道自己並不是真的想要性，然後斷定自己只是不夠熱情，或是性能力不佳，於是常常用春藥或維他命或某種其他號稱可以刺激性功能的方法來麻痺自己。

　　人比較容易相信自己的構造有缺陷，包括生理上或甚至身體結構的缺陷，而很難了解真實的處境。純屬身體結構的缺陷比較罕見，在此不予討論。指著自己的先天構造，隨時準備解釋自己沒有能力去做的人，以很不成熟的方式逃避責任，緊緊抓住所有可以讓他們不用承擔責任的理由。他們也會持續經驗到內疚與羞愧，並認為自己惡毒或有罪。

　　這些感覺會讓人在真正感覺到之前，就在內心承認自己有錯，這個人必然「活該」受到懲罰，並同意受罰。所有這些狀況都可見

於依賴關係不曾達到成熟程度的人。這種人用懺悔的力量來抒解焦慮，主要是出於把懺悔過程的羞辱感當成一種自我懲罰。此外，被人稱讚的需求也因為神父在場而得到部分的滿足。還有就是想像中預期的厄運與天譴根本不會真的發生。

仔細觀察就會發現這種人整體的動機處理能力非常不足，且很常有交錯動機。在性的層面運作交錯動機因素的人，也會在所有其他層面如此運作。比如從動機的觀點來看，飲食就常常受到不當處理，以至於許多人的飲食包含交錯動機。大部分男生是為了成為「強壯的好男孩」而吃。飲食的動機是為了成為好人、被欣賞或被愛、變強壯、成為男子漢。許多人吃東西是為了抒解渴望得到稱讚或認可所形成的緊張，或是抒解不安全感引發的焦慮，至死方休。他們吃東西不是為了解除飢餓的緊張，而是錯誤的習慣，誤把這種緊張當成另一種緊張。用飲食來抒解焦慮、不安全感或被稱讚的渴望，實在不是有效的方法。他們會一直吃，直到腸胃負擔過重、消化不良而昏昏欲睡，身體的敏感度會降低，思考變得遲緩，所有感覺都變遲鈍——於是間接抒解了一部分緊張。這個習慣的持續，會伴隨著慣性過度飲食的所有後果（我不需要詳述這些後果）。

同樣的機制也發生在過度節食的人。飲食成為討價還價的商品，以得到父母的注意、關愛、安全感、寵愛；日後就以此從別人（或自己）得到讚賞，讚賞這個人的意志力、纖瘦、美貌、理性。其中總是包含自我否定的動機，以迫使別人或自己產生他想要的態度，這也是苦行禁欲者自我懲罰的好方法。

所有具有交錯動機的行為都包含強迫性，就是先前討論的內在

強迫性。這類行為並沒有針對緊張的來源，也無法完全抒解緊張。某些緊張會一直保留，迫使新的行為突然迸發。陷入這種情形時，有些人會投入別人認為完全不重要的任務，某些因為我們無知而稱之為「偉人」的人，就是被這個過程塑造出來的，他們在強迫性驅使之下行事，一輩子都陷在痛苦之中。許多人認為這個過程是偉大成就的要素，如果沒有經歷痛苦，就不會有偉大的成就。但我相信成就是好好做事的結果，並不需要承受痛苦，就能這樣做。如果拋開互相矛盾的動機，可以帶來充分的力量，讓我們有能力去做。

所有人的外顯能力都遠低於潛在的能力，因為矛盾的動機會讓大部分行動都被削弱。有能的人和無能的人之間只有量的差異，並沒有質的不同。某些情形下，當矛盾的動機被消除或抵消時，有可能看見潛在的能力。因此，催眠的情形下，非常平凡的人可以做出相當於訓練良好的運動員所能做的事，甚至常常比他們更優秀。這種情形下，只有被暗示的動機才得以執行，所以潛在的力量不受阻礙。但在一般清醒的狀態下，只有一部分力量可以發揮；交錯動機造成的內在耗損剝奪了大部分力量。

我的看法是，一般情形下，我們在生活中只用到潛在能力的一小部分。其餘部分被慣性的矛盾動機掩埋了，而我們對慣性的矛盾動機過於習以為常，而無法感覺發生了什麼事。偉人很少具有比你我更偉大的能力，他們只是比較能管理動機——拋去所有違反或妨礙明確動機的動機——於是凸顯出明確的動機。他們所產生的行動是毫不遲疑、沒有抗拒的。伏爾泰在這種動機管理之下，花十一天寫出《憨第德》，這大約是一個人用手抄寫這本書所需要的時間。

第 五 章

行為與環境

生命就像所有歷程一樣，若不持續，就會停止。舉例來說，鮮活、有機的身體一旦停止氧化作用的過程，就立刻死亡。生命有機體的演化會適應環境，與之形成功能性的整體。因此，在當下這一刻，靠呼吸維持生命的整體有機體與具有葉綠素的整體植物之間，有著密切的關係。有人估計在大氣層中，氧氣的總量在一年之內會在所有植物與所有生命體之間循環好幾次。

行為之於社交環境，就好像有機的適應之於物理─化學的世界。從我們存在的第一刻起，就在既定的社會結構中被塑造、調適。人類的所有偉大、奴役與痛苦都是這種調適的結果。從行為的觀點來看，社會環境是最重要的因素。一個特定的疾病中，即使具有確切的器官因素，但其重要性相較於這個疾病的社會價值，也顯得微不足道。以耳聾或完全沒有性別（比如在嬰兒早期就被去勢的人）的情形來看，其異常也只是來自當事人必須調適自己，去配合這個由其他人所組成的社會，也就是什麼都不用做就聽得見或具有性別的人。社會中，社會性的存在就和身體的存在一樣重要。我們從最早期的童年得到的習慣，無論是有意還是無意中養成的，都為我們做好準備，去符合這種由成人組成的社會。我們所做的事，不論高興與否，以及我們完全不會去做的事，在在都要求我們得調整自己以符合成人領導的生存方式。

在一個已成形的社會中，比如我們所存在的社會，那些被反覆灌輸的態度與反應已凌駕人類相對較微弱的本能。對我們而言，犧牲個人的有機特性以保存我們自己形成的社會意象，這種情形並不罕見。

　　假如有一個人成長於永遠不變的環境，以至於他的神經系統沒有接收到不同於胎兒時期的刺激，似乎可以合理地預期他的神經細胞仍會成長，建立一些連結，但這種神經系統的運作方式不可能與我們所知的環境有多少關聯。請試著想像這種人的內在世界可能的樣貌——視覺、表徵和意象都與外在世界沒有任何關係——我們會推斷他可以感知到神經細胞的擾動，但無法形成意象，沒有顏色、沒有觀點、沒有對比、沒有亮度。若是想像所有其他感官知覺都是同樣的情形，我們便會推斷這種人具有與我們共通的感覺、想法與驅力，卻是以神經運作的內在知覺形式呈現；也就是一種純屬情感的東西，其想法沒有任何內容是與我們周遭外在世界的物體、聲音、影像、味道或觸感有關的。

　　這樣的人除了感知肌肉緊張的降低，如何能感知美呢？沒有那些透過外在世界的個人經驗而累積的感覺，他對愛的觀念會是什麼呢？我們可以看見，若沒有個人經驗，有的就只不過是內在電流刺激的起伏與流動，我們在憤怒、喜悅或其他情感中經驗到的某種東西，都不再具有源自於感官的確定感了。

　　對這位不曾經驗過獎賞、懲罰、評價、忽視、喜愛或排斥的人，對與錯能有什麼意義呢？對這種人而言，什麼是正常的行為呢？他有可能歇斯底里、平靜、聰敏或愚鈍嗎？一個沒有個人經驗的人是什麼樣的人呢？

　　我們的想像是如此受限於個人的經驗，以至於無法從這個範圍之外來構想。我們能做的就只是藉由改變事件的時間順序、空間形態，或我們很容易自認有原創性的類似小技巧，來重整我們的經

驗。就連這樣揣測一個成長於對外在世界沒有個人經驗的人是什麼樣子，也是不可能的。我們無法真正想像一個人成長過程中沒有食物、沒有呼吸，也沒有其他必要的個人世界經驗；世界必定會透過我們的個人經驗而產生我們所知的那種生命，因此人的行為表現才會像某個我們已知的人。

我實在不敢相信，人們竟然長久以來都相信本能的迷思，相信正義、貪婪、慷慨以及許多其他被認為是「人性」的東西是天生固有的。我們認為事物屬於自己，這種模糊的概念可能來自我們為小嬰兒穿的衣服並不適合成人，於是嬰兒毫無例外地被制約，認為有些東西只屬於自己。較大的家庭中，這種普遍的制約會因為其他嬰兒的誕生而淡化。成長在大型家庭的人，與從小沒有兄弟姊妹的人，兩者對於施與受的態度會有很明顯的不同。

代代相傳的「人性」其實是一副具有各種潛能的神經系統。我們所知的人也是神經系統，它透過個人經驗對既有的環境做出調適，而不被需要的潛能會在長時間的依賴期被抑制。因此，所有人都有潛在的可能，會被大量形形色色的因素激發性欲，比如乳房的影像、變質奶油的味道，或以面紗遮掩的臉孔。某些個人經驗中，某個因素會被強化，而其他因素被抑制，而在下一次經驗中，又會做出不同的選擇。

態度、習慣與反應的形成，與普遍的一般機制具有某種共通性：運作的原則只限於在某些狀況中運用，而排除在其他狀況下運作的可能性。舉例來說，常見的打火機油的揮發性就是一種基本原則，因此可以用火花來點火；但也正是揮發性這個性質會造成打火

機油乾掉，而無法運作。此外，它也會把適當的功能運作局限在一段有限的溫度範圍之內，不能太高，也不能太低。機制的原則包含了其結果，也決定其結果。人類行為調適的機制也有同樣的情形。

　　舉例來說，在有些生活方式的概念中，苦難是必要而且重要的元素，沒有苦難，就幾乎不可能有生活可言，或至少是難以想像的。若是消除苦難的明顯來源，人就會訴諸最精巧的創意，以重建可以全然呈現舊有苦難的情境。光是改變環境是沒什麼用的——比如一位結婚三次的女子，困惑地發現三個男人都性無能。這位可憐的女士精神崩潰，苦澀地抱怨自己運氣不好，疑惑自己為什麼如此命苦。事實上，她對男人的態度，以及她對自己與男人之間所期待的關係，都與正常成熟的性能力有衝突。她要的是絕對的善良，男人與她之間完全沒有距離，並想在關係中找到全然的安全感，再加上她對此準備做出的回報，都讓她成為一個高度敏感的儀器，偵測並吸引原本就已抑制了成熟性欲的男子。此外，如果他們的問題還不夠嚴重的話，她的行為也只會讓他們的問題更為惡化。

　　行為模式是一種具體的真實，由一個人成長過程的特殊情境逐漸形成。每一個人若是探索自己的世界，就會發現那些與其模式符合的情境，就像鴨子會走入水中一樣自然。人無法活在自己不能發展出必要反應方法的情境之中，因為在其中會缺乏影響環境的必要方法。真實的生命在活著的時候是一種持續的整體，不論環境會為生活其中的人帶來多少痛苦，其行動方式都會以客觀、有形的方式與環境相稱。若要改變生命存在的過程，整個態度與方式都必須改變。環境中或自己裡面特殊細節的一項改變，通常只會產生暫時且

無關緊要的差異，且一段時間後就會消退，幾乎會完全回復舊有的歷程。

行為就像潛能、發明、理論一樣，必然是由環境來維持的。小嬰兒哭是因為哭會得到回應，如果在某個環境中，哭泣會造成小嬰兒的毀滅，長久下來就只有不哭的嬰兒才能存活，如果真有這種情形，哭泣與得到注意之間就不會產生關聯，但現在的規則是哭泣與得到注意是有關的。

簡言之，行為的症狀是當事人以他可用的方法得到結果而有的後果，或至少是用他能掌握的最好方法。當安全感、注意、稱讚、認可或其他會產生緊張的驅力，與個人經驗過度糾結在一起，以至於必須透過自我貶抑、自我傷害或其他扭曲的方法，才能滿足這些驅力時，儘管這些方法具有破壞的作用，他仍會持續使用這些方法。這個人完全不知道以任何其他方法得到相同結果的可能性，而完全認同自己使用的方法。如果旁人能顯示出不想要的症狀其實是慣性行為模式的直接後果，或是這個人自己發現這一點時，就會恍然大悟。

如果我們環顧四周，在心裡用這個方法檢視小孩與成人的行為，就會毫不驚訝地看見人所使用的古怪而精巧的大部分方法，幾乎都必然會滿足當事人的需要。即使他們其實是為自己帶來大量的痛苦，仍然以為得到了自己覺得需要的東西。這是他們學會的唯一方法，來得到他們以別人可用的方法卻得不到的東西。

舉例來說，有人的聲音很滑稽，不論是在街上或巴士或任何地方，只要他一開口，就會吸引注意力（但他的口腔和發聲器官的先

天結構與這個症狀無關）。我知道你很難相信他竟然以此得到他想要的，甚至覺得很荒謬，但我確定他本人並不知道。事實上，你可能知道他很努力嘗試改變聲音，甚至去上說話技巧的課。重要的事實就是儘管他努力也無法改變聲音，還有就是他的聲音會吸引注意力。環境使他的症狀維持下去。假定我們進行下述實驗：清除這個人周遭的所有人類，他就不需要發出聲音，他的聲音無法與其他聲音比較，再也不滑稽了，也不會吸引任何注意力，他就會停止發出滑稽的聲音，症狀會自然消失，也不用再抱怨這件事了。

然而，這個實驗實際上是無效的練習；它與現實完全無關，無法實際進行，與一個人的行為完全沒有關係。重要的是可以做什麼；也就是回到現實與事實。我們就是從這些事實開始，亦即這個人有滑稽的聲音，讓每一個人都注意到他在說話。若要解釋其他事實——他嘗試改變聲音，但做不到——就會讓我們想到這個人必然是以很特殊的方式運用肌肉，卻不知道自己在做什麼。

我們已經看見，藉由充分改變環境，讓環境無法支持症狀，症狀就會消失。我們也談到第二種方法可以得到相同的結果，就是改變一個人對環境的反應。我認為，當一個人嘗試這樣做卻失敗時，是由於他仍不知道支持症狀的刺激因素是什麼。不幸的是，他的指導者在黑暗中摸索，並沒有撞見真正的原因，而真正的原因通常是如此明顯，以至於即使有人向我們指出來，我們也還是看不見。對於如何解釋它們，我們仍有自己的想法，因此必需努力去了解事實，但我們的解釋也同樣是一種行為方式，同樣是受到支持的反應。如果我們改變自己的反應——也就是學習得到正確的解釋——

就可以無論是什麼,都毫無困難地接受它。

所有症狀都是身體上的事實;它們表現在活生生的生命之中,因此也必然會被外在或內在的刺激誘發。當刺激是新的刺激時,我們會察覺它;當刺激是既有的舊習慣時,就無法察覺。從最廣泛的字義來看,習慣是在過去學習而得的。若要改變習慣,就必須改變環境,好讓症狀不會得到支持,或是對現有的刺激學會新的反應方式。若要學會新的反應方式,我們就必須清楚知道引發症狀的是什麼刺激。我們不想要的反應方式與它的刺激來源,不在任何別的地方,就在我們裡面或外面的物理、事實世界。大多數情形下,在改變環境之前,先改變自己的反應方式,會比較合宜,不過也有可能同時改變兩者。就如我先前指出的,行為與環境是無法區分開來的整體,不會分開運作。個體與其存在的環境,兩者間錯綜複雜的關聯本來就是沒有止境的,我們只有在語言文字中才能將兩者分開來談。

習慣的形成

我們對人類行為的觀念受到人類文明初期演化出來的慣性思考方式所影響。我們有時會把自己拿來和其他動物比較,而不考慮各種差異——事實上這些差異過於巨大,根本完全無法比較;或是會把自己想成具有靈魂,帶著形成「人性」的人類先天傾向——這會讓我們接下來無法做任何事來改變自己。

事實並不符合上述兩種態度。人類的先天反應方式非常有限。一方面,我們因為看見動物具有好幾套現成的反應方式,與個別經

驗幾乎無關，就輕率談論「本能」，其實指的是「非常早期建立的習慣」。小牛、小羊和其他動物幾乎在出生的那一刻就可以走路、跳躍；但人類需要數年的時間才做得到，有些人甚至永遠學不好。另一方面，我們會提到「天生善良」、「邪惡」或類似的說法，但卻也觀察到小孩會在特殊的影響下成為「善良」或「邪惡」的人；事實上，這些行為顯然是針對環境學習而得的反應方式，並成為習慣。

生物只具備一套執行的器官，我們所做的每一件事都是透過肌肉來表現。人類的肌肉控制需要艱難的長期訓練。相較於人類，其他動物大多在出生後沒多久就達到成年的完美控制力。因此，我們的所有行為比較受到個人經驗與環境的影響，與其他動物不同。

以先天的美感為例，毫無疑問，我們具有潛在的能力，可以形成這種欣賞力，但發生作用的感官是運作於個人經驗從周遭環境中收集來的元素。對聽不習慣的西方耳朵而言，以喉音發聲的亞洲腔很少會有吸引力，但對那些成長在其中的人，卻覺得就像我們的「th」或「w」的音一樣悅耳，反過來說，不習慣聽「th」和「w」的耳朵也不會欣賞這種聲音。

我們所陷入的混淆想法，一部分是來自把動物行為當成論據，另一部分則是相信有虛構的、像神一樣的人類靈魂，這種想法會造成我們難以想像的煩惱。

X先生受過優秀的專業教育，有性無能的困擾。他無法一看到伴侶就馬上勃起，因而覺得自己有缺陷。當他覺得無法勃起時，就會焦慮、緊繃而不得不完全放棄。他說：「正常的動物在接近異性時，當然立刻就能起反應。」

「你根據什麼而有這種想法？」

「我在農場長大，在大部分農場動物身上觀察到的。」

「你的觀察是正確的，但你的解釋和結論卻完全錯誤。公牛會被發情母牛的氣味激起性欲，如果風向適當的話，他在她靠近之前很久就感覺到她的存在。他對任何母牛都沒有壓抑欲望的習慣，不論是他的母親、姊妹或其他公牛的妻子，他都會想接近她。人的性能力不只是根據他的生理功能，也會根據他過去形成的思考習慣。你不能把人和其他動物做比較，如果這樣比較，你就會為自己設定難以達到的標準。」

我建議他用一塊帶有強烈氣味的毛巾蓋住公牛的鼻孔，結果他發現公牛對接近的母牛渾然不覺，當移開毛巾後，公牛就「像人」一樣慢慢勃起。

性無能就像其他衝突一樣，來自不曾受到事實檢驗的觀念所形成的想像。人會想像別人對他有什麼期待，並認為他的想像是真正的要求。他相信別人都是根據他想像的概念來行事為人，卻沒有機會在現實中檢驗這些幻想。

若要消除性無能，最重要的因素就是，除了學習適當的態度與正確的自我指示之外，還要深切了解，行為是過去形成的思考、態度與控制習慣所造成的結果，而人的行為與學習的關係是如此密切，以至於我們可以說，學習是唯一的重要因素。

第六章

依賴的力量
與成熟

　　把人與其他動物做比較是完全無效的，因為忽略了至關重要的依賴因素。我們可以教導熊跳舞，但必須先抓住牠，把牠關起來；也就是讓牠完全依賴我們以得到食物與生存。沒有依賴，就不可能訓練狗產生任何反射，也無法教導小孩說話與禮貌。如果沒有在一開始時用到依賴的力量，教育、習慣的形成，以及一般的學習，都是不可能的。

　　我們必須明確區分兩種不同的依賴：（1）所有生物對環境的物質性或機械性依賴，這會形成物種的演化適應（比如地心引力，以及宇宙中其他物理和化學的條件），以及（2）短期的人際依賴，這會形成每一個生命的個別調適。以人類而言，小孩對父母的完全依賴比大部分動物都需要相對較長的期間，把兩者混為一談，就形成錯誤想法的根源。個人的調適對身體自主控制的物理結構有很大的影響，所以根據個人歷史的不同，個體間的差異會很大。肌肉組織的自主隨意控制主要是在出生後形成的，需要人去調適的處境會促使某些較常用到的部分得到發展，並造成不活躍或被抑制的部分發展遲滯。

　　如果有較長的期間完全無法控制自主隨意的肌肉組織，會導致身體不同部位的緊張之間極度複雜的關係，形成各種反應模式，這些模式基本上是個人化的，且（理論上）與人類神經結構的先天性質無關。這些行為模式中，有些會非常規律地重現，以至於乍看之下很容易被當成演化的特徵。因此，成人對孤獨的恐懼或預期會落單時的焦慮，看起來就好像是本能的反應。可是人類自小就長期完全依賴成人的關注，讓我們無法準確判斷個人歷史對這些反應的形

成有什麼影響。可是，嬰兒哭泣時，父母對應的狀態與態度（也就是反應的立即性與敏感度）所造成的影響，可以在所有小孩身上觀察而得，再加上行為異常往往可以追溯到父母對早期童年的影響，讓我們可以相當有把握地說，對孤獨的恐懼是在依賴的壓力下形成的模式。

有成人在場的必要性對這些行為模式的形成具有決定性的影響力，而這些行為模式又會影響這個人與其他人的關係。小孩在完全孤獨時經驗到的無助，很容易在模式被帶入行動時重現。長期對成人的全然依賴會培養出一整套與身體緊張有關的反應與特徵，人對於關注、情感、稱讚、獎賞與懲罰的需求，是被基本的依賴處境培養出來的。身體的緊張會促使小孩有所行動，以引發成人的反應，而成人對小孩反應的方式會讓小孩的情緒模式定型。小孩從身體依賴產生出來的反應方式、態度或行為模式，是為了確保自己的生存與生活，以及情緒面和社會性的安全感。安全感的需求與依賴是直接相關的，難怪在人類所有活動的背景中，都有依賴與渴望獨立的主題，一點也不奇怪。每一個思考習慣、每一項行動中，都有可能追溯到這個因素的效應。

從生命最初的時刻開始，依賴就是所有習慣的基礎，與我們的人格結構密切交織在一起，如此顯而易見，以至於我們往往很難覺察到其強度。所有關於行為障礙的分析中，都必然會碰見這個強而有力的因素。

理論上，如果我們承認意識的控制會讓人有別於純粹像機器一樣的有機體，那麼，成人階段就應該脫離嬰兒期全然依賴所造成的

一切限制。成人應該不再害怕孤獨，更不會有嬰兒害怕落單的真實經驗。成人應該不用仰賴關注、情感、稱讚或反對，就能行動。這當然不表示我們應該完全不考慮自己的行動對別人的影響，而只是表示不應該由某種身體緊張而產生的老舊、既定反應，驅使我們僅僅憑著習慣來應對。我們應該能有意識控制自己的行動，只有在自己想要或適合這麼做的時候，才表現得像小孩一樣。然而，實際上，我們大多不曾真正脫離嬰兒的模式，持續在社交互動中以這種方式表現，而誤把情緒驅力歸因為本能的行動。但很少有人能看見這一點，許多人仍非常需要別人的關注，強度就像他們的嬰兒期一樣；有些人則是渴求情感；有些人的整個人格主軸是需要稱讚，或害怕不被贊同。只有例外而罕見的有利環境，才能讓這些人避免受到痛苦的衝擊。他們通常會發現這個世界充滿敵意，而需要逃避現實的治標方法，把自身有所不足的責任轉移給命運、神明或其他無法證實的力量。

　　遲緩的成熟度或停滯的情緒發展，本身就是依賴因素造成的結果。好幾世紀以來，父母的興趣就是盡可能讓小孩一直保持孤獨的恐懼、被稱讚的需求，以及情緒安全感的擔憂，一直影響到小孩長大成人的行為。這種專制的方式會減輕父母自身不安全感的恐懼，並確保他們老年的生計。多少世代以來，甚至在當代的某些國家，家庭的幸福感都是在物質面依靠子女對父母的孝心與忠誠。

　　父母的適當態度應該是讓小孩逐漸脫離依賴必然會造成的這種奴役狀態。基本的情緒模式——由於小孩長期而全然的依賴，這種模式是無法避免的——必須刻意使之失去效用，而不是加以培養

（但時至今日，大家往往仍這樣做）。

　　小孩對父母的依賴會逐漸消減。自主的神經路徑與其連結神經束的成長，會讓小孩能承擔移動與保護自己身體的責任。依賴的對象會逐漸從父母轉到其他成人，最後是轉到社會，但除非這個人的個人史有某種東西會讓不適宜的模式失去效力，否則已成為他們特徵的身體緊張與情緒驅力仍然持續需要嬰兒式的釋放方法與方式。依賴的影響力會以各種形式與扭曲的力量來維持習慣，而我們正是這些習慣組成的；那些不受依賴支持的習慣也會被消除，時間一到會自然消逝。如果要用一件事來反映一個人最充分的資訊，就是這個人對社會依賴的本質；也就是她確保自身生存的方式。知道某人是藝術家、裁縫師、股票經紀人、娼妓或竊賊，其中所包含的資訊就遠遠多於對這個人先天體型、眼珠顏色等等的詳細描述。少了這個資訊，這個人就像銀幕上的角色一樣虛假。逃避現實的種種方式其實都是在腦中排除了自己有所依賴的想法。

　　法國古生物學家居維葉（Georges Cuvier）曾說，如果你能辨識動物的一顆牙齒，就能重建整隻動物。動物若具有像老虎一樣的犬齒，就必然是掠食動物，牠必然動作迅速、靈活，必然有分解肉類的消化道，也必然活在有獵物的區域。我們在演化程度上的事實還不只如此，由於我們在成人之前的階段長達整個人生的四分之一，因此，我們的飲食習慣、社交習慣、性生活的習慣，對自由之類觀念的看法，都是由我們的依賴史塑造出來的。不論你是哭泣而仍得不到食物，或是一哭泣就立刻有食物，或是在想要食物之前就得到食物，都對你今日與伴侶的關係有很大的影響，遠超過你或伴侶的

外貌、身材或眼珠顏色的影響。你對依賴的調適方式所形成的慣性反應，是唯一讓你覺得正確的反應，因此你會一再創造可以維持這種反應的環境。

但這只在尚未成熟的活動範圍內才是真實的。我們不是立刻均勻地長大；有些部分會比較慢才成長。這種部分性的發展會隨著時間而越來越明顯。原初的傾向會在個人對依賴調適的歷史過程中被強化，也往往排除掉某些領域的進一步發展。在每一次新的經驗中，這些行為模式的作用都會讓它們本身非常明顯地被感覺到。

一般說來，新的行為模式會在日後出現，如果使用老舊、既有模式的傾向越大，就越難產生改變。基於此，性關係以及與人相處的社交功能和調適這兩種活動領域最常出現適應不良。直到晚近，教育仍是如此專斷，大家過於確定什麼是對別人好的事，認為人生的終極目標是如此明顯，以至於毫不猶豫地運用依賴的因素，排除大部分個人的自發傾向。因此，難怪有許多人把自己與母親和父親的關係帶入他們對待異性的態度。此外，傳統觀念還有一個較小的害處，就是普遍接受人生是痛苦的（因為原罪），認為這是人類本來就應該承受的命運。由於兩性都具有同樣受阻的情緒發展，所以會在彼此間找到相應的不成熟行為，所謂彼此個性不合的情形，其實可能比我們以為的要少見許多。

到目前為止的討論，人類看起來比較像一種經過美化的機器，無法決定自己內在的組成。然而，我們仍會觀察到有的活動似乎是從一個人本身的特質散發出來的，甚至完全違背依賴壓力形成的模式。這種自發的活動大多見於不受依賴影響的領域，才得以達到成

熟的運作。

　　成熟並不是一種達到之後就自行維持下去的狀態，而是做事的方式中，不再只用依賴期形成的行為模式做為唯一可能的方式。在依賴期的時候，許多行動的模式與方式會在平常的運用中被排除。這些被禁止的方式，有些可能也會被成熟的人拒絕使用，但拒絕的原因是慎重的——雖然不成熟的人根據習慣拒絕時，看起來也好像很慎重。有一個方法可以判斷是否真的是慎重拒絕，或只是因為覺得其他方法很陌生而將之拒絕，就是看這個人是否願意嘗試新的模式，親自試驗看看。成熟的人不會閃避這種觀念，也不會在想到要去做自認為現在和將來都不會做的事時，感到厭惡或特別興奮。他不會有安全感受到威脅的感覺。

　　依賴狀態中，是否配合成人的要求，牽涉到安全感受到威脅的風險。父母的關注與情感、稱讚與照顧，是生存下去的唯一方法，小孩會為此做任何事。因為依賴而必須配合，這類經驗讓小孩學到安全感與被稱讚的活動是有關的。成熟就是有能力破除早期經驗，只運用適合當下這一刻的元素，如果沒有這種成熟，對於可能危及童年安全感的行動，即使只是承認其可能性，也會升起不安的恐怖感覺。當感覺到焦慮時，屈肌就會收縮，特別是會握緊手指、咬緊下巴，伸肌則會失去張力，頭會下垂。

　　我們稍後會更詳細描述慣性活動是如何形成，做為逃避這種恐怖焦慮感的方法。實際上，困難是避免不了的，如果要成為成熟、持續發展的人，總有必須面對焦慮、擔起責任的那一刻。少了這兩個前題，就不可能達到自發行動的狀態，我們在這種狀態中，才會

感覺到充分的自我實現。人生若少了這一點，就沒有什麼價值可言。依賴關係中，如果我們是好女孩、好男孩，就會得到糖果，在這種關係中，我們必須配合別人的渴望，才能得到生存的權利，但這種依賴關係必須被徹底消除，才能形成一個由充滿創意、不斷發展的人組成的社會。

第七章

獎賞與懲罰

　　會讓小孩徹底依賴的情形表現出來的具體形式，就是周遭情緒氛圍的變化，這是由他身體的每一個動作與每一項改變產生的。成人的態度不是贊同，就是不贊同，前者會讓小孩聽到撫慰的聲音，感覺到輕柔的碰觸，以順暢、溫和的曲線被移動身體。後者的情形下，小孩會聽到嚴厲的聲音，感覺到較粗魯的碰觸，被人以不平穩的方式移動，會突然加速與改變方向。小寶寶對猛烈的動作極度敏感，出生後幾分鐘之內，當身體突然降低位置時，小嬰兒的屈肌就會收縮，產生一整套表現焦慮的反應（這個情形持續到成人仍是如此）。於是小孩很快就學會某些動作和愉悅的感覺有關，某些動作和不舒服的感覺有關。

　　僅僅是小孩眼中全能成人的在場，就能給予小孩安全感；成人的離開會引發遺棄的感覺；獨自被留下意味著全然的無助。成人的友善態度會讓小孩有被人喜歡的感覺，失去友善的態度會引發寂寞感。這些感覺會以身體的緊張表現出來，且是非常持久的經驗，但我們通常察覺不到。這些感覺會不斷重複出現，伴隨著強烈的情緒，長期下來會與這個人的態度和內在狀態有強烈的連結，很難主觀判斷內在狀態、態度或感覺中，何者是最先出現的。

　　如果成人一直注意小孩，小孩會形成要為每一樣行動尋求稱讚的習慣。如果沒有得到稱讚，小孩會覺得孤獨、被遺棄，退縮到自己裡面。你周遭可能有一些人是在做出一點點努力後，就需要得到注意、稱讚和鼓勵，如果沒有這些表現，他們就會變得沮喪、冷漠。

　　這些慣性反應在我們每一個人裡面都保有某種程度的強度，即使是「偉人」，如果沒有得到期待的稱讚，也會覺得難受。追求榮

耀、獎牌與頭銜的驅力是童年期得到稱讚的常見慣性表現形式。贏取德比馬賽的馬在乎的不是觀眾的肯定，而是騎師的肯定，沒有觀眾時，馬可能還會再跑快一點。但馬也可能因為期待比賽後的一塊糖而被制約。

上述的每一項感覺在開始時都非常微弱，經過長期的演練，才有我們在某些成人身上看到的強度與持續性。這些感覺逐漸連結到我們的進食習慣，然後是其他行動，比如身形、步態，最後就是我們對性的態度，以及對工作的態度。

憂鬱症的每一個狀態，不論是輕微或嚴重，都能看到我們對成人長期的依賴以一種形式或多種形式混合表現出來。其中一種形式是稱讚，另一種是安全感，第三種是喜愛，諸如此類，需要以此抒解會造成痛苦的緊張。

近年來，由於精神分析，我們對心智狀態的認識有了大幅的進展。精神分析的實務中，會以特殊技巧帶領人處理潛意識的素材，回溯一個人的歷史，從過去的事件找到現在抒解情緒的方法，讓現在的他完全不需要或大幅減少過去對成人的依賴。於是他能不帶著依賴的壓力來面對過去的事件，並得到他以前所不知道的機會與選擇。他的激烈情緒得以抒緩；可以處理並減輕這些情緒。

完形治療強調的不是把潛意識的素材帶出來，而是讓人覺察上述各個感覺與其他元素在他的人生中扮演的角色。從現在做起點，把人帶回自身的生命史，了解他的行為如何被這些情緒推動，辨識這些情緒，並在未來能做好防範。

成人最初的態度會從贊同轉變成不贊同（主要是以他控制自己

的方式表現出來的,而不在於他對嬰兒做出的行為),逐漸演變成很容易辨識的舉動。同時,無情的世界所造成的傷害也會增加強度;小孩會跌倒,或燙到自己。這些是常常發生的事,也是人在調適環境時很重要的一環。如果學習過程沒有被過於強烈的情緒氛圍或過於任性善變的態度所扭曲,懲罰本身並不會造成什麼有害的結果。(面對過於強烈的情緒或任性善變的態度時,小孩無法找到調適的依據,反而發現自己的行為會造成互相矛盾的反應,有時出現自己期待的結果,下次卻完全相反。)

小孩被燙到時會哭,並學會不要去碰火。他可能需要不只一次的學習,雖然會痛,但很少造成持久的情緒行為障礙。但由成人刻意施加的相同懲罰卻有可能扭曲整個調適的過程,在小孩心裡留下難以抹滅的印記。小孩跌倒雖然可能跌斷腿,但要不了多久就又可以蹦蹦跳跳。但如果是父親打小孩造成同樣嚴重程度的身體傷害,小孩的社會調適可能會整個被扭曲。物理世界的機械化懲罰,比如碰到火之後的燙傷,是規律、持續而立即的。人會加以調適,並學會避開它。小孩很快就會把懲罰和自己的行為連結起來;測試它,評估它,避開它,或是在可忍受的範圍內接受它。這種懲罰不會干擾內心的平衡,很少有任何持久的作用。

可是,出自成人之手的懲罰很少如此立即且一致,以至於小孩無法把懲罰與自身的行為連結起來,並在兩者間建立因果關係。此外,懲罰同時也破壞了他的安全感,所以他不只是感覺到身體的痛,也覺得孤單無助。這時的焦慮非常巨大,以至於如果父母親堅持的話,他會強迫自己親吻懲罰的手。安全感的喪失是比懲罰的疼

痛更巨大的痛苦。安全感的受損會扭曲一個人對現實的調適，因為會讓依賴關係變成讓人害怕的關係，而破壞了學習的能力。

破壞安全感的懲罰是不健康的。依賴關係會變得過於緊張，教育的方法會受到破壞。小孩被迫信賴自己的方法，以確保安全感，但在那個階段，他其實並不具備確保安全感的方法。結果必然就是未來的調適能力受到損傷。

然而，身為未來許多問題來源的懲罰，從外表看起來卻完全無害：懲罰的威脅如果持續下去的話，也就是威脅會不時出現的話，比真正的懲罰更為有效。其實，此處不但具有威脅的效果，同時也種下孩子未來產生障礙的因，大人發現這樣對待小孩，比要他自己矯正行為，更容易留下鮮明的想像。懲罰的威脅所產生的效果是，小孩無法測試威脅的真實性，也無法確定它的真正作用。這種威脅對不成熟成人的效果，就像對小孩一樣有效。威脅基本上是透過恐懼來控制，並不是正向、建設性的工具。威脅幾乎總是能達到目的，不幸的是，其效應往往不只如此而已。

物理世界機械性的真實懲罰中，小孩能了解會造成何種程度的不便，如果體會懲罰的價值，就會決定接受懲罰的疼痛或不適。但預期的懲罰無法被測試，會造成遲疑不決的內在衝突，行動的驅力並沒有直接受阻，因為可怕的懲罰並不真實，小孩會忍不住一再測試，想知道自己到底可以做到什麼程度。

例如，如果小孩被告知，他若玩弄自己的性器官，就無法成為男子漢，或是他就是壞小孩、會失去記憶、他會下地獄、永遠無法生小孩、一輩子窮途潦倒，諸如此類，他根本無法確定是否真的如

此。他對這些威脅會有不安的想像,想要搞清楚預期的懲罰是否即將發生或開始出現。於是,被禁止的行為不只會以抒解身體緊張的自然方式一再重複,也會因為對即將發生的災難焦慮的預期而一再重複。小孩自慰時,自然會感覺到身體發生的血管變化,於是加速的心跳與冒出的冷汗都連結到即將發生的厄運(他會預期厄運可能發生在任何時刻),身體的變化向他暗示懲罰是真實的,於是更確信自己的恐懼是有根據的,因此他會抗拒誘惑,直到身體自然而有的緊張增強到某個程度(其實他根本不必為此負責),以至於同樣的事一再重複發生。他因此相信自己真的是壞小孩、活該遇到降臨在他身上的事。但其實他對此什麼也不能做,除非他的環境發生劇變,否則夢魘和其他困難很快就會以相當大的程度妨礙這個孩子的生命力。許多不成熟的成人仍持續陷在同樣的困境,不知道有更好的答案,就只是像疑惑的小孩一樣害怕,因此也一直留在衝突的狀態。

　　所幸這還不足以讓一項錯誤就製造出這種惡性循環,除非第一次事件就真的達到驚人的強度。要有大量事件在小孩的想像中形成足夠的相似性,才會造成傷害。隨著心智的成長,小孩很快就會看見父母的缺點,並懷疑這些威脅與父母其他主張的可信度,這有助於小孩重獲平衡。

　　預期的懲罰是不是有效,在於小孩被喚起想像後,其行動與想像中的懲罰發生的時間,只有很短的間隔、連貫一致,且每次都出現,就像錯誤行動之後的身體疼痛或不適一樣。於是,罪惡感很快就發展到很高的強度,一旦建立出這種模式,即使特定的細節可能

改變，仍會持續下去。行為的模式或態度形成之後，就會像帶有印記的紅線穿過這個人一生的織錦。

絕對標準與合宜之道

我們常常談到客觀適宜的行為；也就是對外在世界抱持非主觀的態度。然而，事實上，根本沒有真正的客觀態度這回事。即使是最非個人化的決定也是由我們的情緒支配的；問題只在於程度的不同。當我們不覺得有任何異常的緊張時，會認為自己是客觀的，但這只是表示我們沒有自相矛盾的情緒，那個情境對我們而言非常熟悉，以至於矛盾失去其力量。然而，事實上並沒有任何事情是我們絕對確知而可以毫不矛盾地保證接受。我們以全然的信心接受的事，只不過是我們習慣接受，長久以來沒有在其中感覺到矛盾而已。由於小孩玩弄皮帶以下幾公分的身體部位，就讓小孩覺得生命受到威脅的父親，非常確信自己做的是正確的事，還認為自己非常客觀，才會告訴小孩這種完全脫離事實的話。根本沒有客觀的真理；即使在最好的情況下，我們仍是主觀的，只是多或少的差別。

適當的行為並不是絕對的；而是必須符合一個人在特殊環境與時間之下的處境。換句話說，這是合宜的表現，只有成熟的人——也就是能把過去經驗分解成不同的成分，只運用其中適合當下環境的部分——才能有這種行為。絕對的客觀實際上是不可能的，因為當事人才是自身行為的唯一裁判，而他的判斷是否得體則取決於他在這個世界中的個人經驗。

　　我們被教導要說實話，但事實是一種主觀的判斷，即使是同一個人的個人經驗也會改變。我們向小孩教導的事實定義，必然會讓有覺察力的成人寧願永遠沉默。我們要求小孩說實話，但他們處於全然依賴的狀態，反而讓說謊成為合宜的做法，而所有小孩也確實會說謊，以保護自身的安全感。他們無法承擔失去父母喜愛的後果，所以會否認自己做了被禁止的行為。充滿壓力的情境中，這就是他們的實話。就任何順暢運作、井然有序的社會而言，能有一個充分的測度方式去找出普遍被接受的標準，當然是不可或缺的，我們在此並不是要為故意說謊來辯解。許多人在童年被引導去接受某些半真半假的話，視之為神聖的戒律，卻不曾在現實生活的測試中調整這些堅定的信念；我們關切的是這些人能否認識病態的狀況，並有可能加以排除。這些人會覺得自己不好；怪罪自己無法遵守絕對正確的事。他們相信自己有罪，知道自己應該被懲罰，並據此懲罰自己。

　　我們可以非常無情地濫用小孩全然的依賴，教導他們絕對的純潔、絕對的誠實，諸如此類，但我們卻非常清楚，其實只有合宜的事實、合宜的正直——剛好足以讓既有的社會秩序被大部分人接受。

　　我們描繪出一幅陰暗的圖像；不幸的是，它往往是真實的圖像。身為成熟的人，我們可以在自己的行為中追溯出相同的運作機制，也會因為現實生活的測試而調整自己的行為。只在合宜的範圍內判定對或錯、道德與不道德、自私與邪惡，才是正常的成人行為。

第 八 章

錯誤姿勢
的來源

　　我們每一個人都認為自己可以分辨姿勢的好壞，就好像我們覺得自己能分辨瘋子與正常人的不同。大致說來，這種想法是正確的，我們可以毫不遲疑地分辨極端不良的姿勢與極端良好的姿勢。但如果要區分兩種良好姿勢的不同，或是想改善姿勢，就會發現即使是專家之間的意見也有很大的分歧。

　　首先，姿勢本身是相當新的觀念，許多人認為姿勢（posture）與體位（position）是同一件事。姿勢這個字眼會造成誤導，因為暗示一種固定性，就像體位一樣。例如，我們說某人有良好的姿勢時，是指她站得很直；也就是與地面垂直，她盡其所能高高挺直；換句話說，就是她擺出完全垂直的體位。不過，人有可能擺出良好的體位，卻具有不良的姿勢，因為姿勢關係到以什麼方式做出良好或不良的體位。體位是在描述身體各個部位在什麼位置以及呈現的形態。姿勢卻是在描述整體自我的運用，以得到並維持某個形態與體位的改變。因此，姿勢是在描述行動，是一種動態的用語。一個人可以在良好的姿勢中表現無精打采、低頭垂肩，採取最不舒服的體位，也可以用非常不良的姿勢來呈現相同的體位。姿勢關係到如何運用整個神經肌肉的功能，或是以更籠統的說法，就是大腦身心的整體；也就是在表現情感、動機、方向，以及執行動作時的組織方式。因此，姿勢必然是用來描述一個動作的觀念被投射出來的方式，以及身體不同部位之間如何連結以改變或維持某個狀態的方式。所以跛子仍然可以有優良的姿勢，雖然他的體位並不正常。

　　因此，要具有良好的姿勢，就必須擅長運用行動模式的表現機制，才能讓身體各個部位具有良好的形態，以及協調順暢的肌肉控

制——而不是只用一種特殊的方式站立或坐好。我們用「姿勢」這個字眼來描述行動方式，顯然是很不恰當的，可惜這個字眼的使用已經如此廣泛而普遍被大家接受。

姿勢這個字眼的清楚定義，有助於大家了解整個關於姿勢是否良好的問題。最常見的不良姿勢的運用發生在我們暴怒或恐懼的時候，或極度強烈的情緒壓力之下。激烈的情緒會造成肌肉系統廣泛的激發，無法做出精細的控制。這時只是憑藉能量的消耗來達到目的，不可能有準確、細緻的行動。在這種強烈情緒激動的狀態中，我們無法看見不同表現方式的可能性；我們的行為是出於內在的強迫性。這在身體上會表現出全身性的肌肉收縮，我們這時表現出的激烈行動只占了所有用出來的力量的一小部分，此時的純粹機械性效率也非常不好。

良好的姿勢與沉穩狀態（也就是心智或情緒上的平靜）之間常見的關聯，其實就是良好姿勢的絕佳標準。無論是過多的肌肉緊張或情緒強度，都不符合良好的姿勢。良好的姿勢表示動作快速，但不是急；急表示整體性的增強活動，但不會產生較快速的行動，只是增加肌肉的收縮。良好的姿勢表示一個人能運用自己擁有的所有力量，而不執行任何寄生的動作。

錯誤的姿勢總是能追溯到那些造成情緒張力增加的因素。每當我們感知到身體的緊張，而且沒有可行的抒解方法時，就會發生這種情形。不良的姿勢是內在的衝突或矛盾在身體對應出來的外在、可觀察的現象。這是在依賴期培養出來的，小孩那時被要求做出她還無法做的事所造成的；也就是別人藉由升高她的情緒張力來誘導

她去做的事，而不是出於本書先前定義的自發行為。如果小孩在還沒有完成爬行的練習期之前，就被迫站立或走路，她會為了得到喜愛與稱讚而配合。她會帶著不必要的緊張來站立或行走，於是這些動作連結到費力的感覺，身體各部位的形態會與骨盆關節肌肉力量不足的情形吻合。她會需要矯正的力量來恢復正常的發展，或是必須等到依賴關係減弱時的最後機會，那時，整合起來的意識控制已成長到足以採取自己的方向。當然了，到那個時候，既有的習慣可能已經過於牢固，而排除了行為改變的所有可能性。這種情形下，嬰兒期形成的姿勢已經定形，而妨礙了成熟。

錯誤的姿勢與行動

如果想要達到的目標超過小孩的能力，正常的小孩自然也會有錯誤的姿勢與行為。人會在不必要的時候低頭垂肩或緊繃身體，並不是因為他們的系統有什麼神經缺陷，而是因為他們沒有足夠的方法面對新奇的處境。我們對別人的依賴如此巨大，以至於必須配合別人的需要或期待，否則就會失去父母的喜愛、社會的贊同與生存的方法。我們生命的不同階段中，每一次這種失落都意味著從原本習慣的環境孤立出來——這無異於自我的毀滅。身為小孩，我們無法承受讓父母不高興到完全拒絕我們的程度，也還沒有能力勇敢面對世界。我們對安全感的需求會迫使我們按照別人的期待來表現，不論我們是否有能力做得到，都必須去做。

錯誤的姿勢總是表達出情緒的壓力，因為情緒的壓力正是形成

錯誤姿勢的原因。最常出現也最容易被觀察到的就是不安全感的壓力，不安全感有許多不同面向，比如猶疑不決、恐懼、懷疑、擔憂、卑躬屈膝、毫不質疑的服從——以及完全與這些情形相反的表現。

如果觀察街上行人的身形，就會發現有人走路的樣子好像如果沒有得到某人的允許就沒有呼吸的權利；事實上他確實在大部分時間都屏住呼吸。他必須表現良好，才有生存的資格；他必須努力贏得呼吸的權利。他很不顯眼，卻全身緊繃；他的聲音、動作，以及整個舉止，都顯示出下述的內在衝突：他渴望活下去，但內在又相信自己既不配也做不到自認應該做到的標準。

接著走過一位女子，你看見她每走一步，臉頰就會輕微顫動，如果仔細觀察，就會發現她的頭會有幾乎覺察不到的抖動，頸背的肌肉會輪流收縮。她走路時非常「挺直」，就算吞下一根直尺，也不會走得更直。她就像鐵棍一樣直，所有舉止就像在哭喊著：「我很挺直。」好像她如果不夠挺直，就沒有活下去的權利。她就像前一位男子一樣沒有安全感；她的挺直就像前者的卑躬屈膝一樣具有強迫性。兩人都學會要求自己服從別人對他們的期待；兩人都壓抑了他們的自發性。我不需要再舉更多的例子；只要看著窗外或站在街上一會兒，就足以看到形形色色、各種可能的畸形身軀。

如果像某些教導姿勢的老師一樣，以為世上所有人都錯了，都不知道如何運用自己，那就大錯特錯了。如果認為身體的不良排列是病痛的原因，也是完全不正確的。沒有任何病痛是直接因為下巴過於突出而造成的，這最多只會造成頭部關節非常局部的輕微緊繃。但原本可以自主控制的肌肉群，若產生這種持續收縮的歷程，

就會對當事人的結構有非常重要的影響。顯然的，這個人接著會把頭抬高，甚至之後會用另一組肌肉的自主收縮來持續維持這個姿勢，但這不會造成什麼差異，最多只是局部的矯正。重要的是那些一直保持不變的自主收縮。這種被浪費的力氣顯示這個人不得不用力，以符合她認為絕對必要的事。錯誤的姿勢是她在要求自己去做的那一刻所能做的最佳方式。這是那個時候的最佳姿勢——如果她在那個時刻之後沒有新的學習，現在就仍是她的最佳姿勢。

成長過程中，我們每一個人都不只要學習認識外在世界，也要學習使用自己的身體。我們都會有牙痛，每個人都曾嘔吐，口腔上顎都會被梅子皮卡住，我們都有嗆到食物的經驗，也都曾尿床、自慰、便祕、跌倒、傷到自己，我們都有第一次的夢遺或初經。這些只是發生在我們身上事情的一小部分，我們必須學習認識它們的意義、我們對這些事的感覺，以及我們要做什麼來處理或了解這些事。第一次經驗到的時候，它們都是非常可怕的，有時甚至很恐怖。而這些都取決於父母的態度——他們的反應是平靜、友善、排斥、責備或安撫——還有我們是否學會面對疼痛、困難，而不致失去控制或不知所措。

為了避免受到驚嚇（避免發生噁心、昏倒、失去意識、噎住、心悸——簡言之，就是焦慮），我們都會發展出自己的方式來屏住呼吸、繃緊腹部肌肉、把頭歪向一邊，或讓骨盆關節變緊。也就是說，我們各自會有自己的方式來做出個人的姿勢。把觀念轉成行動的方式、產生動機與執行動機的方式、重新安排不同身體部位的方式，以及完成行動後脫離它們的方式——都有我們自己的風格。它

們也可見於我們什麼都不做時的方式、避免去做某件事的方式，以及我們思考、走路、坐下、抓取或放下、說話或做愛時的方式。不必要的緊張只有在完美的人身上才是不必要的——所謂完美，其實是不存在的。我們看到的不良姿勢是必然會有的姿勢，如果人生經驗完全重複的話，仍會有同樣的姿勢。只有經歷成熟的過程，以及釋放各個行動與處境中相關的情感，才會讓做事的方式真的有所不同，而不是去改變身體形態的任何特定細節。

　　由於社會的家庭制度，某些特殊的困難是我們所有人共有的；也就是說，小孩屬於父母，而父母通常有權稱讚或責備小孩。由於我們長期的無助，不論將來可能有什麼樣的整合，總是必須依賴某些成人。所以改善的方法就是透過身體和經濟上更多的獨立，而減輕情緒的依賴，並在此時促進我們的成熟。否則我們就會一直不得不考慮如下的事實：每一件行為不只是有（1）正常生理性與機械性的困難，需要透過學習來克服；也有（2）無所不在的成人，我們必須尋求並得到他的贊同。所有這些狀況都是正常的，也都會讓任何事物的學習不可能不連結到情緒，好像有某種第三隻眼，在每一個細節都觀察我們如何去做，並重現原初的各種糾正力量。這種情形造成的結果就是讓我們在做的時候會很緊張，於是所有行動都伴隨著費力的感覺。因此內在的抗拒成為行動中很重要的一部分，且是表現行動時的必要成分。有多少人在使用剪刀時，特別是剪刀不夠銳利時，不會做出當初學習使用剪刀時伴隨的臉孔、舌頭、肩膀和腹部的各種扭曲動作呢？事實上，如果從剪刀的大小、形狀是為成人的手而設計的角度來看，當初學習使用剪刀的時候，真的就

已超過任何小孩合理的能力。

　　錯誤的行動、不必要的緊張、誇張的表情，以及身體的緊繃，本身並沒有什麼不好。當我們採取這些姿勢時，它們完全符合我們全心的認可，也得到那些成人的贊同，他們稱讚我們的努力、幫助我們成為現在的我們，但其實也不知道有哪些更好的方法。若想破除這些運用自己的不良習慣，卻沒有提供更好的替代方案，不只是困難，也是愚不可及。

　　我們對人類有機體的運作所描繪的圖像，讓我們相信（1）我們只是周遭事件的被動反應者，以及（2）小孩將來會成為什麼樣子，似乎完全取決於先天的設計或後天的環境。於是似乎不可避免會有如下的結論：如果某種模式過於頻繁或過於強烈地重複發生，我們就什麼也不能做，只能同情這個不幸的人。

　　如果我們不會運用身體與神經系統的成長所提供的機會，只是不斷延用過去在依賴壓力下形成的行為方式，且不會運用經濟獨立下的每一項變化來改變我們的態度，並讓我們的動機不再受制於妨礙它的障礙，那麼，上述情形就是真實的。這是被動的取向——我們過去遵循這種取向，只是為了分析並強調環境以及環境與其中每一個生命所形成的共同體的重要性——這種取向不應該把我們每一個人在某種程度上都有能力運用的積極、建設性的方法掩蓋起來，推入背景之中，但它卻常常這麼做。

　　環境作用在個體身上的持續性與強度是非常重要的因素，這是事實，但不是全部的事實。大部分人都曾被父母懲罰，他們以美好的信心，有時使用適當的方法，有時使用不健康的方法來懲罰。我

們大多都會在某個方面有點怪異，這是事實，而我們每一個人內心都有某個角落是不容許被碰觸的，否則就會失控，表現出神經質的行為。但另一面也是事實，就是有許多人承受大致相同的處境，卻仍達到高度的內在平衡。

然而，就行為來看，對個別的例子而言，重要的並不是大部分人做了什麼，也不是統計上的平均值，而是一個人的個別經驗。任何個案中，我們的分析都遺漏了最重要的因素——神經系統的整合能力。這種能力讓一個人可以控制環境影響力造成的衝擊，並拋開不曾學過也無意學習如何去處理的情境，並在眾多可能的自發或自動反應中，挑選出自己想要的反應。這個過程就是成熟。如果成熟的過程曾經受阻，以至於不曾發展到足以讓一個人有能力為自己的方向承擔全部責任，那麼，嬰兒式行為就會掌權，由強迫性來主導。

人類行為的複雜結構，及其對環境的依賴，是再怎麼強調也不為過的；否則，我們神經系統的整合能力就幾乎不會受到注意，甚至經常被完全忽略，好像它對我們的方向一點也不重要。我們往往把自己表現得好像只是身體緊張、環境與周遭狀況的遊戲場。事實上，這個圖像往往是正確的，因為常見的「教育」方式會妨礙情緒動機大部分面向的發展，只允許少數被我們的生活方式所支持的面向，以至於我們會誤把現在與過去的處境當做人類可能性的常態。如果我們想要打破這種惡性循環，並找到成熟之路，所面對的最大困難就是深植內心的錯誤觀念，也就是認為一個人天生就注定是什麼樣的人，不論她做什麼都無關緊要，因為她會一直保持原貌。如果有人的成就讓我們驚訝，我們就會立刻斷定她本來就是這樣的

人，只是她或任何別人一直都沒有發現。外在的努力與內在的掙扎、終身的學習以及這個女人的所有作為，都被視為無足輕重。一位女性所做的，對我們而言似乎還不如她的天性重要。我們因為這種矛盾的無稽之談，持續相信一個人是「天生」的誠實、意志堅強、正派、飛行員或廣播電台的播音員——我們很快也會找到一些「天生」的炸彈客，他們憑「本能」就知道要把炸彈放在哪裡。

一旦透過身體經驗，了解我們裡面可能會發生基本性質的各種變化——也就是根本沒有不受環境影響的人格，也沒有不受人格與環境交互作用影響的行為——就開啟了成熟之路。若是忽視環境，以及在環境中成長的生命體的各種性質，我們就會不時發現自己走入死巷，看不見出路。於是我們會緊抓著證明自己無能的觀念——靈魂、遺傳、天生氣質、潛意識——事實上是任何可以讓我們安然忍受自己怠惰的概念，以減輕內心的不安。因此，戰爭不是人類的行為造成的，而是「人性」如此，而所謂「人性」就是「每一個人都知道的」先天遺傳，因此也無法改變、永不停止，這就是人性。於是不管我們做什麼，都會發動戰爭。但事實是，戰爭是人類以他們採取悲慘姿勢的相同方式製造出來的。兩者都是必要的，也都非常有用，除非我們有其他方法來得到必要的結果。

一個人在面對過去經驗顯示她不足以應付的任務時，會採取有缺陷的方式來運用身體，同樣的，整體人類也是如此，會採取各種有缺陷的方法來得到安全感。兩者都顯示出發展停滯的嬰兒式強迫行為，但都可以改變，也將會改變。

身體の

隨著生命最低階的形式往上到演化階梯的頂端，個體調適的能力會逐漸增加，神經系統的複雜性也隨之增加，從原始的可激發性增長到有創造力的心靈。隨著神經功能複雜性的增加，主動改變以及塑造環境以符合個體需要的能力也會增加。低等的生命形式會因為外在盛行的情境是否適合他們而興盛或死亡。每一個活下來的孢子、植物或細菌，都代表有百萬個同類死亡。我們在最高等的動物發現有最強的個體調適能力、最多樣性的個別需求，以及最主動的轉變環境能力，以符合個體的需要。最後，請注意，語言、雙手的運用、直立的姿勢，以及人類的所有其他特徵，在許多其他動物身上，都會以原始的形示表現出來，但沒有任何其他物種在個體與個體之間具有如此多樣性的差異。

為了解釋這種分化的情形，人們發明了難以計數的說法：運氣、能轉世而攜帶許多世印記的靈魂、具有自身生命與方法的潛意識、機率，以及遺傳的智力。所有這些或那些的說法都有一個共通性——把個體的行為特徵歸因於某種我們無法影響的因素，也就是某種外在且獨立於物質世界的東西，以至於相信我們並不真的要為自己的行為負責。迄今為止，仍沒有什麼機會可以用更符合我們需求的方式，來改變或至少影響人的架構。唯一能做的就是行善、討好神明、懺悔、贖罪、告解、接受心理分析——這些都或多或少是出於無能、內疚或羞恥造成的被動屈服。如果沒有效果，至少可以把錯推給祖先，就如聖經所說，他們的罪會留存四代。

隨著知識的增加與能力的增進，而可以為環境與自己的身體帶來改變，我們就可能具備更有能而成熟的態度。基本的困難大多還

沒有被解決，但已到了可以放棄被動態度的時候。

　　如果我們記得所有人的大腦並不是完全相同的，就會發現這些困難並沒有表面上看起來的那麼巨大。解剖學、生理學、心理學，以及其他研究人類有機體的科學家，迄今已檢視過不同個體間的相似性，由此提出可靠的事實核心，讓我們能了解所有人共通的身體功能。人類共通的功能也是其他動物共通的功能，於是我們不得不接受這個觀念：人與動物沒有太大的不同。但依據現在的知識狀態，我們也能看見人類的神經系統具有一些特徵，可以解釋人與人之間的個別差異，同時也能解釋人與其他動物之間的基本差異。歸根結底，人類神經系統製造個別模式的能力，或是從個人經驗學習的能力，在人類身上是如此巨大，以至於我們可以說它是一種全新的性質。

　　我們在認識自己時，所面對的大部分困難都是因為認為成人的運作與行為是出於內在固有的人性，卻忘記個人的歷史與這個人是無法分開的。我們傾向於相信自己帶著現在的模式或整組個性來到世界，以為即使我們的經歷有所不同，仍會是現在這樣的人。我們在無意中就一直以為人生有如一系列靜止的狀態，我們由此組成，而不是視為一個歷程。大部分人都相信環境與人之間的關係就像元素與石頭之間的關係。石頭有其本質，元素可以改變石化的形狀與狀態，但石頭基本上仍是同樣的石頭，同一顆石頭的不同部分沒有什麼個別差異。然而，人類的神經系統是如此受到長期童年成長環境中個人經驗的影響，以至於會長成在生理上與情緒上具有個人特殊反應的人，這些反應是每一個人獨一無二的個別經驗。

　　成長於母系社會的子女完全不同於父系社會長大的子女，會成為相當不同的人，具有相當不同的特徵。未開化的人不同於文明的人，基本差異發生在他們出生之後。如果一下子忽視個人經驗的重要性，及其對人類神經系統的影響，接下來又忘記遺傳的作用，就會同意以下的陳述，而竟然沒有被其中的矛盾嚇到：

　　人類的偉大或渺小在他出生時就已決定了，完全就像一顆果實在出生時就已確定它是桃子還是李子一樣。教育、有利的環境、決心、勤奮，或許可以有許多影響力，從某個角度來看，甚至可以影響一切；也就是說，它們會決定可憐的桃子會在仍是綠芽時就掉落、因為東風而枯萎，還是被人踐踏；或是會長成金黃天鵝絨的果實，具有柔嫩、甘甜的果肉。（出處：約翰・羅斯金著，《現代畫家》第三章，第 44 頁〔John Ruskin, Modern Painters, Chapter III, p.44〕）

　　我們對人性、性格與行為的觀念可說是大雜燴，充滿互相矛盾、半真半假的陳述，匯集了外表美麗卻內容空洞的辭藻。毫無疑問，受孕時就已絕對確定胎兒會成為人類或桃子，在此之後，如果具有正常的人類結構，那麼，只要我們知道如何運用，有利的環境、決心與勤奮的重要性至少不亞於我們的遺傳。但桃子不會因為任何勤奮或決心而有一絲一毫的差異，因為它金黃色如天鵝絨般的外表完全仰賴有利的環境。對人類而言，以被動如植物般對環境的依賴做為求生之道，只見於小孩或發展停滯且固著於嬰兒式反應的不成熟的人。不論是集體或個體的層面，人都會主動安排環境，使

之符合他們的狀態與方法。只有少數基本的東西是預先決定的，而且是嚴格預先決定好的──比如眼睛的顏色、皮膚的質地之類的性質──這些性質大多都是次要的，很少影響一個人的偉大或渺小。

如果沒有指引的原則，我們顯然不容易把觀察到的事實串連起來。一方面，我們常常看見人會保留某些行為方式，即使遇到人生最艱難的衝擊，也幾乎不會改變。災難與運氣會大步走過來，而人似乎會保持舊有的自己，甚至更為堅定。性格恆久不變的最簡單解釋就是先人的「遺傳」，我們也立刻會想到這種解釋。另一方面，我們也看見社會地位、財富與機運都會造成非常大的差異，可以如此徹底改變許多人的行為，以至於我們也同樣相信環境是唯一真正重要的因素。這種混淆大多是出於我們忘記了邏輯思考必然會以抽象的方式進行，也忘了自己並沒有考慮到現實，只是把它簡化罷了。

事實上，沒有任何一位小孩在出生時就接受了性格分析，並加以記錄，然後保持在一個完全不會改變的環境，好讓「遺傳」的特徵，比如占有欲、正義感、父母的愛，可以與其他人做比較。我們對人體的天生性質，以及這些性質在面對環境變化時的持續性或可塑性的所有意見，都是根據行為分析，然而行為中的人體與環境因素早已非常錯綜複雜的影響彼此。所以我們只是在推敲、猜測，所下的意見都只是根據多少似乎可信的主張罷了。

即使只是用想像的實驗，透過想像力來推演（前提是在想像時擱置既有的信念），都會得到更好的結論。因此，在上述的想像實驗中，我們不得不承認，即使可以真的做這個實驗，也無法斷定新生嬰兒的性格。如果不考慮環境與生活狀況，比如父母的財產、社

會地位，以及嬰兒在家庭中的位置，就完全不可能預先確立小孩具有哪一項行為特徵。然而這方面的資訊實在太貧乏了，任何人的猜測都和別人的猜測一樣，就只是猜測而已。事實上，我們不得不承認，在先天特質與環境之間發生大量交互作用之前，我們根本無法預先知道一個人有什麼先天特質。換句話說，如果沒有考慮環境，性格根本就不具有意義。當我們知道一個人在既定的條件下會如何行事為人，以及他在相同的處境中會如何重複相同的行為，就對這個人的性格有了概念。我們不可能理智地討論性格，卻不考慮這個人的個別經驗——這是我們常常忘記的事實。性格是較優先被運用的行為模式，是每一個人透過個人在環境中的經驗形成的。我們需要弄清楚的是，造成個別差異的個人經驗中，有什麼重要的因素？我們的系統有什麼部分以這種方式受到影響，以至於我們未來的反應會變得更容易預測？而這一切是怎麼發生的？於是我們來到身—心關係的問題，特別是身—心關係中造成個體與個體之間明顯不同的部分。

　　古希臘羅馬時代的人相信，心臟是善或惡所在的位置，脾臟是脾氣所在的位置，腰部是力量所在的位置，而（亞里斯多德認為）理性力量所在的位置是大腦。大體上，人的身體被視為一部儀器，共相的性質如果決定要浮現，就會透過身體來示現。一個人若以不同於他人的方式思考，就必然是受到啟示。如果想法是良善的，就是被良善的精靈附身，若是邪惡的想法，就是被邪惡的精靈附身。這個觀念認為精神的元質被囚禁在身體中，目的主要是透過受苦而得到淨化。「我」具有「自由意志」，可以導向靈魂的拯救，提升到

較高的層次，也可以墮落而萬劫不復。

　　我們現在相信神經系統才是情緒與理性兩種現象所在之處，但即使到現在，仍無法真正接受神經系統中的某些灰質與「靈性」和「高貴」的性質有很大的關係。我們心不甘情不願地拒絕舊有的觀念，卻用其他同樣模糊的說法來取代，比如心靈、意志，以及潛意識。我說「模糊」並不是因為沒有外顯形式可以證明這些分類，而是因為我們太容易忘記這些只是分類的用語，於是把它們當成真實的存在。

　　心靈、潛意識與意志，都像「速度」一樣，並不是真實的存在。雖然我們可以談論「速度的變化」，並稱之為加速度，但如果沒有物質，就沒有速度可言。心靈、潛意識與意志都是功能；在行動發生之前，它們並不存在。它們被用來描繪行動的關係模式，別無它意。這個問題可能是歷史上所有問題中最有爭議的一個，若以為我們可以下定論，就太自以為是了。然而，我相信目前這個評估是有價值的，因為它提出了行動，在這之前，我們似乎什麼也不能做。

　　語言、雙手的使用、直立的身形、主動修改環境以符合生物的特性、不同於物種適應環境的個體調適能力，還有許多其他特徵，都顯示人不同於其他動物。所有這些特徵都不是專屬於人的，其他動物身上都可以分別或成組地看見這些性質的原始形式。毫無疑問，這些現象中，神經系統的重要性遠大於身體的任何其他部分。首先，我們會描繪出人類神經系統運作的圖像，接下來則要描繪身體在我們的心智結構中扮演的角色。

　　神經系統是由頭顱與脊椎內的空間包含的物質、周邊神經，以

及脊柱前方被稱為自律神經系統或內臟神經系統的一些神經團塊
（或神經節）組成的。神經系統大部分是由白質組成的，但大腦的
外層是灰質，這些外層形成大腦的外皮，稱為大腦皮質。大腦皮質
的某些區域與肌肉的激活有關；它們形成運動皮質。其他區域與處
理感覺器官傳遞進來的神經衝動有關；它們形成感覺皮質。

　　大腦的細胞數量在各個物種都是相當固定的。這些細胞不會像
其他細胞一樣持續進行細胞分裂，而是在出生後幾個月之內就完全
停止複製，且大部分在很早之前就停止細胞分裂。成人與新生兒大
腦重量的差距是出於細胞的成長，特別是其分枝的成長。可是，神
經系統的基本結構與細胞數量在個體整個一生中是不變的。

　　每一項功能都需要許多細胞互相協調的活動。因此，生命不可
或缺的所有活動與功能所需要的細胞連結或路徑，必須在出生時就
已做好準備。這個類別的功能包括呼吸、吞嚥、消化與排泄──簡
言之就是所有純屬內臟的活動。關係到自主隨意動作的骨骼肌控
制，在出生時仍未完全發育。有一束特殊的神經細胞與纖維稱為錐
體徑，必須往下長到脊髓裡面，才能讓大腦皮質運動區的神經衝動
傳遞到脊神經，脊神經再直接連結到骨骼肌。沒有任何骨骼肌直接
與大腦皮質連結。身體能進行自主隨意動作之前，有很長一段時間
只能做出反射性的肌肉收縮。反射動作中，高等神經中樞通常沒有
扮演積極、主動的角色，不過常常具有抑制的作用。

　　有一點需要牢牢記住，我們只有一種行動工具，就是肌肉的收
縮，卻有一整套形形色色的神經衝動來源，可以控制這些肌肉。最
低等的神經中樞會製造純粹的反射性收縮；較高等的中樞可以強化

或抑制低等的神經衝動；更高等的中樞又可去除這種抑制而強化最低等的來源，反之亦然。最高等的中樞在形成新反應的過程中，或是在抑制慣性、自動的動作時，是最活躍的。

大腦表層有明確的感覺區域，分別有視覺、聽覺、味覺與其他感覺的區域，每一區域的周圍又有更大的區域儲存與這些感覺有關的記憶或相關的功能。大腦某些部位可以非常精確的「定位」，比如視網膜會以點對點的方式投射到大腦後部的視覺區。每一種知覺都是牽涉到獨立感官與身體各種部位的複合現象，所以其記憶會被留存在大腦的許多不同部位。特殊大腦區域的損傷往往會造成相當驚人的結果，所以有人無法寫下數字，卻可以寫出日期；還有人無法寫出某個字母，卻可以毫無困難寫出包含這個字母的字彙。

大腦裡面的定位是功能性的。辨認書寫文字的相關區域在視覺區，但辨認口述語言的相關區域在聽覺區。書寫文字的記憶既存在手指肌肉控制的相關區域，也存在與書寫動作合作的其他身體部位的相關區域。

我們必須了解，大腦皮質的運動區並不具有執行動作的功能，而是對於其他神經中樞影響之下，或是身體與環境受到刺激的回應之下，而產生的運動神經衝動或激發，有促進的功能。大腦皮質會向脊柱內的低等運動中樞送出神經衝動，由低等中樞（及其他神經結構）執行肌肉收縮而產生動作。肌肉並不是完全被動的，它們在接收任何運動神經衝動時，原本就處於張力收縮的狀態。張力收縮是低等神經中樞對地心引力作用於身體不同部位與內臟而有的反應。因此，任何自主隨意的動作都表示會強化某些肌肉的收縮，同

時也減少其拮抗肌的收縮；所謂拮抗肌就是會產生相反作用的肌肉。每一個關節都有好幾組作用相反的肌肉。

運動皮質區的大小不只與器官的大小或體積有關，也與功能有關。因此，大拇指在運動皮質占有的區域遠遠大於腿部在運動皮質占有的區域。人類大腦皮質具有一項重要的特殊性，就是沒有任何兩個成人的大腦是完全一樣的。刺激兩個不同大腦相似的點狀位置，不會產生相同的作用；個人經驗的歷史會以某種方式被寫入大腦皮質。某個特定點狀位置被激發時，是否會引起某條肌肉的收縮或放鬆，不只是依據一般的定位，也取決於那條肌肉以前發生過什麼事。其他動物則沒有這種顯著的個別差異。

這一點非常重要：人類大腦的解剖結構會受個人歷史的影響，影響程度是其他動物所沒有的。我認為如果闡明這個特殊性，可以讓我們更了解身─心關係，並為許多困難的問題開啟新的探索方向。人類大腦與其他動物的大腦還有許多不同的面向，但其他差異是沿著演化階梯而逐漸不同的，並沒有足夠顯著的突然跳躍可以完全解釋行為中觀察到的差異。然而，如果把成年動物的大腦重量除以出生時的大腦重量，從這個重量比就會發現人與其他動物的大腦有鮮明的差異。人腦的重量比大約是5，偶爾可高達7。類人猿腦的重量比大約是1.5，大部分低等哺乳動物的比值甚至很接近1。

神經系統是從胚胎的外胚層逐漸發展出來的，結構類似皮膚細胞。除了高等神經中樞的內在活動與身體歷程的調節，神經系統主要還會處理兩件事：（1）從身體的外界，以及從肌肉、肌鍵、韌帶，向中樞傳導的資訊，以及（2）發出運動神經衝動，並傳送到肌肉。

身體本身或可視為神經系統的環境的一部分，所以負責處理身體內臟歷程的自律神經系統，也屬於先前提到的類別，其主要功能是幫助身體在遇到快速變化時能有所調整。

　　生命的所有表現都是透過動作來表達的，因此神經活動除了保持身體處於有能力運作的狀態，主要是與軀體的移動有關；也就是對地心引力的調適。雖然我們通常不會想到生命和動作其實是同一件事的事實，但卻以適應地心引力的方式來為生物界做基本的分類，所以我們談到爬蟲類、魚、鳥和動物時，意思是指「爬行」、「游水」、「飛翔」與「行走」：在地心引力影響下的各種不同移動方式。因此，動作（或一般的行動）會成為所有個別神經系統的基本特徵，就一點也不讓人驚訝了。我們已談過，成年人類的大腦是獨一無二的，事實上，我們可以僅僅根據一個人最單純的姿態與動作，就很輕易地分辨不同的人。其他動物、鳥、魚或爬蟲的姿勢與動作幾乎沒有什麼個別性，因此，乍看之下雖然可能會覺得矛盾，但人的心智確實比其他生物都更取決於其身體的歷史。舉例來說，與言語有關的大腦機制是基因的遺傳，雖然就我所知還沒有這種實驗，但如果人類的小寶寶從出生之後就完全沒有與任何人接觸的話，仍然非常可能具有比任何其他動物更豐富且更多樣性的聲音控制與表現，但他不會說任何語言，且心智能力會因此大幅降低。（原註：《塔木德經》有一處談到一位國王做了這種實驗，以查明人的自然語言是什麼。隨著故事的發展，這個男孩第一次被帶到人面前時所說的話是希伯來語的「麵包」。我對此不表示任何評論。）

　　然而，從出生後就被隔離的狗所發出的聲音，與其他狗比起

來，並沒有什麼實質的不同。人的個別經驗會如此重要，是因為大腦在出生後的成長非常可觀（5到7倍）。從這個例子來看，加上我們先前談到的，我們會想到，大腦如此受到個人真實經驗影響的部分應該是在皮質運動細胞與相關細胞間的路徑與連結，而這與細胞的突出物與分枝有關。支持這個觀點的證據就在下述事實：凡是不需要學習期的功能（比如呼吸），或只需要一點點學習期的功能（比如吞嚥、消化與其他內臟功能），都在相同的時間就可以運作，像其他動物一樣，沒有明顯的個別差異。

　　一般而言，生物的嬰兒期越長，個別調適的能力就越大；也就是調整自己的反應以符合環境的能力。出生後立刻就能照顧自己的動物，比較沒有學習的能力。這種情形下，神經交互連結的路徑顯然必須是預先完成的。舉例來說，群聚的動物在出生時已完全形成神經系統的所有路徑，所以新生兒可以立刻跟隨群體，所有初生的幼獸都屬於這個類別。山羊之類的山居動物在出生後就立刻能走動，這些嬰兒不但能走、能跑、能跳，也能在跌倒或滑倒時立刻起身。牠們在變化多端的環境中調適的能力幾乎和成年動物一樣完美，因此牠們的神經機制也必然是同樣的狀態。牠們不需要也幾乎無法學習任何新的獨特行為。神經衝動的運動激發來源與肌肉都連結到預先設定好的精確行動模式。學習新的動作是一件長期且艱鉅的工作；必須解除先天的模式，並形成新的模式。這種情形很少自然發生，只有在人為的條件下，且需要大量知識與經驗，才有可能教導這種動物一些新的技巧，且通常要從很小就開始，在短暫的幼年期結束之前。神經系統的成長極其微少，沒有什麼個體調適的空

間。

　　相反的，人類孩童的大部分功能大約類似語言功能的情形；也就是執行功能的肌肉受到低等神經中樞的影響，可以用一些基本模式做出反射性的反應。因此，不同嬰兒的哭泣聲音大多是難以分辨的，只有專業的觀察者才能分辨各人哭聲的差異，就好像只有經驗豐富的追蹤專家才能分辨不同的馬蹄印。不同成人聲音的差異會明顯到連最低等的智力也能從遠距離就分辨出來，但嬰兒的聲音沒有這種差異。

　　同樣的，所有骨骼肌都能做出反射性的反應；例如，人在出生後幾分鐘之內就能引發墜落反應，但需要好幾年才可能做出小牛出生一天時就會的動作。就人類而言，個體在環境裡的經驗會為運動皮質模式設定路徑、形成連結，但其他動物則大多是天生就預先設定好的。其他動物預先設定好的模式可以視為物種的經驗，反應方式是出於本能。本能反應適合的情境是那些類似祖先學習時遇到的情境，這種反應具有很大的生物經濟效益。但在人類，本能的行為較不重要。人類社會中，祖先的模式化反應很少是適合的，因為很少有什麼情境需要所有人都做出相同的反應。只有非常基本的動作，以及在劇烈受傷時保護內臟器官的動作，才會在我們的行動中看到本能的元素。神經的路徑與模式是在環境影響之下形成的，最終的結果是個別經驗與遺傳綜合起來的產物。

　　這裡如果用別的圖像來類比神經與肌肉機制的運作，或許有助於讀者了解問題的某些面向。但讀者必須小心判斷，我們很容易因為檢視的對象與類比之間的部分相似性，就當它們完全相同，我們

要對抗這種傾向。大腦皮質的運動細胞可以比擬為電池，運動神經則是電線，肌肉是小馬達。嬰兒還沒有在電池與小馬達間連上電線，所以還不能進行自主隨意的動作。連結的神經束（特別是連結運動皮質與脊髓的錐體徑）需要很長的時間來成長。這些神經束在出生時只有雛形，一開始會快速成長，並持續成長到二十二、三歲。因此，我們可以推想，動物的電線在出生時就已永久連結到電池，或幾乎如此，但在人類，這些連結會受到個人經驗的影響。對於不同的行為，會建立不同的連結，根據的是（1）固定性，以及（2）需要這些行為的情境以相同的方式重複發生。

每一個動作中，只有某些大腦皮質的運動細胞會主動涉入，而其他細胞必須受到抑制。因此我們可以非常粗略地想像有一個配電盤，上面有許多插座，每個插座都有一個電池，每一個行動都有一系列的插座，接上來自肌肉的電線。就人類自主隨意的動作而言，這些插座是根據個體在環境中的個別經驗形成的。但在沉浸於類比之前，要先了解一個重點，每一條肌肉都可以用兩種不同的方式收縮──張力收縮與自主收縮。這兩種收縮有許多相異之處。張力收縮比較緩慢，可以維持很長的期間而沒有肌肉或神經的疲勞。疲勞這個用語在此並不是指疲倦感，而是指相同的神經衝動從神經傳導到肌肉時，無法重現相同的行動。張力收縮主要來自肌肉的紅纖維，自主收縮則來自白纖維，白纖維的收縮較快速，也較有力，但很快就會疲勞。產生張力收縮的神經衝動來自神經系統的低等中樞，而產生自主收縮的神經衝動則來自運動大腦皮質，或是由運動大腦皮質啟動。

　　身體肌肉的張力收縮是物種適應地心引力的結果，是各個物種神經系統的天生性質。例如，下顎是上抬的，我們不需要做什麼或想什麼就會閉住嘴巴。下顎的重量會把下顎往下拉，這個拉力會激發下顎肌肉的本體感覺神經纖維傳送神經衝動，造成剛好足以抬起下顎到慣性位置的肌肉收縮。即使頭部保持在垂直的位置好幾天，下顎仍不會掉下來。下顎的自主收縮是疊加在張力收縮之上的，因此我們可以張開下顎，也就是自主的神經衝動可以減少或增加各個骨骼肌的收縮狀態，每一條骨骼肌都有足夠數量的白纖維來控制自主隨意的動作。（若要描述更精確，就必須用較複雜的圖像，因為我們也能間接地收縮不隨意肌，稍後會描述一個這樣做的重要方法。）

　　回到我們的類比，在大量可能的組合中，有些電池組在大部分時間中都會被使用。這些情形中，持久的連結有其優勢，於是電線就被焊接到電池上。真正的反射動作就是這種情形。

　　持續被使用的模式多少仍有改變連結的自由度，但有時會切換到其他模式。心跳、呼吸之類的動作是這種連結的代表。至於特定的人類行動（比如語言、直立的身形、有意識的思考、鋼琴彈奏、數學，或其他有創造性的活動），在出生時並沒有已經運作的連結；只具有展開活動的傾向，可以形成這些行動。運動中樞與聯絡中樞連結到皮質下神經節與神經束的實際模式取決於個體的生活，以及他成長的社群和環境。如果這些模式是預先設定好的，我們的思維、語言、音樂和數學就會與祖先類似，就像呼吸、吞嚥與其他內臟功能一樣。

　　對於特定的人類行為，我們可以把連結到執行器官的電極或電線想成是連接到多頭插座。環境與個人經驗會把個別的電線安裝到不同的插頭，而自主隨意的動作則把插頭接上配電盤。人類這種獨特的調整能力相當於有大量可能的路徑組合，而學習的能力則相當於產生個別模式的自由度。隨著不同情形而改變的行動，其連結的固定性非常輕微。其他行動則可比擬為從用手轉緊螺絲帽到以工具完全鎖死等不同程度接上插座的電線。

　　如果我們可以「看見」小牛或小羊的新生兒大腦皮質，就會發現，不論小牛是否已能行走，與行走有關的細胞連結，以及連結到脊神經的電線都已「安裝」好了。但在人類新生兒的大腦中，卻幾乎找不到自主行走的神經連結，線路的「安裝」是根據個人嘗試錯誤的經驗而形成的，有些連結在形成後又會被解除，以形成更好的模式，或是被棄而不用。因此，身體的經驗對人特別重要，因為它會形成安排並指揮身體隱祕經驗的神經機制。

　　這個類比或圖像讓我們更清楚看見人類的心與身在許多隱晦難解的情形中如何運作。舉例來說，先天的盲人在情緒自然爆發時會像其他人一樣表達憤怒與恐懼，但旁人無法要求他們用模仿的方式重現這些情緒表達。視覺經驗似乎是這種能力所不可或缺的，由於他們自主的神經傳導在成長過程中沒有視覺經驗，而不曾形成這種動作模式。

　　站立、坐與說話的模式其實是綜合的產物，來自我們生活其中的時代、出生進入的社群，以及我們整體的個別經驗。

　　製造神經連結的自由度是出於個體歷史而有的結果，同時也意

味著這些模式缺少穩定度。相較於先天設定好的模式，它們比較是
暫時性的，也較容易改變。如果以正確的方式設定，就可以把皮質
模式從英語轉成印度語或其他語言。人類所有其他透過個人經驗形
成的功能也是如此，比如行走、坐、思考，或任何其他需要個人練
習期的動作。人類的個別經驗是生理成熟過程的一部分，而人性則
是所有性質中最有彈性、短暫且可調整的。只有無知才會造成人類
行為中某些特徵明顯的固定性或持久性。只要我們在成長的神經系
統中持續形成傳統的反應，結果必然是可以預期的，也就是產生傳
統的結果。當我們欠缺對事實的知識，不了解我們的神經機制其實
這麼重要時，就無法輕易丟棄傳統，儘管它並不完美。但時候到了，
現在已能了解我們的缺點就是拒絕為自己的無知承擔責任所造成的
結果。我們像小孩一樣，寧可把責任丟給亞當、夏娃與原罪，而不
是覺得應該做點什麼來改善狀況。整體說來，把模式化行為灌輸到
高等心智活動，根本就是違反自然傾向，因為這樣做就等於拋棄了
人類神經系統最美好的特質。

　　就高等人類功能而言，大腦是一塊白板，透過身體的感覺與運
動經驗的媒介而將之填滿資訊。先天耳聾的人沒有語言的個人經
驗，所以大腦皮質沒有形成運用發聲器官的運動模式，雖然相關的
神經與肌肉元素完全正常，仍無法說出一個字。一旦身體經驗已經
發生，特定模式的某些連結形成之後，一個人有可能完全耳聾，但
與說話能力相關的組織卻完全沒有問題，當我們知道這一點時，就
會發現一種非常有說服力的論點，也就是身體經驗對大腦路徑與模
式的形成非常重要。大腦本身並沒有連結到任何特定的人類功能，

不具有任何確切的站立模式，不像陸地上的其他哺乳動物。雖然我沒有實驗證據，但我相信先天眼盲的嬰兒在錐體徑大致完全長成之前（大約要二十三年的時間），如果保持背部完全不動，就永遠無法自發地採取真正直立的人類姿勢。但同樣實驗條件下的小牛很快就會採取牛的真正體態。

現在可以比較清楚了解身與心的關係了。出生時多少已處於運作狀態的，只有內臟系統，以及與反射動作有關的部分大腦。高等功能的路徑與模式還沒有成形：因此，肌肉的持久使用，以及感官至少有某種程度的使用，是不可或缺的。一旦這些連結與路徑形成之後，包覆有機體的外層物質就越來越不重要。當大腦達到成熟時，其運作幾乎就不需依靠任何特殊的肌肉群或感官，只有相關身體部位基本、相當局部的功能才會有不足的問題。路徑與模式一旦形成，就會具備所有知覺、感覺與行動的完整記憶。大腦現在有能力透過重組既有模式而形成新的模式；也就是有能力思考、想像與發明。

因此，成人失去一隻手臂時，不會消除手臂在心智功能中的參與，他在協調動作時，會表現得好像手臂仍然存在，所以當他站在桌子旁，而桌子在他失去手臂的那一側時，他不會比以前更靠近桌子。過去受到手臂影響所形成的大腦皮質模式到現在仍然保持活躍。

人類神經系統的這種獨特性質——透過個人經驗形成神經路徑的能力——必然造成這些路徑較不具有天生路徑的持久性，因此也意味著更容易重組成新的模式。所以人也比較容易修改自己對刺激的反應；這就是學習。思考與想像的能力是天生的，但實際的想法，

以及夢境與想像的內容或素材，都是個別經驗的產物。這些內容在相似的社群與國族中也是類似的，因為群體中的個別經驗已相當模式化。但歸屬於差異性很大的不同社群的人，其思想、夢境與其他心智表現方式的元素是極度不同的；例如，祖魯人與歐洲超現實主義畫家之間的差異。簡言之，身體的使用與經驗是形成心智功能所必要的。當形成足夠數目的路徑與模式之後，身體的物質支持就越來越不重要；人類能夠思考，也就是重新激發既有的模式，將之重組成新的模式。大腦功能逐漸不受限於身體的物質支持，這種共通經驗雖然可能還沒有得到清楚的闡述，但或許可以為完全不需物質支持的靈魂或心靈觀念，提供線索。我們必須小心，以免掉入類似的陷阱；不應該想像這種解放真的發生了。它還沒有發生。實際上，包覆神經系統的外層狀態非常重要。高等神經中樞的運作，對身體發生的事極度敏銳，原因很簡單，這些部位在活生生的個體中無法獨立存在。這種相互交融是多麼美妙呀，彼此互相影響的程度是多麼廣泛啊，而這正是接下來的章節要討論的主題。

更清楚的圖像

嬰兒的環境是被父母塑造的，會被他們引發的情緒壓力影響。如果從嬰兒的立場來看，這些壓力最普遍的形式就是來自依賴關係。環境會透過對身體的直接影響，在嬰兒身上產生作用。有相當長的一段時間，沒有別的方式會影響大腦與神經機制，唯一的方法就是在直接包覆神經系統的外層製造出可觀察到的身體變化；這是

新的身分，意義非常重大。

　　人類的神經系統與其他動物的神經系統有某些相似性，但在許多面向是不同的。最重要的差異就在於大腦皮質的運動區域和肌肉組織之間缺少連結，神經路徑需要相對較長的時間才能連結運動中樞與肌肉系統，然後才能跨出重大的一步，開始消除嬰兒對父母的全然依賴。

　　人類神經系統由於有這種特殊性，以至於幾乎沒有其他動物先天形成的良好反應模式。因此所有根據動物行為的類比，如果沒有注意其先決條件，都不適用於人類。許多非常嚴重的錯誤所造成的極大不幸，就是出於毫無保留地接受先天理論與動物行為理論，做為矯正人類行為的指南，特別是在性的層面。

　　活生生的身體生而具有週期性的活動，呼吸、飲食、性活動、清醒與睡眠、行動與休息，都是由週期性變化產生的，會增長到緊張的高潮，然後藉由外在環境釋放。每一個動物都必須為自己找到適當的環境，可以提供足以釋放這些緊張的方法。大部分動物的神經系統在出生後很短時間就有相當充分的發展；但人類的神經系統在出生後需要非常長的期間才會成熟。因此，人類釋放週期性緊張高潮的方法也比任何其他物種更依賴環境。人以特定方式釋放這些緊張的傾向非常微弱，對食物的攝取也幾乎完全依賴過去形成的習慣，而這些習慣的養成需要很長的時間，所以也具有可塑性，可以非常輕易調整。快速成長的動物中，習慣是很早就確立的，也比較固定不變。所有其他的緊張與釋放緊張的方式也都是如此。

　　梅契尼可夫（Élie Metchnikoff）所著的《人的本質》（*The Nature*

of Man）一書中（這是一本很老的書，但仍是非常棒的書），可以找到一篇詳細而有啟發性的研究，探討人與動物相較之下，人類「本能」的穩定性或不穩定性。梅契尼可夫非常有說服力地顯示出我們犯了一個非常嚴重的基本錯誤，竟然假設人的行為有相當程度是由天生的「本能」控制的。

簡言之，我們大致可以這麼說，人的行為主要是被世間每一個體的親身經驗形成的習慣所指揮的。舉例來說，阿拉伯男性對女性乳房大多保持視而不見的態度；女性身上變質奶油的氣味會抑制歐洲男性的性欲，但某些非洲部落的男性卻很容易被這種氣味激起性欲；諸如此類。人類的性行為可說是環境的產物，會受文明人的社會體制影響，就像飲食習慣一樣。

我們可以想像，如果依賴關係具有持續不變的強度與方向，沒有強烈的變化，那麼，飲食習慣、性欲習慣，以及所有其他思考與行動的習慣，都會往單一的方向發展，而在個體身上培養出一種沒有衝突的反應方式。但這種個體也沒有什麼可塑性；他在各方面都會像狗一樣，看到貓就一定會追逐。一旦這種習慣得以形成，他的行為就會模式化，且是可預測的。

生活一向平順且相對受到保護的人，在面臨快速變化的情緒壓力時，會缺少調適的能力。所以他會避開這種情境，形成保守的人生態度。住在偏遠郊區的人其實比較傾向保守主義。如果不是在早期童年和後來的學校教育被童話故事培養出想像力，大部分人都會比現在的自己更為保守。

還好有想像力，即使是刻意受到保護以遠離困擾的小孩，也不

會有絕對平順無事的情緒生活。我記得在早期童年被帶去一個小村莊，親見目睹一頭豬因為聖誕盛宴而被宰殺的過程。血腥的景象與動物的嘶喊造成我無法抹滅的印象，我當時想像自己被綁起來，無助地落入成人的手裡，如果他們想要的話，也會對我做出同樣的事。我現在可以相當清楚看見先前的經驗如何導致我在這個層面強烈的敏感度，而接下來的事件又如何印證了我的憂慮。我必須成為強壯的人，總是做好準備。直到後來，當我取得柔道黑帶段位時，才在某種程度上處理了那個不幸經驗對我的糾纏。我舉這個例子是要顯示，強烈的情緒騷動往往發生在非常安靜的環境與看起來相當普通的情境。因此，還好有想像力，所以即使是生活在看起來完全相同環境的雙胞胎，仍會有相當不同的行為模式。然而，由於雙胞胎外在的相似性，通常會有人提出論點來支持行為是出於先天的因素，認為即使在完全相同的情境，人的表現仍會根據其先天性格。

小孩有一段很長的時間完全依賴父母，這段依賴期造成他們形成相當僵化的既定行為模式，只能留待內在的歷程來化解矛盾。小孩被教導要「絕對」誠實，但他很快就發現父母本身並沒有遵守這條規則。於是他透過現實的測試，學會因地制宜的重要性。我們的社會中，小孩沒有什麼機會可以測試絕對的準則，以及一些關於性與人類一般行為的錯誤社會觀念。因此，許多人在成長時，對這個主題只具備粗糙的概念，所以在面對現實必然會遇到的衝突時，覺得很難加以化解。

小孩與外在世界最早的互動完全在身體的層面，因此，最早的情緒性動作會連結到肌肉與姿勢的模式，或與之相關。於是，當現

在的身體狀態與原初的身體狀態有足夠的相似性或形成對比時，情緒就會重現。隨著經驗的重複發生，來源就逐漸變得越來越不明顯。例如，我們的憤怒往往在外在表現出來之前很久就已開始，這種情形下，我們可以在個人經驗中去覺察與憤怒相關的身體狀態。我們可以學習及時覺察到那個狀態，並加以核對。

由於我們每一個人都知道自己在什麼時候會發生這種情形，所以無法了解精神官能症的人為何似乎無法自我核對。因此，我們往往認為他們根本沒有嘗試，或並不真的想要這樣做。我們常常聽到「你要振作起來」這樣的規勸，有人真的知道如何振作起來嗎？這正是問題的癥結，精神官能症的人當然會努力，但他會把自己撕成碎片，而不是振作起來，他在做出錯誤的事時，仍相信自己在努力做正確的事。勸人「努力」而無法得到積極行動的情形也是如此。這種嘗試與要人振作起來，其實沒有什麼不同。

真正需要的是積極引導自己的方法，一種可以學習的方法，可以由此產生想要的效果，而不會同時產生不想要的衝動──簡言之，就是「做」的生理學。

抽象的心智聯想、身體的內臟狀態、肌肉與態度的模式，都會重建慣性模式，這些都是在個人歷史中以極度個人化的方式形成的。心理分析讓我們了解建立人格的結構與材料，但要從舊有人格的碎片綜合出新的人格，我們需要的是在人心裡面「點燃」某種東西。

如果沒有學到更好的自我導向方法，人就必然會運用舊有的慣性方式，即使非常痛苦，也會重建自己能處理的情境，或把自己放

入其中。因此，心裡對舊習慣的排斥會表現出來，對不想要的模式產生內在的反感與身體的不適。然而，更重要的是從一開始就必須以良好的方法培養新的習慣組合，讓人不需要重建被丟棄的習慣，否則它們必然會重新出現。

舊有習慣的這種重現是很普遍的，與之對抗會被感覺為「抗拒」。一個人知道自己錯了，但若沒有替代品取代慣性的運用方式，他除了默不作聲，什麼都不做，或「抗拒」之外，很難有其他辦法。治療的曠日廢時與不理想的結果，都是因為缺乏綜合的行動，沒有比以前做得更好的積極方法。

舊習慣的重現是因為這個事實：習慣不論好或壞，都會產生結果，因此會得到環境的支持。它們如果沒有產生任何結果，反而可能有所建樹。這些習慣唯一的問題，就是沒有成功抒解緊張，而緊張是要推動我們以滿意的方式來行動，於是緊張持續迫使我們產生活動——重複相同的行動、相同的結果，如此這般，直到筋疲力盡。

第十章

行動、抑制
與疲勞

生物的所有行動都是透過肌肉的收縮或放鬆而完成的。人類肌肉的自主控制是透過長久且辛苦的經驗而得的。胎兒的情形是，任何神經的激發都會不加選擇散布到所有肌肉組織。到了成人階段，當我們嘗試新穎的行動時，肌肉的收縮會有類似的散布情形，但較不顯著。因此，當我們嘗試溜冰、騎腳踏車、打字、游泳或學習任何新技巧時，就會發現肌肉不但會執行想要進行的動作，也同樣會執行不必要的動作，且往往與想要進行的行動互相矛盾。

學習抑制不需要的肌肉收縮（此收縮的運作不是出於意志，也不是意志所能控制），正是協調行動的主要任務。我們必須學習抑制那些會散布神經激發的運動皮質細胞。在我們能以需要的次序激發精確的細胞模式之前，沿著動作所必要的細胞模式附近的所有細胞會變得活躍。經過足夠的練習期，當熟練之後，就只有那些負責控制我們想要表現的肌肉的神經細胞，才會送出神經衝動。所有其他細胞都會被抑制。如果沒有這種抑制，就不可能有協調的行動。

行動中困難或抗拒的感覺，是間接出於控制拮抗肌的神經細胞沒有受到完全的抑制，那是形成我們想要的模式所不可或缺的。大部分情形下，問題不只在於無法抑制寄生性的肌肉收縮，而是企圖同時執行互不相容的模式。當肌肉收縮的力量真的不夠時（比如嘗試推動大教堂），抗拒並不是出於沒有完全抑制不需要的寄生性收縮，這時不會發生任何動作或位移。執行正確協調的行動時，不論實際上用到多大量的工作，都像是毫不費力，感覺起來也是如此，這個觀點看似武斷，但在每個一例子都可以被證明是事實。觀察技藝或藝術大師的精湛表現，就會相信費力的情形正是行動有缺陷的

跡象。

　　當一個或少數運動皮質細胞被喚起，產生強烈的激發時，如果附近的細胞受到抑制，在連續重複幾次後就會疲勞。同時，附近細胞的抑制也會變得越來越困難且不完全。所以，當我們以不習慣的方式移動一根手指時，會發現最初幾次動作相當符合我們想要的行動，但接下來的嘗試會越來越不符合。由於神經的激發會散布到鄰近的細胞而將之激活，抑制作用則被去除，範圍越來越大，於是寄生性肌肉收縮開始運作。

　　我們每一個人都有大量可能的行動模式是以前不曾被運用的，因此一直是我們完全陌生的。某些組合不曾發生過，結果運動皮質的許多細胞保持休眠，持續受到抑制或很少活躍起來。其他較常參與我們使用模式的其他細胞則不斷活躍。隨著各個神經細胞快速疲勞，參與各種動作而常常被運用的肌肉會從許多不同群組的神經細胞接收神經衝動，這些不同的細胞群組會輪流控制相同的肌肉。一位失去兩隻手臂的女子學會用腳趾寫字，她的大腦負責腿部的區域必然比一般人更大，相對的，她的大腦負責手指的區域會比別人更小。學會技巧時，大量鄰近的細胞就會自己重組，管理所需要的激發與抑制模式，於是可以重複做出許多次相同的動作，而不會失誤。

　　運動細胞容易主動活躍起來（至少在成長期是如此），對來自外界或內在變化的最輕微刺激，製造探索與研究的活動。於是形成新的模式，而且這些新的模式會自行重複發生。重複的傾向如此巨大，如果環境沒有阻止新模式的表現（比如藉由培養其他慣性且較偏好的模式，或是直接抑制暫時性的新模式），新模式就會在我們

放鬆警戒時（比如睡眠、疲倦或失去健康時），一有機會就表現出來。

請記住，夢境大多是由個人早期經驗的素材與支離破碎的模式組成的，這些內容曾經在我們覺察的前景或背景之中。例如，佛洛伊德認為夢的來源是前一天的經驗。

接觸新的動作時，神經細胞的激發還沒有逐級變化的層次。只有學會讓必須被激發的細胞周圍的其他細胞被抑制之後，才能讓行動強度有逐級變化的層次。以旋轉為例，在學習新動作的初期階段，肌肉纖維產生不同程度收縮力量的機制還無法運作；所以在開始時，我們總是會過度緊繃與收縮肌肉，表示有許多神經細胞一起被激發。運動皮質細胞一起被激發的情形，很快就會產生疲勞。根據生理學，我們知道神經肌肉基本迴路產生疲勞的第一個部分就是運動皮質細胞。接下來的疲勞之處是神經與肌肉的接合點——亦即神經末稍的運動終板。肌肉本身是最後才會疲勞的，而且很少發生這種情形。

神經細胞的正常疲勞是被睡眠時散布的抑制作用消除的。疲倦的感覺主要是大腦皮質的現象。正常且正確的活動中，肌肉的代謝廢物很少是疲勞的主要原因。每一個人從自身的經驗都知道，如果興趣或情緒被激起時，會多麼快就從一般的疲倦恢復過來。抑制作用可以被快速移除，但廢物與毒素無法立刻被移除，因此，通常需要數小時的睡眠或休息。

運動皮質細胞疲勞的第一個異常階段就是失去對這些細胞的抑制力量，疲勞的細胞會持續製造神經衝動，產生微弱的肌肉收縮、顫動，最後是肌肉的痙攣。失序、不協調的肌肉活動是對疲勞的運

動皮質細胞失去抑制作用造成的。如果大腦皮質沒有抑制中樞，就不可能有睡眠。疲倦的細胞形成這種中樞：它們的激發作用消退下去，抑制作用才會散布開來。但疲勞的細胞會持續送出訊息，當細胞被過度使用時，就無法抑制偶發的零散動作。即使是非常健康、從不失眠的人，在身體激烈消耗的狀態中，通常也無法好好入睡。

休息可以消除初步程度的疲勞。問題主要在於皮質細胞的休息，不是肌肉細胞的休息。當正常強度的神經衝動以正常的方式抵達時，肌肉細胞實際上永遠不會疲勞到無法收縮的程度。所以改變就像休息一樣有益。改變行動時，我們並不需要轉換到其他肌肉；只有把神經衝動送到肌肉的細胞模式會改變。這樣就已足夠，因為疲勞的細胞不再負責產生神經的激發，重要的就只是這一點。

運動皮質細胞疲勞的下個階段中，會失去對整體動作模式的抑制力。這個階段會出現強迫性的慣性動作，比如自言自語，以及表現出協調良好的動作卻沒有動作的意圖。然而，覺察這個事實就已足夠，我們仍能抑制這些行動。只要我們的覺察沒有消失，抑制力就仍可運作。此處再次顯示疲勞的細胞需要休息。但意識的抑制很難維持長久的期間，因此必須運用足夠多樣化的行動，以避免激發疲勞的模式。新的行動必需牽涉到身體的另一部分與不同的姿態，而透過生理作用來抑制疲勞的部分；也就是新模式與舊模式的功能必需是互不相容的。

細胞完全筋疲力竭之前，就已無法用正常的控制方法來抑制疲勞模式的回復，因為抑制細胞激發作用的力量已完全喪失。這種極端的情形不在本文討論的範圍之內。

　　人類的大腦皮質中，出生時只有少數現成的模式，但比低等動物具有更強大的傾向，可以形成新的模式；因此我們有更強大的探索性好奇心，會持續形成新的模式，並有強烈的驅動力要持續運用這些模式。從小孩身上可以觀察到這一點，他們會取用新字，然後是新的表現方式、任何種類的新動作——他們會不厭其煩地重複新模式，永無止盡，激怒沒有耐性的大人。重複新的行動模式是人類的獨特傾向，可能與神經細胞疲勞的正常過程有很大的關連，因為那會降低抑制重複行動模式的能力。正常情形下，即使是小孩子，一連串重複進行新奇動作的情形是適度的，進行的強度也是如此。內臟的歷程則有其自然的過程，會整修系統，以得到更順暢的行動。

　　過久的重複、過高的強度，以及不斷激活的單一模式，是所有異常疲勞的原因。即使是負責在立姿中伸展關節而產生肌肉張力收縮的低等神經中樞，也會因此而疲勞，而造成這些肌肉鬆軟無力。重要的是，我們要了解，肌肉在確保正常姿勢的同時，如果也要產生收縮力足夠的自主動作，就可能缺乏張力。正如我們先前談到的，產生張力的神經衝動與產生自主動作的神經衝動，兩者的來源並不相同。即使是體育專家也不一定清楚這種區別，而誤以為只需要積極鍛鍊肌肉就好了。他們容易在學生沒有什麼進步時，責怪學生沒有好好配合、缺少注意力。然而，意志的努力只會間接影響張力的分布，單靠鍛鍊而改善姿勢的情形雖然有可能發生，卻只是出於在無意中做出正確的事。

　　慣性的不當姿勢並非像有些人以為的，單純到只要用更好的姿勢取代既有的姿勢就可加以矯正。實際上，錯誤的張力分布一開始

是出於錯誤的意志努力，意識的控制凌駕一切，而張力的形態長期受到扭曲。工作過度的神經中樞會疲勞，而被抑制的中樞卻發育不良，身體意象的整個空間感已被扭曲，身體的感覺不再可靠，需要增加眼睛的使用來代償，以補充並矯正身體狀態在空間中的錯誤肌肉狀況。進而又需要更多的自主控制與注意力，現在每一項行動都需要大量時間來仔細考慮與做好準備，這種狀況的人在走向地下鐵或甚至自己家門的階梯時，都要很小心走路。

持續不變的注意力很難長時間維持下去，因此會在冒然突發的行動中出現持續的疲倦感、煩躁感，與擔心失敗的感覺。（我們會適時回到這個問題。）

一個具有多重協同作用與優先控制力以進行自我調節的有機體，是怎麼會失去控制的呢？以天生體質（這對大多數人而言通常是先進的理由）來解釋其實是在迴避問題，不但是在掩飾無知，更糟糕的是沒有指引任何積極的行動，甚至沒有提出可資探究的必要知識。毫無疑問，有些人是因為先天結構的缺陷而調適不良；但矛盾的是，這還算是良性的案例，除非他像我們所有人一樣也有慣性機制的運作。

大部分情形中，惡化的原因是不當的自我運用。不當（improper）這個字眼需要界定意含，因為我認為沒有人會刻意做出對抗自己的行為。我們對自己的運用是在那一刻所能集結的最好方法；日後可能知道其他的選項，但在行動的那一刻，我們沒有別的做法。因此，就我們在行動當下的調適能力而言，必然是適當的自我運用。比如，以不良的駝背姿勢走路，是因為不能做出更好的姿勢；然而，

我們確實做出了不適當的身體運用。我們的自我運用是那個時刻所能做出的最好方法。

我們至今仍無法了解個人經驗在神經系統形成生理作用的過程中所扮演的角色，我們學會運用自己的方式是非理性且出於偶然的。我們教導如此僵化的身與心，以至於需要「破除」每一個熟悉、慣性的狀況。事實上，人的神經系統是非常適於改變的。我們的早期經驗是為類似父母已知的那些情境做好準備，只允許輕微的差異。任何重大的改變都要求我們在態度與反應上做出深入、革命性的修改。光是運用神經系統的本質（我們卻如此努力不去運用它），就有可能讓個體有能力應付變化多端的世界，而不會有讓許多人嚴重崩潰的強烈情緒波動。

我們發現不穩定的情緒幾乎普遍存在於（1）社會與經濟處於深度轉變過程的國家，以及（2）勇於偏離父母、階級或社群的傳統行動方式的人。膽敢走向沒有人跡的路徑，並在適當裝備之下有機會走到某處的人，正是那些在生活中無法認同一般所謂「成功」的人。

我們一再於教育中種下衝突的種籽。事實上，人類的整個歷史只不過是一長串完全悖離傳統標準的「偉人」名單。儘管上司長輩都努力要他們像所有人一樣思考、表現，但他們仍持續運用人性不可或缺的本質，形成新的行動與思考模式，加以測試再重新測試，並勇於根據自己的結論來生活。衝突的種籽所包含的矛盾模式是在年輕時培養出來的，我們一方面教導他們，若要成為一個人，就必須獨立思考、抗拒習俗，並挑戰傳統——換句話說，像前人一樣

「創造歷史」。但另一方面，我們又以社會常規支配年輕人，一再要求他們遵守傳統與社會公認的事，毫不質疑地加以尊敬。我們只允許那些獲得神明青睞的人可以違背公認的規範，認為他們內在有「神聖的火花」。但沒有人能區分神聖的火花與平凡的火花有什麼不同（除非他本身擁有神聖的火花），於是一個人需要鼓勵和特殊的環境，才敢認為自己有「權利」成為有創意的人。大部分人都心不甘情不願地進入舒適的小角落，以配合自己被修剪過的翅膀。但那些有幸及時受到真正人性精神所啟發的人，會立刻拒絕模式化的行為──於是他們的名字會被加入偉人名單，好用來鉗制下一代的思想。然而，絕大部分人會接受社會要求，形成僵化的身心，不過其中某些人不像其他人那樣全心配合──他們會繼續掙扎。這種人是偉大的受苦者，帶著情緒上的不穩定與種種困難。他們很少有跟隨父母專業的傾向，反而往往渴望歸屬於比他們被教育的層級還要更高的層級。最糟的自我運用見於這些不願因循守舊的人，他們至少在人類活動的某個層面沒有遵循別人提供的榜樣，而是嘗試新的方法，卻失敗了。新的道路需要的不只是勇氣，也需要知識。人類的神經系統會準備好要實現個別化的模式，這往往是偽裝成不幸的祝福，因為早期模式比人生後來形成的模式更為穩定，需要嫻熟的行動與知識，才能成功改變。早期模式是在直接與間接依賴社會的束縛下形成的，因此我們的行為已被模式化成遵循別人走出來的路徑。

　　神經系統具有製造個別行動路徑與模式的能力，但我們在童年期大量喪失，這要歸因於父母對我們所處環境的影響力。成人會根據他們的喜好來鼓勵或排斥。事實確是如此，我們的經驗大多承受

過時間的考驗，意即有能力在這種情境中生存，但這種生存方式只運用到我們潛能的一小部分。人類神經系統生理上的自由度有很大一部分受到社會傳統的約束。人的占有欲有多少是受到餵食、穿衣以及其他事的影響，還有「專屬嬰兒」的事（成人因為體型而沒有參與），這些都不曾被清楚查明。家庭的規模與出生的序位對行為模式的形成所造成的影響，顯示出早期環境對小孩形成的反應具有多麼關鍵的影響力，而這些反應就是人格的核心。

我們的飲食習慣、睡眠、休息的規律、性的習慣，以及我們做的所有其他事情，都是由肌肉的動作表現的。更重要的是整個有機體必須進入一種狀態，遵守並執行想要進行的動作。肌肉的每一個自主行動都關係到骨骼的形態、內臟的狀態，以及相應的情緒背景。我們對這些狀態也具有明顯但間接的控制力，主要是透過自主的運動皮質中樞。但乍看之下，這些私密且獨一的個人之事沒有一樣可以真的脫離環境。透過個人的衛生規矩、父母的責任，以及井然有序的生活中所有其他的傳統遺風，社會製造出一種環境，會形塑成長中的神經系統，比社會對其他生物的影響更為直接。

人對自己的潛在控制力其實是絕對的，但很大一部分在人類手中，而不是在個人手中。我們在此面臨先前遇過的同樣的複雜狀況，也就是神經系統對身體支持的重要性逐漸轉移到高等的整合中樞，高等中樞會持續接近完美成熟的巔峰，但所謂完美的意思就是無法真正達到。

為了對行動機制有更清楚的了解，我們可以把整個空間畫分成三個領域：外在世界；神經系統外部的包覆體與支持體，也就是身

體；以及神經系統本身，此處會孕育並產生反應與行動。所有行動都同時有這三個元素，形成一個統合的整體，我們只是為了方便，才把它們想成分開的存在體。把整體做出這種區隔，通常會導致遠離事實的結論，就像大部分抽象概念的情形一樣。

於是我們很容易錯誤地期待自己去做別人所做的事，而這只是因為我們一時忽略了，若是把一個人與他的個人經驗和他的環境分開來，過程中就一定會失去某些東西。當需要改變時，被忽略的元素往往就是正確解決之道所需的最重要部分。

行動意味著改變；當外在世界發生一些改變時，身體的狀態與形態也會改變。神經系統必然同時受到外在變化與身體的影響，而讓展現出來的行動可以被理解，使我們好好做出想要的行動。我們也必須牢牢記住，對於有生命的事物只能談論歷程，因此我們在每一刻所處理的可說是整個歷程中當下的那一瞬間。如果不記住這一點，就會把確切不變的印象放入我們的觀念，但這在現實中是不曾存在的。舉例來說，當我們說「我想要」時，可能就忘了，如果沒有上述三個成分持久且複雜的共同存在，就沒有意義。語言並不是描述行動時的好工具，因為語言是線性排列的觀念，一個觀念接續另一個觀念，然而在歷程中，所有元素會一起變化，且影響彼此。只有在分享歷程的類似經驗時，語言才有真正的價值，可以做為辨識共通身體感覺的標誌。

第十一章

重新調整的
目的

當一個人沒有嚴重到需要找醫生的病痛時，我們通常就認為他是健康的。當他有某種特別的不舒服，醫生通常會做出某個器官或功能有某種疾病的診斷。但醫生非常清楚，如果肝臟、心臟或腎臟生病了，必然是整個有機體有相當廣泛的功能失常。當醫生診斷某個特定器官是問題所在，意思是改善那個器官的功能運作會直接減輕病人的症狀。長久以來，我們就已了解，這種對待健康問題的取向並不怎麼讓人滿意，因為這是把健康的整體標準降低到非常低的層次。若要達到更好的標準，就必須改善居住狀況與飲食習慣，消除不安全感，改變某些專業的單調乏味，諸如此類。簡言之，環境與我們的行為都必須要改變。

儘管醫學在實務中有這些缺點，但我們發現醫生一般的介入其實確實指向問題的來源，大部分病人的問題都在幾次看診後就解決了。沒有錯，但不久他又會再看到病人，這是因為當前的知識與實務讓我們留在低下的健康層次。

當我們必須尋求心理師的建議，就是完全不同的處境了。心理師不同於醫師，需要不計其數的諮商，才能清楚看見改變的關鍵，以產生最直接的結果，他的任務顯然比較困難，因為這個主題的整體知識比較貧乏。然而，對於我們想達到的目標做出清楚的定義，應該會造成相當大的差異。實際上，大部分心理學派的目標是讓病人能表現得和大部分人一樣——這其實是非常模糊不清的目標。如果認定大部分人的行為就是正常的行為，我們就會相信適應不良的行為分析到最後必然是出於某種體質的異常。表面上，這似乎是合理的推論。我們原本以為大部分人的行為與調適不良的行為似乎有

很大的差異，但如果試著從較遠的距離來檢視，盡可能讓自己跳出這個情境，越遠越好，就可以從新的視角把這些差異看成連續的光譜。從這種遠距的視角來看，就能把行為的整個歷程當成生物的普遍現象來檢視，而正常的行為就只是人類行為中一個特殊的樣本，不再是「人類應有的行為」；也就是說，在狼群或其他地方成長的人，雖然仍具有人類解剖構造的特徵，卻不會有同樣的正常人類行為。

　　簡言之，人類的行為基本上是每一個體個人經驗的產物，是依序發生且有連貫性的生活瑣事的產物。人的行為是培養出來的，不同人的差異不必然是出於生物結構的正常與否，而是出於培養方法的成功或失敗。這也適用於我們被人類歷史引導而視為正常的任何特殊模式。

　　有些人似乎認為正常人就應該是快樂的人。但生活與快樂無關——早期童年長牙的經驗很難是快樂的。健康的行為與其他行為的差別只在於態度，以及我們回應愉快或痛苦事件的方式，不論這些事件是我們帶來或自行發生的。這種態度是由於個別的人因為不同條件而有的經驗，以及他承受經驗的方式所造成的。新生兒從來到世界的那一刻開始，就透過父母的示範或他們想要的行動，接受這種訓練。生理作用產生的身體緊張會以這種方式連結到行為與情境，不久就覺得是身體本身自然而有的。

　　任何成長階段結束時，那個階段形成的行動與反應模式都需要有所修改。斷奶、不同的服裝、大小便訓練，或是母親注意力的變化，都是重大的事件。所有習慣的傾向就是會自行複製，因此在引

進任何新的步驟時都會遇到困難，顯示出各個步驟一貫的制約力量。雖然我們看起來很少以某種方式去影響小孩，其實卻已為他們未來的行為制定了基礎與骨架。基本的模式已經連結到某種強度的情緒，這會妨礙未來的改變。所以小孩會拒絕以新的方式排便，或反對新的進食方式。

　　他在擁有只有他才可以穿的衣服、別人不可使用的餐具、除了他誰也不能睡的小床時，已經學到占有欲的雛形。身材本身的差異、人的文明習慣，都在不知不覺中引進私自占有的觀念。（順著剛才細數的思路來詳細研究我們態度的來源，是很迷人的事，我希望有機會在別處探討。）目前這個節骨眼，對我們重要的是已經能區分「精神官能症」的行為與正常的行為。如果不需要引進新的行為與功能，那麼，正常人與適應不良的人之間的差異，就不會大於我們在這個年齡層的孩子間觀察到的微小差異。

　　一旦小孩學習說話與走路，非常重要的傾向就會以同樣間接且不知不覺的方式被灌輸進來。小孩到這時已學會必須表現良好才能得到他需要的情感，當他沒有遵守大人制定的行為規範，就會覺得內疚。於是，飲食是為了像爸爸一樣高大強壯，還有許多其他的交錯動機都會逐漸累積起來，比如情感只能一直連結到不同性別的人，諸如此類。

　　接下來的發展階段中，這些模式大部分都必須被打破，情感的驅力必須重新導向。小孩內在形成的模式如果還沒有被過度的重複與規律性建立起來，對父母也沒有獨特的情緒，就多少可以比較快學會把情緒張力與大部分行為區分開來，成熟的過程也會順利進

行。至於其他已經被規範明顯傷害的小孩，原本在嬰兒期仍非常微小的差異，現在已變得很容易觀察到了。

　　於是我們看見，一般情形下，我們會試圖形成強迫性行為，以之為常規，也就是說，我們在不知不覺中要小孩在身體緊張感的驅策下以某種方式行動，然而成熟過程的各個階段，又需要把先前形成的習慣與習慣養成時的情緒內容區分開來。這種區分在青春期初期是極度重要的。性功能會把年輕人帶到一種必須開始覺得自己是成人的狀態，而這幾乎需要對所有價值觀和行為規範都徹底重新評估。此處的關鍵在於把情緒內容從舊有的模式重組成新的模式，特別是情感的模式。這個模式從一開始就連結到一個特定的人，現在必須推廣開來，然後才能以自發的方式感受到自己可以更持久依附於單一的人。我們在此遇到非常著名且已受到反覆研究的主題：母親情結或父親情結，人在這種情結中無法產生必要的重組，於是留下所有會造成無能或冷感的意圖與目的，不曾得到充分的性高潮。在所有這些情形中，都會發現父母建立且持續維持下去的早期嬰兒情感模式被導向獨一無二、無可取代的人，比如母親或父親。

　　重點在於，強迫性正是每個人在學習期的過程中被有條不紊灌輸進來的，而另一方面，成熟的過程——把情緒內容與特定對象和行為區分開來的過程——卻被交給機運。我們依靠「先天的智力」、本能與其他我們並不怎麼了解的事（所以很長一段時間都不會有發現自己錯誤的危險），來幫助成熟的過程，同時又做出幾乎所有可能維持嬰兒依賴模式的事。如果成人永遠不成熟，整個社會就比較容易操縱，不去活出自己的生命，只為先前的世代服務。所以新世

代的成長其實只是為舊世代服務，小孩的出生往往是為了減少父母的不安全感，而這種情形下的父母也會盡其所能來維持嬰兒式的情緒模式。小孩只被允許間接的成熟，因為他們必須在經濟上成功，以減輕父母的不安全感。然而，正是這個在經濟上獨立的過程，讓新的世代有成長的機會。

成熟是非常微妙的過程，原因很單純，我們既是被塑造的材料，又逐漸成為自身的塑造者。然而，密切關注這個錯綜複雜的過程是值得的，因為我們會對一般的行為得到更清晰的洞識，讓我們能更合宜地評估各種重新調整行為的方法。

從一個人成長歷程的分析來看，可能會認為最傳統的做法根本就錯了，需要採用全新的教育方法。有些人全神貫注於當前做法的不良影響，以至於任何關於整體狀況的真實觀點都被扭曲了。主要的問題在於沒有任何構想清楚且表述明確的教育目標。首先，教育不論是好是壞，都會以特定方式導引成長，導向教育者喜歡的方向。其次，要朝著那個方向，教育者會運用兩種主要的方法：一個是盡可能長久維持他們較喜歡的模式，另一個則是盡可能徹底排除他們所拒絕的模式。「人必須愛父母」就是最好的例子。我們用難以想像、絕對而徹底的方式把這個戒律加諸於孩童，凡是會破壞父母身分的神聖性、違反此戒律的模式，都會受到排斥與指責。每一個人都會同意，為了孩童本身好，對父母有某種尊敬是必要的。只要沒有運用過度嚴厲或極端的方式，孩童—父母間的模式是不可避免的。即使我們決定要反其道而行，但孩童在生命最初幾年的無助感必然會維繫孩童與成人之間的某種依賴關係，不論這個成人是父

母或政府官員。

在依賴期對父母抱持尊敬、友善的態度是合宜的。然而，到了成人階段，子女在物質、情緒、身體、心智各方面已達到完全的獨立，那種合宜性就不存在了。我們可以把成熟的過程區分成三個階段。第一個階段中，模式的建立非常明確，不論小孩是否願意，都必須據此而行；也就是建立內在的強迫性，排除所有其他選項。第二個階段則是環境的依賴狀況已經解除，強迫性已不再合宜。如果模式建立時的條件是依據制約法則，就會因為習慣而強迫性地持續遵循既有的模式。如果強迫性的模式曾以不當的方式進行，模式有可能被徹底拒絕或甚至反轉，恨取代愛，鄙視取代尊敬。第三個階段就是達到成熟的階段，這時已具有把情緒性內容或情緒從所學的任何模式區分開來的能力。這個階段的人能繼續尊重與愛自己的父母，沒有內在的強迫性，或同樣的，也能繼續鄙視與恨他們，而沒有內在的強迫性。這兩種情形中，情緒內容的強度都是這個人可以控制的，且比較是由情境來支配，而不是被情緒的強迫性來支配。當人達到這個狀態，具有區分情緒與行動的控制能力時，就不但能在理智的層面，也能在情緒的層面，看見父母的愛與尊重是必要的——這不是自然的法則，而是人類經驗的副產品。於是行為變成自發的，強迫性得以去除，這是經由把情緒內容從獨一對象釋放出來而得到的。未釋放出來時，則會迫使人處於身體與情緒的依賴狀態。於是我們在理智上了解，成熟的狀態就是體認到，伴隨成長歷程的內在強迫性是必要的，並脫離這種內在強迫性。

我們可以在所有情緒中清楚區分出從徹底依賴到成熟的這三個

階段，以至於在所有行動中，甚至在學習過程本身中，都能清楚地區分。我們一開始的學習是因為不得不學習，接下來是出於習慣而繼續學習，或因為反抗而拒絕繼續，然後是出於選擇而沒有內在強迫性的學習。我們在一開始是無助的，需要情感；然後是強迫性的需要，也許出於習慣而持續需要，或是出於反抗而拒絕它；然後脫離對情感的強迫性需求，從我們注意的對象，以深思熟慮的選擇尋求情感。我們在長久的依賴期會有不安全感；不安全感可能以內在的強迫性持續下去，或是以強迫的方式反轉，直到我們能把情緒內容與行動區分開來，於是我們的安全感不再取決於內在的狀態，而是依據外在的環境。

從這個觀點來看，沒有任何事本身是好或不好的，沒有任何模式是有害的或完美的；完全取決於模式是否透過內在的強迫性而恢復，或是可以把情緒內容與最初連結的對象區分開來，在區分的狀態下執行模式；因為當初連結的對象不是出於選擇，而是依賴的必然結果。如果學習過程能完滿進行，且這個人能把他的情緒驅力導向他選擇的對象，就有可能具有自發、成熟的行為。於是他會為自己的行動承擔完全的責任，任何結果都不會傷害他的學習能力；也就是有能力修改他對待環境的態度，以及在必要時，有能力改變反應，以得到更適宜的處境。

如果我們檢視某些最值得讚美的事，比如完美、進步、專注、毅力、規律、條理、寬宏、愛或真理——就可以看見，對於那些透過內在強迫性來執行的人，以及那些因為情緒內容固著於原初對象而無法有不同選擇的人而言，這些事簡直就是痛苦的來源。因此你

會發現，有些人無法看見完美本身是毫無意義的，有些人終其一生持續想讓他的肌肉、記性或任何什麼變得完美，至死方休，卻沒有注意到，完美只是人生中不怎麼重要的性質之一。全世界有幾個完美的人？有幾本完美的書或圖畫？世上其餘的東西都不值得存在了嗎？不完美的事物不就像完美的事物一樣是生命中不可或缺的嗎？完美就像它的對立面一樣重要，沒有理由要為完美如此瘋狂。就有能而健康的行為而言，最重要的莫過於我們行動時內在強迫性的程度。重要的事情會自己照顧自己；不論我們相信的是什麼，都必然要吃東西、思考與學習、生養小孩，以及死亡。我們做這些事的方式，就是行為健康與否、滿意與否的關鍵。

　　許多教育家和教育方法的缺點，主要就在於沒有從整體的角度來認識成熟的過程，因此，補救措施往往針對行為或行為的目標，而不是表現這個行為的方式。不良的適應並非表現於行為或行為的目標，而是內在的態度。保持乾淨是好事，但當乾淨這回事是經由內在的強迫性來維持時（亦即，不乾淨會讓這個人厭惡到失控的程度），就需要推動停滯的成熟歷程，直到這個人有能力無分別地接納灰塵與乾淨。

　　每一套穩定的狀況中，都有某種最理想的成熟狀態是大家都想要的，也有許多人達到這個狀態。如果有某個重要的條件改變了，成熟的歷程就必須再度進行。成熟並不是一個隨著年齡或經驗而達到的狀態；對於所有不斷發展、具有創意的人而言，成熟是持續進行、直到死亡的歷程。可惜我們往往讓它在萌芽時就夭折了。出於短視近利，我們會認為如果某個既定的模式或態度對人類社會好或

有用，即使對這個人不好或沒有用，也會確切地將之設定到他的行為，這種確切的態度必然讓他成為偏離個人經驗基準的受害者。我們如此嚴格灌輸僵化的人性，這是不幸人生的主要來源。人類的神經系統是所有結構中最不僵化的，它會在我們的經驗中成長、成形，比任何其它動物的神經系統都更受到個人經驗的影響。個人經驗是達到「偉大」與走入不幸的關鍵。

從我們的討論，可以非常清楚看見重新調整的目的是什麼。這不是要讓人意識到導致他採取某個既定態度或行動模式的理由與事件，雖然這種理解也許有助於他從停滯不動之處重新啟動成熟的過程；這也不是要讓人了解社會傳統與習俗的缺失，這些缺失往往非常不合理，需要及早清除，也就是要立刻清除；這也許有助於他重新調整自己成為另一個穩定的形態，但這只不過是把跛子的拐杖更換為良好的義肢，他仍是跛子；而這也不是給他洞識，看見他行為的內在運作，雖然這也有很大的助益。有千百萬人完全不知道自己的早期經驗，他們相信社會中的每一件事真的就是全然的完美，他們對自身行為的內在歷程毫無洞識，卻能在沒有旁人的情感支持下，毫不畏縮，掌舵穿過暴風雨。成熟的人能為自己的人生負起責任，他已學到一件事，就是如何把情緒與依賴壓力之下建立的模式區分開來，並知道如何把行動的驅動力放在他找到的合宜之處。因為他在情緒內容的轉移中得到了控制力，其強度也同樣在他的控制之下。先前談到教育的目的時，就隱含了這一點，但往往是在不知不覺中達到的——因此其成功也是難以預測的。對目標的清楚知覺，讓對準目標這回事成為可以被學習的東西，而錯失目標的情形

也變明顯了。

簡言之，所有牽涉到人類大腦皮質的功能運作所遵循的路線，都類似語言相關的路線。出生時，並不存在任何可以透過意志的努力而激活（也就是由個體控制）的神經連結來產生語言，小嬰兒只能以反射的方式啟動聲帶，所以不同嬰兒的哭聲非常相似，個別差異不會比其他反射動作的差異來得大。個人經驗會形成某些連結，這些連結具有強迫的特徵，不論成人的態度是否溫和，都是如此。這種強迫性是無助的嬰兒與成人之間依賴關係的結果，這種關係中的行動或抑制行動，即使是出於情感與友善的流動，仍然具有強迫性，因為這並不是自發的。逐漸的，所有不受歡迎的聲音都會被淘汰，喜歡的聲音則被培養，而與成人的語言趨於一致。

所以，在開始時，每一個發音都連結到某種情緒。日後，原初的情緒與學到的模式會有某種程度的分離，青少年開始能有個人化的表達，但整體而言，很少青少年能完全脫離父母的模式。當人學習完全讓思想與特定的語詞分離，也與連結的情緒分離，並轉移到新的語詞，形成全新的語言時，這種功能才達到成熟。任何功能都有從依賴到成熟的三個階段，如果把思想對應到行動的情緒驅動力，並把實際的表現對應到使用的語言，那麼，口語的功能也能清楚看見這三個階段。

個人經驗在行動中扮演的角色，在此特別明顯。不曾學過外國語言的人會覺得他們天生就只適合母語，然而，所有未受限於一種語言的小孩，在早期童年都會說兩、三種語言。同樣的，即使到了中年，仍有可能把原初的情緒與任何做事的模式區分開來，並形成

良好的新模式。

如果檢視任何在功能上失能的具體實例──也就是沒有任何解剖結構上的原因，儘管有強烈實行的驅動力，卻無法付諸行動的情形──我們發現主要的症狀總是會伴隨某種下述的情形：消化疾病、不良的呼吸、口、鼻與糞便有異味、有缺陷的姿勢、失衡的肌肉控制、旋轉和搖晃時會暈眩與頭暈、血管疾病比如異常的潮紅與盜汗、不良的朋友關係、婚姻問題、受損的視力以及雙腳的問題。所有這些疾病都會以某種程度表現出來，各人會有某些症狀比較明顯。因此，我們可以了解，為什麼（以及如何）所有方法都會為某些人帶來緩解，且往往產生可觀的進步。就一般所說的疾病而言，其實此處並沒有疾病，而是建構失當的人格加上不良的控制。某些領域或層面的活動甚至可能發展得異常良好；事實上，那是針對整個人格結構普遍缺乏平衡與整合時，產生的積極有用的對應面。此外，這種對應性的發展就是一種線索，表示有整套矛盾且衝突的思考習慣、驅力與行動。這個人把所有生命力都放到他能強而有力行動的活動層面；也就是成熟過程最沒有受到阻礙的層面。

改善行動

若要改善行動，就必須在各個階段找出可以帶來最大進步的細節。在身體動作上，通常很難找到這些細節，因為心理狀態與身體姿態，以及功能，感覺起來就像一件事，根本不是由可以分別被影響或改變的不同部分組成的。

經過多次重複的表現之後，整個動作與伴隨動作的身體感覺會成為不可分割的單元，無法再劃分成更基本的不同成分。即使是我們感覺到的費力感，以及啟動或持續時的抗拒感，也成為動作的一部分，是完成動作不可或缺的部分。當我們檢視任何我們可以適度表現的身體動作時，就很容易覺察這個部分。例如，試圖鋸東西或用挫刀──你會相當清楚感覺到，你不只做出想要做的行動，也做出妨礙想做行動的動作，而造成抗拒與費力的感覺。

然而，如果你仔細觀察擅長這種特殊行動的專家，就會發現他所做的似乎比你努力嘗試時所做的少了很多，他其實省略掉所有不是移動鋸子或挫刀所必要的動作，同時似乎也不覺得自己在費力，好像也沒有遇到抗拒的力量。你還能觀察到一件重要的事，不過不太容易：他的手掌與手臂確實做了一些特殊的動作，卻是用臀部啟動向前與向後的移動，手臂大多與身體一起移動，並隨著身體改變方向，手臂的動作相對於身體的移動只是次要的。

了解以下這一點很重要：無能不代表欠缺達到目的的必要行動，而是大多在於執行不必要、寄生的動作。我們不知不覺執行了所有那些被感覺為抗拒的動作。無能的人製造了太多不必要且往往自相矛盾的行動，以至於想要的動作伴隨了大量抗拒感。這種抗拒有時似乎過於巨大，以至於需要釋放的緊張過度強烈，反而迫使這個人做出更多的嘗試。

因此，有些人總是把性行為混雜了經濟、道德與其他考量，將之轉變成一種帶有強烈卻不必要感受的任務。沒有人能老是想著這些觀念而不感到焦慮不安，因為這些觀念根本就自相矛盾──特別

是那些具有偏頗宗教教養的人。衝突感被帶入主要的性行為而成為習慣。這種衝突感與行為本身無關，但有時與行為的連結過於強烈，好像總是與行為一起出現，且一直存在，直到身體的行動開始進步，那時衝突感往往會完全消失。

性與不必要感受的這種連結，起源於下述這個事實：我們在生理上適合展開性行為之後，卻受到社會多年的檢核，我們在這些年歲中一再被提醒，只有解決依賴問題之後，才有性關係的「權利」。被迫節制性欲的多年期間，我們對待具有吸引力之異性的態度，會受到社會、道德、經濟與宗教因素的形塑，於是形成性與衝突的連結。只有有能的人——也就是成熟並學習區分過去經驗的慣性模式，並只運用當前任務所需部分的人——在一段練習期後，才有能力做出滿意的行動。

若要擺脫無能，就必須學習辨識不知不覺、出於習慣的寄生元素，然後才會成為真正的成人。有能成人的行動是如此單純，以至於無法了解讓無能之人困惑的複雜性，無能的人以錯誤方式嘗試得到需要沉穩的簡單與寧靜的態度才能得到的行動，卻不知道如何丟掉造成障礙的包袱。即使是最有能的成人，若必須承受這種處境，恐怕也會崩潰。

若想要有任何實際的用處，做的方式需要的不是完美，而是合宜——可以在當今的社會正常運用的方式。渴望成為比別人更好的完美狀態，是徒勞無益的。我們的主要目標是形成一種態度與全新的反應，讓人可以均衡穩定地應用於日常生活，而且不會製造新的衝突。此外，新的行動方式必須要隨著當前的環境來調整——雖然

每一個人都同意我們的社會結構與教育需要徹底改善，才能成為更好的社會，適合有創造力、持續發展與成熟的人。

第十二章

正確的姿勢

　　如前所述，姿勢與行動有關，而不是維持任何特定的體態。動姿（acture，譯註：這是作者自創的字，結合行動action與姿勢posture這兩個字）可能是較好的字眼。動姿這個字眼是否適當，可以從兩個角度來判斷，這兩個角度通常會導致相反的結論。如果我們把注意力集中在想要達到的行動，大部分人會就他所知的方法與知識，以正確的方式來做，並盡可能擺出最好的姿勢。小孩若必須坐在不是為她的年齡細心設計的椅子，又沒有經過適當的坐姿學習期，結果必然造成骨盆關節的肌肉發展不足（我們由於扭曲的個人衛生觀念，加上過度強調提早嘗試站立的好處，諸如此類，而太快跳過爬行期）。當她坐著時，頭會往前低垂，脊椎向前彎曲，她其實已盡她所能。班特・艾克布隆（Bengt Akerblom）在《站與坐》（*Standing and Sitting*）一書中已充分證明，這種坐姿並沒有用到肌肉的力量，身體的重量都是脊椎的韌帶在支持。如果考慮小孩入學後所面對的需求——安靜坐著一段較長的時間，卻沒有為這種困難的任務預先做好準備——身體的任何體態，只要有可能讓他們達到要求，就應該被視為（其實也就是）正確的行動。

　　另一方面，如果我們把注意力集中在姿勢或動姿（完成一個動作的方式，且是最容易被人完成的方式），大部分人會以極度不良的方式使用自己。

　　許多老師與熱衷鍛鍊身體的人宣稱不良的姿勢是有害的。我要冒昧指出，這種意見是錯誤的。不論是再怎麼笨拙或難看的身體形態，本身都不會造成整體性的傷害，至多只有一些輕微的局部作用。協調性良好的人可以在任何一段時間採取任何體態，而不會有

（他們所謂的）自然做出這種形態的人所伴隨的不良作用。我們發現的不良作用並不是出於解剖結構的形態本身有什麼害處，而在於它是出於強迫性，是協調性不良的人唯一能用來表現動作的方式。因此，氣喘患者會以特殊的形態繃緊胸腔、喉嚨與頭部，不斷回到這個形態。身體這些部位的對應關係有許多可能性，但她局限於只使用一種方式，協調良好的人也能根據自己的意思自由採用這種方式，而且只有輕微的不舒適，不會因此成為氣喘患者。這種排除其他可能性的方式顯然是強迫性的。造成傷害的原因是將人帶入這種狀態的做事模式，不是解剖結構的形態。而且，事實上，只要強迫性一消除，就不再有氣喘。

氣喘患者的不良姿勢是在持續害怕被遺棄的生活中，所能做出的最佳選擇，除非她能學會在情緒上自立自足。她長久以來已經持續同時承受大量而強烈的情感與疏離，當她面對遺棄時，無法不產生難以承受的焦慮感，而反映在身體的緊縮。身體需要安全感時，屈肌會緊繃，且伸肌會被抑制。這是所有恐懼發生時都會出現的墜落反應。預期有來自上方的攻擊時，如果無法逃走，也不能反擊時（比如小孩面對父母），保護身體避免受傷的最佳動作就是頭部放低、胸腔下沉。只要這種害怕遺棄的姿態因個人經驗而維持下去，這個姿勢就是最佳的選擇。每當遇到任何突然攻擊她的環境，需要與強大的敵人對抗時，也就是在所有她覺得被遺棄且孤單奮戰的環境中，她就會立刻回復這種姿勢。

因此，造成傷害的來源是情緒的不成熟，不是特殊的姿勢，因為這種情緒姿態會以強迫性的方式，重現必然出現氣喘反應與氣喘

姿勢的情境。這是依賴期牽涉到的強烈情緒力量，會妨礙人得到多樣化、自發的自我運用，無法探索自己的種種能力。這些力量會延續那個階段被證明有效的姿態與形態，並排除任何其他可能性。

如果不考慮成熟的狀態、情境、情緒狀況與身體狀態，正確的姿勢並不具有什麼有用的意義。如果強迫性真的被消除，所謂正確的姿勢其實還遠遠不如人能達到的理想狀態。請記住，本書所談的強迫性是指在情感、安全感與相關情緒來源受到威脅之下（這些對小孩而言是活下去的方法），形成行為習慣的方式。這種威脅不必然表示有強烈的懲罰與嚴厲的對待（然而也不表示一定沒有）。

適度成熟的個體在所有熟悉環境中的活動都是自發的，當需要更精細的控制時，也是有能的。自發性與能力都是可能的，因為成熟的人已學會把情緒與身體模式區分開來，並已消除行為的強迫性，且根據她認為必要或想要的事來形成習慣。當行為去除了強迫性，就會產生更大的自由與獨立，類似體認到需要消除社會行為中的強迫性。

正確的姿勢關係到情緒的成長與學習，並不是藉由單純的練習或重複想要的行為或姿態，就可得到。學習並不是一種純屬心智的活動，這是許多人所以為的，就好像技能的獲得並不是純屬身體的歷程一樣。基本上，正確的姿勢是在環境、心與身形成的整體狀況中，以身體感覺的形式體認到的一種關係，從長遠來看，這種身體感覺會變得非常清晰，而讓我們幾乎可以用清楚的語言來描述它。最早期的學習就是探索身體移動與行動的可能性。我們在許多未分化的肌肉收縮中，很快學會去認識各種與外在世界有關聯、意義或

相關的形態，我們的身體就是外在世界的一部分。這些認識逐漸成為明確的行動，我們以此方式學習走路、說話、使用湯匙。若要得到更好的姿勢，就必須重新啟動並進一步推動這種學習的歷程，將之帶入更高、更優秀的層次。

　　對於任何運作協調、學習良好的行動，比如思考、說話、飲食、呼吸、解決問題、繪畫或打架，我們都能從中找到某些特質，或辨識出下述幾種身體感覺：

　　1. 沒有費力的感覺：良好的行動中，不論實際消耗多少能量，都不會有費力的感覺。我們的行動大多如此不良，以至於這項主張聽起來非常荒謬。然而，如果觀察優秀的柔道家、專業舉重者、花式溜冰冠軍、第一流的雜耍家、偉大的歌唱家、阿拉伯騎士、嫻熟的行李員，事實上，任何學會正確展現心智或身體行動的人，都足以讓我們相信，費力的感覺就是對多餘不必要動作的主觀感受。所有效率不佳的行動都會伴隨這種感覺；這是能力不足的跡象。如果經過仔細的分析，總是可以很有說服力地顯示，費力的感覺就是出於一個人在想進行的動作之外產生的其他動作。

　　從外在來看，可以從下述情形辨認費力的感覺，比如呼吸節奏中不易覺察到的中斷、不良的表現、屏住呼吸、不順暢的脊柱弧度（來自脊椎不均勻的彎曲或扭轉，有些椎骨整組都很僵硬，其中一、兩節彎曲或扭轉的程度達到韌帶伸展的極限），以及關節呈現不必要的僵固（從一個關節轉移到另一個關節的移動過於生硬）。我們稍後會介紹一些方法，可以把這些情形與其他無數的狀況，化簡為

單一的姿態。

2. 沒有抗拒的感覺：當有外在客觀的抗拒力時（比如先前提到推動教堂的例子），不會有任何物體移動，也沒有任何功效。這時會有最大的費力感覺，效率是零。抗拒的感覺來自互相衝突的神經衝動一起抵達自主隨意的骨骼肌。為了進行想要的動作，自主控制會指揮肌肉收縮的狀態與形態，而身體的平衡卻被維持在一種並不符合目標動作的形態。所有這些情形中，身體都受到強烈妨礙，由於非常慣性的站立或坐下的自主動作，而無法調整成較佳的排列，因為慣性非常強大，所以會一再回復這種動作，行動者毫不懷疑其適當性。

抗拒的感覺會伴隨肌肉的緊張，即使動作單純到只牽涉身體空間一點點的變化，好像只是在想這個動作。我們通常會用更多「意志」的努力試圖糾正這種狀況。每當需要意志的努力，就表示有未被辨識的交錯動機，這是一種為了得到結果而極度消耗的方法。只有不成熟的人才需要用意志的努力來行動。成熟的人會清除所有不相關的動機，運用興趣、需求與技術，不因未被辨識的情緒衝動而妨礙自己。注意力總是會轉移，而抑制這種傾向的能力，是成熟的人經過仔細而艱難的學習，懂得運用自己才得到的。（舉例來說，緊繃的下巴表示對做事的能力有所懷疑，這不會發明、創造或做出任何事，只會造成動機與肌肉的不良協調，以及為了達到目的而消耗大量的能量。）

抗拒的感覺是因為在執行之前，沒有適當地抑制與整合行動的

各種推動力，這基本上是一種以嬰兒方式操作動機的跡象。如果對抗拒有更敏銳的觀察，技巧與能力就會更精細。一般說來，這個法則對思考、性、感受與行動，都可以適用。不用說，這種觀察只有在學習階段才是必要的。日後的自我意象在運作時已包含了適當姿態與姿勢的所有細節，成為不可分割的整體中的一部分。只有在全新的情境中，才需要重新審視與有意識的介入。

抗拒的感覺會伴隨著肌肉組織收縮的分布出現特殊的錯誤。製造力量的肌肉位於骨盆周圍，四肢的肌肉只是把骨骼放入一種關係，用來傳遞力量以移動身體，它們大多數時間負責引導力量的傳遞，但不是力量的主要來源。正確的動姿中，不論是什麼動作——站立、坐下、推或拉——力量都是由骨盆的關節經由脊椎傳遞到頭部。延著脊椎的肌肉收縮只有協同作用（剛好維持脊椎在足以讓力量傳遞的位置），而頭頸關節的肌肉也沒有自主的收縮，除非此處的收縮是行動的目的。當四肢、胸腔、肩膀或身體的其他部位被迫去做骨盆與腹部肌肉的工作時，就會產生抗拒的感覺。

抗拒的問題非常重要：首先，由於我們忽略它，所以持續在行動中對抗自己，卻相信自己正在克服客觀存在的困難；其次，因為對抗拒缺少有意識的覺察，在發生重大的災難或危險而發現抗拒之前，根本就無法擺脫抗拒；第三，當我們看見別人能成功的事，自己即使盡了最大的努力卻仍失敗時，會為了自我保護而將之歸因於某些不幸的先天缺陷，於是避開此活動。一再面對這種情形，會消耗我們的生命力；這是讓人疲憊不堪又倍受折磨的想像產物，與客觀現實完全無關。

3. 具有反轉的能力：所有依據自主行動且存在於自主行動範圍之內的程序中，正確動姿或姿勢的主要特徵就是反轉的能力。所謂正確的動作，就是在動作的每一瞬間或階段，都可以不預先改變姿態，也不用費力，就隨時停止，不再繼續下去，或是反轉動作。這個法則的前提已考慮到反射動作與惰性，比如吞嚥或跳躍時發生的情形。當吞嚥反射啟動時，食物的推進已不再屬於自主控制的範圍。當我們的雙腳離開地面時，就已相當大程度的失去控制。有趣的是，吞嚥與反胃吐出食物的控制是有可能的，專業瑜伽士可以憑意志這麼做。跳躍專家透過身體形態相對較小的變化，在處於惰性的時刻讓身體產生快速變化，也可以對自己在空中的行動做出相當大程度的控制。

生氣、焦慮、開心、羞愧或內疚的時候——簡單說就是情緒高度緊張的所有情形，行動會變得有強迫性——反轉的能力會受到非常徹底的破壞，以至於正確與否的問題已不再有任何意義。

反轉的能力是所有正確行動的特徵，連睡眠也包括在內。因此，協調性良好而成熟的人，比如那些成功讓自己的職業成為樂趣的人，可以在想睡時就入睡，需要時就醒來。此外，所有健康的動物與人都不怕被吵醒，因為他們可以毫無困難就停止睡眠與恢復睡眠。停止一項行動、一個歷程，重新啟動、反轉或完全放下它的能力，是良好動姿較精細的標準之一。只有真正成熟與協調能力良好的人才能中斷性交，放棄或毫無困難地恢復性交。反轉能力的重要性在於，只有當神經的興奮與抑制具有精細的控制，以及副交感神經與交感神經之間有正常的波動起伏時，才可能有反轉的能力。不

論從身體或情緒的角度來看，反轉能力的測試都適用於人類的所有活動。

4. 呼吸與不正確的姿勢：屏住呼吸是不正確的姿勢或動姿中最容易被觀察到的跡象。許多人都會用某種方式屏住呼吸，他們形成的身體意象是在說話或啟動任何動作之前，喉嚨、胸腔與腹部必須預做準備，有些人的干擾非常明顯，以至於胸腔會一直固定在吸氣或吐氣的位置。正常的換氣受到干擾，對血液的酸鹼平衡也有明顯的影響。

血液過度偏鹼性時，肌肉會因為來自外界最微小的刺激，或是在啟動任何動作時，盲目收縮而產生痙攣。過度偏酸性時，比如糖尿病患者，會無法引發任何肌肉的反應，而造成昏迷狀態。血液過度失去二氧化碳時，會明顯偏向鹼性；強力吸氣吐氣兩分鐘就會讓神經肌肉的可激發性增加，一開始會表現在嘴巴與手指。

這個現象很複雜。例如，如果吐氣時不是用嘴巴吹氣，而是突然把下腹肌肉向前推出（像狗吠叫時一樣），即使長時間重複這樣做，也不會觀察到任何不適。慣性而錯誤的屏住呼吸通常會伴隨肌肉較容易被激發的現象，反之亦然。任何功能，如果是持續的歷程，相互性似乎都是必要的。

乍看之下，正確姿勢的四個特徵似乎違反一般經驗，只能偶爾得到確認。有些簡單、平常、一再出現的動作其實幾乎是在我們完全不注意時進行的。另一方面，大部分需要意識決定才能進行的行動，通常都會產生剛才列舉的種種錯誤身體感覺與狀態。有時我們

發現自己在一種特殊的狀態，通常伴隨著輕鬆的心情與快樂的感覺；這種稍縱即逝的片刻中，姿勢與我們的需要非常一致。若要了解這一點，並為人體的運作提出更清楚的圖像，就必須對人類骨骼的特殊性質與肌肉組織的運作有一些認識。

如果仔細觀察人類的骨骼，就會發現軀幹與頭是經由較細長的脊柱連結到骨盆的。我們在骨盆的交接處會看到體積最大的脊椎（腰椎），往上堆疊的脊椎會逐漸減少體積，直到頸椎最高的兩節脊椎——寰椎與樞椎——在此處與頭會合。肌肉只能製造收縮，因此主要是產生拉的動作，而脊柱就像一根支柱，底部被肌肉固定在骨盆。任何時刻產生的拉力都必然通過脊柱的底部，其方向必然會持續沿著脊柱的主要方向。如果能避免造成脊椎之間滑動的肌肉緊繃，也避免韌帶被拉扯到受損的程度，所產生的拉力至多只會稍微偏離脊柱的方向。

胸腔、肩膀與手臂都懸吊在脊柱上。若要打開胸腔或抬高手臂，就必須動用到一端比另一端更高的肌肉。我們需要了解這一點，也要了解所有其他附著在肋骨且一端較高、另一端較低的肌肉，對胸腔都必然具有固定的作用，通常會把胸腔往下拉，減少胸腔的容積。

頭位於脊柱頂端，其重心在支撐點的前方，會往前、往下掉，如果頸部的肌肉被切斷，下巴就會垂落到胸骨上。我們完全不需要了解肌肉與骨骼，就能適切運用它們，但如果對身體的運作能有所了解，以改善其運用，不但能節省時間，也非常有益。

四足動物中，比如馬、牛或鹿，頭部都非常沉重，且懸掛在與

地面平行延伸的頸部末端，支撐這個笨重結構的肌肉所運作的方式，非常不同於我們的肌肉運作經驗。這些動物需要長時間維持頭部的位置與地面平行（或說是休息位置）而沒有絲毫疲累的跡象。我們可以看見，動物的頭是從這種休息的位置，在有可疑聲音接近時抬頭，或在飲食時低頭。頭部在較低的位置時，需要讓頸部肌肉有較少的收縮，然而這對動物而言是比較疲累的動作，所以需要不時把頭抬到正常的休息位置。這件事乍聽之下有點奇怪，但想一想就會發現很合理，因為我們也會做非常類似的事。我們頭部的重心在支撐點的前方，然而頸部不曾覺得疲倦，所以不會因為肌肉疲勞而讓頭往前下垂。整個身體的重心也是如此，如果把身體重心投射到地面，會落在腳踝前方至少半英吋，甚至多達兩英吋，然而小腿的肌肉不但支撐脛骨，也防止身體往下或往前傾倒，卻完全不覺得費力。我們在小腿肌肉疲勞之前，其他部位早就疲倦了。然而，如果讓小腿肌肉負責站姿中支撐身體之外的其他工作，很快就容易覺得疲勞了。頸部肌肉也是如此。

　　因此，我們看見有兩種不同的肌肉收縮。一種具有強烈、緩慢而持續的力量；另一種具有層次逐級變化的強度，速度較快，但收縮期間很短。我們對第一種肌肉的收縮完全沒有覺察力。第二種則完全服從我們的意願，並會產生內在的覺察。第一種是張力收縮，第二種是相位收縮，我們在所有動作中透過直接自主的控制運用相位收縮。

　　張力收縮的肌肉張力基本上來自拉動肌肉的身體部位的重量，避免這些部位被地心引力拉走。地心引力的拉力會造成肌肉中的神

經纖維送出神經衝動，傳遞到某些低等神經中樞，然後導致目標肌肉的收縮。神經衝動的所有這種往來都集中在神經系統的低等部位，不會影響高等的大腦皮質中樞，最多只有非常間接的影響。骨骼肌收縮時的張力分布是人類有機體對地心引力的演化性適應，個體的個人經驗對它只有間接的影響。

　　啟動骨骼肌自主收縮的神經衝動來自大腦皮質，經由錐體徑達到脊髓，錐體徑是負責連結的神經纖維束。然後脊髓再送出實際讓肌肉收縮的神經衝動。錐體徑往下生長入脊柱之前，其下的身體部位不可能有自主的動作。

　　每一條骨骼肌都有兩種纖維，分別是紅纖維與白纖維。紅纖維的收縮緩慢，且很慢才會疲勞；白纖維的收縮快速，且很快疲勞。因此，相應於白纖維收縮的是自主動作，相應於紅纖維收縮的是張力動作。持續張力收縮的的肌肉負責維持身體對抗地心引力的主要工作，也就是所有伸展關節的肌肉，稱為伸肌，也被稱為「對抗地心引力的肌肉」。相較於收縮快速許多的屈肌，伸肌具有較多紅纖維。（譯註：肌纖維的分類相當複雜，摩謝在此只舉出最基本的兩種型態為例。）

　　產生自主動作的神經衝動來自最高等的神經中樞，高等中樞對低等中樞具有優先的控制力。因此馬可以抑制頸部伸肌的張力收縮而自主低頭，或是強化伸肌而抬頭。當自主的神經衝動停止時，隨著消除對張力收縮的抑制作用，頭就會回到平常的位置。也就是說，當馬什麼也不做的時候，頭部會抬高，是因為物種在演化中適應物理環境而有的張力收縮。

　　人類的自主動作基本上是個人經驗的結果，比如說話，這時不同皮質細胞間的連結模式或路徑顯然是直接因應環境影響而形成的，不像張力收縮的器官是物種適應的結果。屈肌的活動只能彎曲關節，通常會讓身形縮短，因此屈肌活動的增加與個體的個人經驗有關。請牢記這一點：屈肌與伸肌是生理學家口中的主動肌與拮抗肌。意思就是它們會以拉鋸的方式合作：當屈肌縮短肢體時，伸肌就會放鬆而延長，讓自主動作可以發生，同時製造肢體所需的堅硬度。還有一點也很重要，自律（或稱為內臟，或交感與副交感）神經系統的纖維會分布到大部分肌肉，所以內臟會影響整體的身體形態，身體形態也會影響內臟。

　　我們現在來到認識動姿或姿勢的關鍵點。也就是說，如果在站立的動作中，消除所有大腦皮質區域的神經衝動造成的肌肉收縮（這個部分在生理上是由意志控制的——也就是不去管我們是否覺察到送出製造肌肉收縮的命令，也不管我們是否完全不知道其來源），身體就會維持在張力收縮的直立姿勢，這是骨骼、肌肉與神經系統的張力收縮器官經過演化適應而產生的姿勢。

　　如果能讓一個人覺察自己在空間中的身體，覺察已成為第二天性的慣性收縮，也覺察骨骼的形態，並廣泛地重新教育動覺，就能證實上述這個出人意表的結論。藉由每一次對自主而可控制的肌肉與關節的理解與矯正，以及隨之而來的能力，可以不去做我們過去不自覺會去做的特定動作，身體的長度會增加，體形會更為直立，關節、脊椎與頭部都會趨向理想的形態。身體感覺越來越輕，以至於覺得好像在空中漫步一樣。

　　理想的站姿不是透過對自己做了什麼而得到的，而是真的什麼也不做，也就是去除站立以外的動機所產生的一切自主來源的動作，其他動機產生的動作已自動化，而成為站立情境中個人動姿的重要部分。

　　理想的形態無法立刻達到。自主動姿的管理可以比較快得到改善，比關節與脊椎、髖關節、腳趾以及其他很長一段時間都不動的關節的動姿，更快得到改善。這種關節已形成海綿狀纖維的質地，是協助維持慣性形態而不讓自主肌肉機制負擔過重所必須的，因為自主的肌肉機制不適合這種單調不變的緊繃位置。當變形的部位不再持續得到支持時，就會較快消失。

　　骨盆與軀幹之間唯一的堅硬骨質連結就是腰椎，當沒有張力收縮之外的其他肌肉活動時，透過脊椎傳遞的縱向壓力可以有最佳的傳導。於是脊柱呈現出順暢的動線，每一塊脊椎都與其上和其下的脊椎有完整的接觸。脊柱彎曲與扭轉的動作中，重要的是在彎曲與扭轉時能儘量讓更多脊椎參與，才不會有任何脊椎承受過大的壓力而逼近韌帶保護之下的動作極限。如果有些脊椎總是不動，會把壓力轉移到其他脊椎，以至於更逼近它們安全運作的極限（這會伴隨許多不良的作用，包括機械性作用，以及對整體健康不良的作用）。

　　所有自主導向的自我運用都會收縮肌肉，造成以下兩種可能性之一。第一種可能性是每一瞬間收縮的最終結果，會讓穿越脊柱的主要力量（這是在軀幹與骨盆之間傳遞穩固連結的唯一力量），基本上保持縱向，持續沿著脊柱的方向傳遞。如果脊柱的每一點在每一刻都是如此，從任何觀點來看，都會得到最佳的動姿：有效、優

雅、輕鬆且協調。這種動姿會讓技巧的學習成為輕鬆且自行維持下去的歷程。

第二種可能性是肌肉收縮在瞬間產生的整個結果並未有效的沿著脊柱傳遞，而是形成剪切或彎折脊柱的力量。這種力量只有一部分會沿著堅實的腰椎往上傳遞，要靠韌帶來防止真的發生剪切或彎折的動作。為了讓身體能配合自主的導向，我們會緊縮自己，不只是為了自主動作的目的，也是為了在表現動作時，維持脊柱慣性而特殊的彎曲與扭轉。這種動姿的效率不彰，因為當有些脊椎形成無法傳導力量的缺口或脊柱的弧度過於顯著時，不同的關節會有動作不連貫的情形。這種形態很不流暢，動作笨重而不協調，軀幹不是以整體的方式朝向意圖的方向移動——只有某些部分朝這個方向移動，而其他部分卻朝相反的方向移動。

繼續說明上述的特殊動作之前，我要先強調一個已經談過的重點：不適當的動姿是如此普遍，比適當的動姿更常發生，如此頻繁，因此我們不可能去同意一般觀念所認為的這種人有某種先天的缺陷、粗心或退化。我有長達二十五年柔道老師的經驗，接觸了將近五千位不同種族與國籍的人，大部分是年輕且強壯的男男女女，每一個人都被我觀察了好幾年。這個經驗讓我相信，除了極少數明顯有病理問題的個案，上述的一般觀念是毫無根據的。所有其他沒有病理問題的人，是因為把大量精力與適應力都用來應付社會的要求，而造成不良的身體應用。社會出於無知，把這些要求加諸於成長中的成員，卻不關注個體有什麼方法可用，當然也沒有想到要提供適當的方法。

　　所有不正確的動姿都可以追溯到過早或過於強烈地加在一個人身上的要求。所有行動都會保留的肌肉收縮，會形成一個人做事時的樣貌，不論是什麼動作，都會表現出一種情緒姿態。最常見的姿態就是不安全感，或是為了忽視不安全感而有的偽裝。生理上會表現出身體僵硬、頭部下垂、胸腔內縮、腹部緊縮而扁平——如果不是有意做出的動作過程，而是自然出現的動作——就是保護性的動作。墜落時的各種反應（保護頭部避免來自頭頂上方的威脅；保護喉嚨、胃部、柔軟的「下腹部」與外生殖器）都是由屈肌的收縮產生的，且都是有效的方法，可以在面對突然或重大的危險時產生相對的安全感。它們或是提供堅硬、骨性的屏障來面對威脅，或是盡可能把柔軟脆弱的器官內縮。屈肌的收縮會抑制伸肌，而對抗地心引力的伸肌張力不足的情形則是造成不良姿勢的常見原因。

　　不良的動姿有可能是出於懷疑、恐懼、猶豫、內疚、羞愧或無能，或是個人生活經驗形成的其他情緒姿態，這都取決於環境曾為個體帶來什麼形式的安全感，會讓她認為是自身安全所必須的。對有些人而言，關鍵因素是情感的欠缺，有些人是缺乏稱讚、不夠美麗、沒有進取心、體力不足——缺乏某種被認為是做為一個人所必要的東西。

　　大多數人會發現自己的動姿與早年或青春期偶像的動姿不同，而讓實際的動姿更形複雜，接下來通常會發生代償或偽裝。青少年會注意明顯的差異，並嘗試以適當的自我導向來改善。如前所述，不良的姿勢無法用自主的導向來矯正，然而確實會改變身體的外觀——不是消除需要消除的肌肉收縮，而是做出代償的肌肉收縮，

身體有一部分改變了外觀，看起來大致就像它應該有的樣子，卻帶著自主行動的緊繃。他會透過持續的警覺與自我提醒，學習去維持兩種互相衝突的肌肉收縮。結果把意識聚焦部位的動作排除在外，並產生身體僵硬、肌肉緊繃、屏住呼吸以及各種其他的反應。長期下來，這種模式會變成半自動的慣性，且熟悉到被認為是自己的本性，代價卻是緊繃與神經的耗竭。情緒壓力之下形成的身體模式持續維持下去，卻沒有進一步探究其有效性，而情緒姿態也會因為身體模式而重現，並維持下去，成為整體狀況的一部分，於是這個層面的情緒成熟度受到阻礙。這個人會覺得困惑，因為她往往會做出狂亂的努力，想擺脫倦怠無力的停滯，這是情緒發展停滯之處，卻發現只是回到原點，這是一種惡性循環，整個情境是在身體模式與高等中樞裡的情緒之間製造出來的。

當有人告訴年輕女孩要為自己的乳房發育變明顯而感到羞愧，特別是由母親告訴她時，她真的會感到羞愧，並盡可能讓乳房不會引人注意，她會把胸腔緊繃在極度吐氣的狀態，並保持不動，排除鎖骨與胸骨的所有動作。她的頸部會越來越長，聲音變尖銳，乳房鬆弛下垂，手臂軟弱無力，呼吸短淺，代謝變慢，脂肪堆積在身體不活動的部位，諸如此類。簡言之，她的動姿是強迫性的，因為她失去對自己身體某些部位的自主控制能力，把許多關節活動的範圍局限在強迫性的獨一模式。她沒有做錯什麼，卻自認犯錯而覺得內疚；世界似乎充滿敵意，殘酷地懲罰她。只有在更早之前被仔細培養出過度需要情感與稱讚的女孩，才會讓母親的那種觀察產生這些效果。這種人已壓抑了自發性，具有強迫性成為好人的需要。她知

道沒有人能了解其中的痛苦。這種情形下，光靠身體的訓練顯然是不夠的，她也必須了解，顯眼的乳房並不需要被移除，也無法被移除，而她為了隱藏乳房所做的每一件事，都只會讓別人覺得乳房變得更顯眼。

擁有小乳房的人也有類似的姿勢困擾，身體任何其他部位也是如此，因為沒有可以規範完美的標準。深入分析之後，我們發現姿勢上的調適不良其實是對社會調適的結果，而社會的調適是由過度發展的情緒驅動力所支配的，這種情緒驅動力扭曲了對真實價值的客觀評估。調適不良的底層基本上是無知。而我可以清楚看見明確無誤的跡象，顯示出整體的進步。新世代已有無與倫比的好轉，不論有沒有原子彈，未來都會更光明。當強迫性行為被消除，男男女女會具有更大的能力，這樣的能力就會像以往一樣，被用來增進人的安全感，而不是破壞安全感。

為了讓行為的任何修正，成為進一步發展的起點，我們必須先消除所有導致情緒張力升高的刺激來源，因為高漲的情緒張力會大大妨礙自我導向，讓人只走上最熟悉的道路。如果在疼痛或不舒服的情形下嘗試新的行動方式，就沒有什麼機會產生探索的熱情。疼痛或不舒服會喚回舊有的習慣，讓所有學習都回到原點。在開始之前，必須先清除雞眼、長到肉裡的趾甲，以及其他不舒服的來源。一般的方法只是暫時的，無法消除問題，因為腳部誇大的敏感度、腳掌的扁平程度，以及其他問題，與行為都不是沒有關聯的，它們會被一個人的姿態與做事方式維持下去。有人穿上很緊的鞋子，壓縮腳掌的寬度，想要看起來時尚、高貴或優雅；有人以特別不恰當

的方式走路，是源自與別人之間扭曲的依賴關係。每一個問題除了機械性的困難來源之外，都還有某個不必要的動機，所有問題一起形成相關的情結，它們是病狀的核心，會在適當的時候一起消失，但就目前而言，必須用一般的方式處理，以得到暫時的抒解。

　　同樣的，便祕也必須從一開始就加以處理。顯然沒有萬靈丹的治療，但下述建議可能對整體的改善會有很大的助益。身體相對於雙腿較長的人，可能會發現蔬食比較適宜；相反的，身體相對於雙腿較短的人，可能會發現在食物中減少甚至排除粗糙纖維，會帶來較好的結果。再者，排便時採取蹲姿（比如用蹲式馬桶）而不是坐姿，會比較順暢，且往往會有意外的好結果，特別是大腿的皮膚能碰觸到胸部與腹部的皮膚時。餐後喝一些湯，但在兩餐之間盡可能不喝湯，也很有幫助。另一項策略是在飲食中盡可能把蛋白質與澱粉分開。

　　另一個會帶著扭曲依賴關係的標記，且會讓當前症狀持續下去的重要面向，就是飲食。飲食習慣必須合乎理性，大多數人的情形顯然不是這樣。我們都知道個別孩童對待食物與腸胃道個人衛生的情緒姿態。她的飲食習慣是在早年的依賴階段形成的，除了進食，總是帶有其他目的。舉例來說，她會覺得某人必須知道她沒有吃東西，或她有消化不良，並覺得某人不應該知道這些事。當我們注意小孩消化不良的頻率，且小孩知道是因為吃了什麼或吃太多什麼而產生消化不良時，就可以找到內疚的慣性模式。她知道自己不舒服的原因，這個事實顯示她無法停止去做她知道不對的事；她的行為是強迫性的。她的努力會失敗，是因為沒有意識到強迫性，所以無

法做什麼來影響強迫性。於是她所做的就是懲罰自己，因為她覺得內疚、理應受苦。我們稍後談到一般交錯動機的處理時，會討論如何解決這個問題。

另一個需要立刻注意的重點是身體有黏膜的開口處的異味——嘴巴、鼻子、喉嚨、耳朵、肛門，以及女性的陰道。這些氣味往往是寂寞生活或冷漠婚姻的罪魁禍首，原因很簡單，沒人有勇氣向當事人指出這件事。必須透過客觀的測試來確定一個人是否有異味，最佳方式是直接詢問對方是否身懷異味。月經來時，以及憂鬱期，所有人的排泄物都會比平時有更重的氣味。我們要注意糞便與尿液的氣味是否變重，並與其他人核對。在上述時期，需要比平時更注意個人衛生，當然了，也要毫不遲疑地尋求醫療專業的意見。

所有扭曲的依賴關係中，姿勢也許是需要改變的最重要領域。骨盆肌肉與頸部一定會有不必要的緊張，緊縮肌肉的拮抗肌也會軟弱無力。我認為姿勢非常重要，所以本書大部分在探討姿勢。

這些變化雖然可能很大，但也必須學習更好的控制與協調，來支持這些變化，好讓學習者不會因為缺乏其他選擇而一再回到慣性的不良控制。所有這些方法都是為了有助於在開始時減少焦慮，以及到最後能完全沒有焦慮。若要促進正確姿態的形成，最重要的莫過於讓焦慮消散。不良的調適並不是疾病，而是錯誤的學習或學到錯誤方法的結果。光是了解這個事實，就會大量減輕肩膀承受的重擔。

此處也許值得清楚說明我為什麼輪流談不同的東西——便祕與強迫性——一個是身體的不適，另一個是情緒的困擾。大部分人都

同意慢性便祕會伴隨煩躁與心情不好，但通常會決定去找醫生，或
是自然療法工作者，或整骨專家，或任何能好好減輕困擾的人。困
擾消除時，他們立刻覺得讓人煩惱的症狀就消失了。每一個人都知
道胃潰瘍與憂慮有關，但即使包含了身心的成分，治療通常仍是由
飲食與手術治療著手，或是心理治療。治療通常不是此，就是彼，
原因很簡單，因為現在其實還沒有真正的身心治療方法。

第十三章

我們的方法

俗話說「旁觀者清，當局者迷」，這句話很有道理。不論自己是否知道，我們越是多觀看一件事，它對我們而言就會越來越明顯。我們面對重新調整自己的問題時，在起點就會立刻感到困惑，每當選定一件事，就又看見另一件更重要的事，很難確切知道哪裡才是需要釐清的重點。

首先，我們必須非常清楚了解情緒、心智思考與身體行動之間的關係。情緒不只是指被我們辨識為憤怒、溫柔、愛與恨的強烈內臟狀態，也包括一般讓我們移動、說話與行事的驅力，這些驅力相當不容易覺察。心智歷程會透過實際經驗連結到身體意象與外在世界。大腦有能力運用非常多樣化的情境模式，比我們主動使用的模式多出許多；但只有自己的個人經驗與外界曾促進的模式，以及重複發生或有潛力被運用的模式，才會持續運作。因此，沒有任何行動是純屬心智的，沒有任何想法是不連結到現實的。我們只能在心智中重組身體內在的過去經驗，雖然這些素材總是來自現實，但我們的重組完全不需要符合現實，它們大多也確實不符合現實。

以右與左為例，兩者都是抽象的概念，如果沒有身體，就無法感知右或左，所以關於右或左的想法都是身體的一部分，是透過身體、從身體的個人經驗形成的。我們藉由激發過去由右與左的經驗形成的大腦皮質模式，而去想右與左。這個想法是出於大腦皮質裡的某些模式受到激發，而其餘部分則被抑制；意識的控制具有最優先的功能，讓我們能從整體中分離過去經驗模式的某些部分。我們可以用古老而著名的鐘擺實驗證明這種分離確實會發生，過去經驗模式剩餘的部分確實以整體經驗的一部分受到激發。如果你拿一根

線，末端吊著任何物體，當做鐘擺，先保持完全靜止，讓鐘擺不會搖晃，然後在心中想著右與左，幾秒鐘後，鐘擺會開始左右擺動。如果你改成去想前與後，由於鐘擺的慣性，一開始仍會保留原先的擺動軌跡，晃動會先成為橢圓形，但幾秒鐘後，前後的擺動就會變明顯。我們看見思想會激發身體的肌肉，讓鐘擺左右移動或前後移動。雖然只有部分的影響，但抑制仍是來自思想，來自我們把特定項目從整體情境分離開來的能力——上述例子中，是把神經的活動與肌肉的活動分離開來。我們對抑制作用的控制力越強大，分離作用就越徹底。如果我們引導自己，把抑制本身當成動機，就也能逐漸改善這方面的控制力。因此，如果我們想的是手的靜止，右與左則做為一個新的整體，鐘擺就會在我們這麼想的時候保持靜止。然而，事態可能因為下述三點而變複雜：（1）誘發現象，（2）過去培養的控制抑制的技巧程度，以及（3）投射某些想法，同時保持其他想法有如油畫布面的所有內容混合成一個平面狀態的能力。

出自現實但純屬心智的過程，之所以可能發生，只是因為它們存在於重組的模式之中，這些模式是由物質的自我與某種外界過去經驗形成的。舉例來說，看書的行為相當接近純粹的心智活動，僅次於思考。我們為什麼需要花這麼久的時間來看一頁文字呢？我們一眼就可看見整頁的篇幅，為什麼沒有同時看見內容呢？主要因為我們是透過讀出字句來看書，而這牽涉到肌肉的動作。我們一直在心裡逐字閱讀，無法以快於肌肉運作的方式來思考。一旦了解這一點，就可以立刻學會抑制無聲的閱讀，用眼睛的掃描，非常快速的看書。也就是說，當我們把神經的活動從過去經驗的整個情境分離

開來時，心智活動就變得更純屬心智了。有些人甚至把思考定義為無聲的說話，有可能如此，也可能不必如此；對我們而言，重點在於思考是透過個人的感覺活動與肌肉活動形成的功能。

再一次，以寫下想法為例。我們會發現肌肉的活動會減緩與妨礙思緒。現在容我們先丟掉實際的書寫，只在心裡去想、去觀看你的書寫，我們會再次發現，在心裡讓字詞適當成形，並以適當順序看見字詞的速度，不會比實際用手寫出來的速度快多少。甚至有一種教導彈鋼琴的方法是讓學員純粹在心裡練習，就是在心中看見自己碰觸琴鍵，而不用真正敲擊琴鍵，據說這個方法可以比平常的方法得到更快速的進步。讓我們感興趣的是，藉由加快肌肉活動的速度，我們可以加快思考的速度，反之亦然。這顯然只適用於與身體行動有關的思考。

從經驗就很容易知道，其實不可能用思考或觀想的方式，來做自知無法實際做的動作。任何用想像進行的步驟都會和實際進行時的困難度一樣高。舉例來說，不曾經驗過高潮的性冷感女性，或是早洩的男性，無法在心中想出一種不同於個人經驗的過程，也無法順著那個過程進行。當他們試圖在心中觀想的做法不同於實際會做出的慣性方式時，會感覺到同樣的抗拒，所以心中想像的行動不會比實際進行時更為成功。

上述的一切似乎有一項基本的矛盾之處；如果沒有先前的經驗，就無法去想，而那個經驗總是舊有的做事方式，那麼，怎麼可能把一個人的行為改變得更好呢？答案是「透過學習」；也就是透過形成身體形態的新模式，並改變與心智歷程相關的素材。這種學

習就相當於我們透過聽與說法語來學習用法語思考，需要長期且有
條理的個人經驗而變得越來越熟悉，直到我們能安心丟掉自己的語
言，最後完全不再用翻譯的方式，開始直接以法語來思考。當代治
療的最大缺點就是少了這種以全新的做事方式直接而主動的學習。
佛洛伊德相信精神分析是一種教學方法，當好好完成分析時，這一
點毫無疑問，即使如此，分析過程仍沒有充分運用直接而積極的教
學，因為它要依靠當事人體認自己原有方式的缺陷後，偶然找到較
好的方式。當事人會不斷拒絕放棄自己的立場──持續回到「抗拒」
的精巧花招，好像在打仗，用盡一切方法要擊敗敵人（精神分析
師），不願讓對方把他從自己為了安全感而陷入的地方拉出來──
這在相當大的程度上，就像我們對法語還不夠熟悉時，無法放棄英
語一樣。只有在我們對新語言具有足夠的知識時，才會願意放棄用
母語來翻譯。否則，當太倉促或不自覺的時候，或是在新情境中找
不到熟悉的事物時，就必然會運用舊有的語言。如果轉譯成情緒的
用語，我們可以把回復使用英語的情形類比為潛意識在自身戰場上
戰鬥的抗拒。

　　學習的早期階段中，我們所關切的完全在於把感官知覺連結到
肌肉活動，並透過情境從內在產生情緒作用來認識情境。藉由促進
某些肌肉模式，我們學習吸吮、飲食、轉頭、說話、坐、站，心智
歷程的所有跡象都是透過自主的肌肉活動而讓我們意識到。思考如
果牽涉到可理解的行動，其速度不會快於執行這些行動所需的肌肉
動作。每當我們以抽象的方式談論心智時，就忽略了它與身體和外
在世界是功能性的整體，這時得到的結論就與現實無關。我的看法

是，學習總是牽涉到整個架構，所有沒有直接涉及肌肉活動的學習，都是不良的學習。不然的話，我們得到的技巧就只能運用在事先得到警告，且有餘裕思考每一個行動細節的時候。這種情形只有在沒有出現任何意外的時候，才能成功。從實際的表現來看，儘管我們極力否認，但很快就會發現，我們所做的幾乎都是透過肌肉活動學習到的。

「所有學習的基礎就是身與心之間的相互關係」，這是以傳統的方式表達下述事實：神經系統與身體是一個整體的有機體，身體的經驗必須形成神經機制與現實的連結，此後，身體就不再是不可或缺的，因為神經系統的運作與神經系統裡進行的電化學變化，現在可以被轉譯成外在世界的語言，這是對我們所有人都具有客觀意義的語言。

接下來必須說明的重點就是，如果我們基本上承認身體有自主與非自主的功能，要如何期待去影響身體的內臟運作，產生必要的有機變化呢？答案在於這兩種功能的性質並沒有不同，只是有程度上的差異。自主肌肉直接回應我們的意圖，其他則是間接進行。所以如果沒有關於那些功能的知識與學習，就無法加以運用，於是身體運作看起來就像是完全自動的。容我們詳細檢視幾個實例。

延髓是讓支氣管收縮的中樞，這個中樞的先天遺傳與個人過去歷史決定了它現在的敏感度。氣喘的狀態下，這種敏感度會異常升高，支氣管會痙攣性收縮，我們這時無法用意識的抑制來直接調節支氣管的收縮中樞，但可以間接影響它；我們可以在身體裡加入一些壓制痙攣的藥物，或是練習對呼吸的意識控制，我們可以加快呼

吸、加深呼吸，或是停止呼吸。這樣做時，其實是在影響支氣管的收縮中樞，於是，藉由練習自主的肌肉控制，我們影響了低等的非自主神經中樞。藉由改變呼吸的模式，間接在延髓造成變化，或至少是某種類似的情形。目前已經有令人信服的科學證據指出，自主運動中樞對腦脊髓與內臟組織的影響，遠遠超過我們一般以為的程度。

　　巴夫洛夫一百週年的紀念會中，安格斯・馬克費森（Angus McPherson）回顧條件反射的技巧，引述了許多實驗，包括下述這個例子：杭京斯（J. Hundgins）成功讓許多人學會自主控制瞳孔反應，學習憑意志來收縮或放大瞳孔。他先用卡森式方法（Casson's method）以鈴聲制約瞳孔的收縮或放大；也就是在鈴聲響時用強光照射眼睛，他給病人一個測力計，在聽到「收縮」的指令時擠壓測力計，同時會聽到鈴聲，且眼睛會被強光照射。然後指導病人小聲說「收縮」或「放鬆」，其他部分仍如前述方式進行，接著只在有給他指示時，才讓他對自己說這些話。最後，「語音控制下的制約瞳孔反應就具有自發的性質，並由有機體來控制，正是所謂自主行為的特徵。」（原註：記載於《普通心理學期刊》1933 年 3 月 8 日）

　　馬克費森的文章有許多參考資料，提到以類似的思路進行的實驗，純粹透過制約方法組成想要的反應，包括代謝與內臟的變化，以及各式各樣的營養機能與反射作用的反應；也就是透過在大腦皮質的運動區域與神經系統的低等中樞之間形成暫時的連結，而形成制約作用。

　　我們常聽說病人服用某種不重要的藥物，甚至是蒸餾水，卻

好像服用強效藥物一樣有效，我們會把這種效果歸因於對處方效力的信心或是對醫生的信心。保羅‧喬查德（Paul Chauchard）談到幾個實驗（見《神經系統》〔 *Le Systeme Nerveux*, Presses Universitaires de France）一書）：注射胰島素（或某種別的活性藥劑）之後，過一陣子，再注射蒸餾水，血糖降低的量就像注射胰島素的結果一樣（或其他活性藥劑相應的效果）。這些實驗在哺乳動物與人類都得到相同的結果，所以與信心或自我暗示無關，就只是關係到，一旦受試者的個人經驗形成這種反應之後，大腦皮質的性質就啟動了低等中樞的連鎖反應。

柏林大學的舒茲（J. H. Schultz）教授是自體訓練法（autogen training method）的發明人，他證明在適當訓練下，我們可以擴張或收縮身體任何部位的血管。心中想著「我的手掌是溫暖的」就足以讓手掌溫度在幾秒鐘之內升高攝氏一度。在特殊的放鬆條件下訓練自己，每天三次，每次一分鐘，就能學會在想著溫暖或寒冷時，讓血管立刻配合。他也訓練病人（為了治療的目的）收縮與放鬆胃、子宮與其他括約肌。

因此，不只是隨意肌的機制受我們控制，即使平常是非自主的機制或身體的內臟功能，也會受到我們的控制，只是透過間接的方式。大家都知道有些人是自己的情緒控制大師。我們已經檢視過一些機制是可以達到那種控制程度的。引導行動的最重要機制之一就是抑制，以及相關的誘發現象。若要得到單一動機的行動，我們必須學習抑制周圍出於慣性而有的寄生活動，以及因為大腦皮質結構的局部形態而形成的寄生活動。如果我們能控制神經系統，重組神

經路徑，並直接影響神經衝動的不同來源，或許就能直接得到我們想要的變化。實際上，我們可以透過包覆神經系統的皮囊，學會影響神經系統。心智歷程與身體行動是一起運作的，藉由把注意力輪流在兩個層面間轉換，我們可以得到獨一無二的心智動機，並感覺到這種動作中的肌肉感覺。透過一系列這種逐漸趨近的方式，我們可以很有把握地對沒有直接感覺或直接知識的內在機制，做出正確的運用。

我們已明確談過這個事實：無能的人在社會、性、心智與身體的所有功能，都只知道不理想的調適方式。由於任何動作的表現都不能沒有一個由神經系統指揮的身體，所以在學習任何新的引導動機的方式時，也會用到慣性而錯誤的自我管理。因此，學習新的控制時，必須盡可能避免在任何慣性動作的情境中進行。透過製造完全陌生的身體模式，其中包含不熟悉的肌肉模式，以及盡可能不同於慣性方式的呼吸控制與感覺經驗，讓慣性心智狀態的發生機會非常微小。這種情境下，我們就能學習去控制抑制與誘發；簡言之，我們是在學習管理內在儲存的動機。

清醒的狀態中，所有活動的背景是由伸肌組成的（伸肌是伸展關節與延長身體的肌肉，因此也稱為「對抗地心引力的肌肉」），伸肌會受到反射性的神經衝動形成張力收縮。當坐下或站立或做任何事時，頸部與腰部的伸肌會採取慣性的形態，別人即使從遠處也能由這個形態認出我們。從一個人的姿態就可以明顯看見這個人特有的做事方式，即使只是單純保持我們在空間中的定向，沒有特殊的自主動作時，也是如此。其中涉及的身—心模式，是我們每一個人

多年學習、發展出來的；它裡面承載了我們個人經驗的記憶，包括有意識的記憶，以及不自知的記憶。

在空間定向的動作中，一旦完全去除伸肌的作用，其實就會與我們的慣性經驗完全相反，幾乎與平常的活動沒有關聯。此外，使用的力量要盡可能最小，好讓我們能區分肌肉出力時最細微的差異。由於所有身體感覺都與它的起因有非常密切的關連，所以起因越細微，就越能感知到更小的變化。舉例來說，如果我們提起很重的重量，就無法分辨它下面是否黏了一張紙，但如果是拿起一張紙，我們很快就會知道下面是否多黏了一張紙。同樣的，我們在日光下不會注意一顆燈泡的亮度，但在黑暗中，就連香菸的亮光也能看見。人靠近飛機時，由於引擎的噪音，我們聽不到其他聲音；但在全然安靜的環境中，可以聽到蒼蠅的飛舞或自己的呼吸。因此。如果想要覺察微小的變化，就必須降低刺激的強度。

平躺，臉朝上，彎曲雙膝讓腳掌站在地板上，抬頭離地。這個姿勢符合上述的所有先決條件。所有伸肌都沒有被地心引力透過慣性方式在神經系統上的作用所激發，只需要很少的肌肉力量就能維持這個姿態，呼吸局限在腹部的動作，這在這種姿勢是適當的。

但只在沒有慣性的錯誤控制時，上述情形才是真的。否則頸部伸肌與腰椎伸肌的慣性過度收縮會被感覺為零出力或沒有收縮，頭部也無法來到大致與地面垂直的位置，我們會感覺緊繃，而必須用力。費力的感覺是出於頸部背後肌肉（伸肌）進行拮抗性的收縮。正確的控制中，兩組肌肉是互相拮抗的，頸部前方肌肉的收縮會反射性地減少背部肌肉的收縮，背部肌肉的作用與前方肌肉想進行的

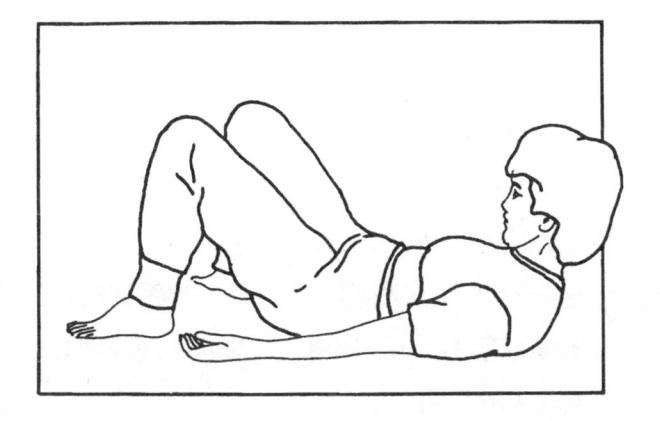

平躺，臉朝上，彎曲雙膝讓腳掌站在地板上，抬頭離地。

動作是相反的。錯誤的控制中，我們必須強迫前方的肌肉把頭帶到想要的位置，並伸展頸背持續收縮的肌肉。正確的控制中，把頭往前方帶動，會抑制相反動作的肌肉。因此，需要學習的是改善頸部伸肌的抑制。頸部的伸肌是可以自主控制的隨意肌，其收縮只是出於慣性而維持的收縮，長久下來被當成零收縮的程度，而無法加以抑制。保持頭部抬高一段長時間，可以解決這個問題。於是誘發現象會開始運作。

　　大腦皮質的任何一點受到強烈激發時，一旦時間夠久或強度很強，就會抑制周遭的區域，反之亦然，某一點的抑制也容易激發鄰近的區域。拮抗肌肉群之間相互交替起伏的關係，是一種特殊的誘發現象。誘發現象在物種演化的過程會成為永久的固定反應，不同肌肉之間被要求互相合作，反應所需的時間會逐漸趨近於零。（演化的過程是否真的遵循這個方式，仍有待討論，但它確實是一個方

便的架構，讓我們能更容易了解誘發現象的不同面向。）

　　保持頭部抬高二十到三十秒，會開始減少頭部背面肌肉的收縮；這些伸肌會變得更長，讓頭可以抬高到更接近正常的垂直位置。隨著頭部逐漸與地面垂直，由頸椎承擔的頭部重量的垂直分量會增加，於是由屈肌承擔的實際工作量會減少。於是地心引力與生理系統自行運作，如預期般調整行動，以符合透過演化而適應地心引力的人體架構；有缺陷的控制會自我矯正，而我們的行動就會像經過適當調整的人所做的一樣。

　　現在要回到最初的平躺姿勢，學習正確去做時是什麼感覺。你必須一次又一次維持這個姿勢，因為在開始時的姿勢很不正確。不過，重要的是，調整到正確反應的過程是出於內在機制，也就是一個人已失去信心的那些機制。他發現自己有相當大的錯誤，所以向外尋求協助，卻不知道他其實已經具有所需的一切，來矯正自己對外在世界的調適。

　　經過幾十次的嘗試後，你會開始覺察到，頭部的抬起是由兩種不同的動作組成的，一個是頭顱支撐者的動作；另一個是頭部本身環繞其支撐者的動作，這可以從下巴的抬高或放低看出來。逐漸的，你會在行動中透過感覺越來越細微的差異，學習去分辨，而有能力只去執行具有動機的那個行動。同時也覺察到未被辨識而由慣性執行的動機，也就是在那個情境下你並不想要的寄生動機。於是你會學習到，做出單一動機的動作是什麼感覺。

　　隨著動作只出於獨一的動機，費力的感覺也會消失，最終我們能透過自己身體的感覺而相信抗拒與費力都是出於未被覺察的動

機；它們是透過慣性被執行，當中呈現出混合或未分化的動機，甚至是互相矛盾的動機。動作很快就會變得可以全然有反轉的能力；也就是可以在任何時刻停下來，不需預先做好準備，就能暫停、繼續或反轉。

你必須慢慢進行，保持前述的姿勢，直到得到均勻而有規律的呼吸。我們可以看見，即使只是這個顯然很單純的平躺抬頭離開地面的動作就極為複雜，需要時間來釐清並了解自己到底在做什麼。這段時間中，身體內進行的生理過程會協助你做出正確的動作。因為人無法在任何一段時間中，維持一個生理上不正確的位置，卻沒有經驗到費力的感覺就像新的動機一樣；也就是在維持姿勢時，儘管出現違反這個姿勢的身體緊張，但仍會有一種覺察開始運作。

當呼吸逐漸變深而規律時，嘴巴周圍與手指內的肌肉緊縮會停止。我們已經知道，血液的鹼性程度與肌肉的收縮有某種關聯。於是額外且不需要的行動就會消散，這種行動是我們不自覺的，因為慣性的肌肉收縮太強而感覺不到微小的用力。許多人的肛門括約肌也是一直完全緊縮的，一旦整體的緊張降低，就能修正這個錯誤的行動。

這裡要提出一項警告，無能的人會因為依賴帶來強烈的情緒困擾，這種人的內心通常會有某種即將面臨劫數、需要補償罪過、遇到災難或活該受到懲罰的內心糾結感，這種傾向讓他容易把單純的事情歸因於神祕的力量，比如瑜伽修行者可能在某個姿勢中首度感覺到身心舒暢感，而認為這個姿勢具有某種特殊的力量，但這其實是沒有互相矛盾的動機在運作時，自然就會感覺到的。請注意，這

個姿勢沒有什麼特別，只是一種方便的學習方法，讓人體認並走向某種非常自然的歷程。

接下來要觀察的，就是為了抬頭，下腹部會產生一些情況。請把一手非常輕柔地放在下腹部，然後抬頭，你會發現就在頭要抬起來之前，腹部會變得「飽滿」。負責抬頭的肌肉會拉動肌肉附著的兩端——頭與胸腔。為了讓下端成為穩定的支柱，胸腔必須被固定，不會被抬高，這個固定的力量來自腹部肌肉的收縮，把骨盆和軀幹結合起來。如果下腹的狀態不會干擾呼吸，又覺得飽滿，就是正確的狀態，這是做出正確行動時常見的狀況。

我們從這個單純的動作不只會學到這一點。如果你把一隻手掌放在腰背，然後把頭抬到空間中的自然位置時，就會感覺到腰背伸直，並填滿腰背與地面之間的空間。這個空間是頭放在地上，且雙腳伸直時，因為腰椎的拱形而在腰部與地面之間形成的空間。

於是我們很清楚的看見，骨盆的骨頭是我們做每一件事時的主要推動者。頭安放在頸椎上，頸椎就像靈活的柱子，可以向各個方向彎曲，也可以旋轉或扭轉。整個身軀則安放在腰椎形成的類似柱子上，只有這兩個柱子能被充分運用時，身體才能平順、單純地旋轉與扭轉。腰椎的下端必須固定在某個新的位置，才能承受上端的重量。承載頭部的頸椎也是如此。

所有正確的行動都是從骨盆的動作開始的，骨盆移動到新的位置時，會帶著脊椎與頭部，同時頭部得以有全然自由的動作。因此，頭與骨盆的控制是所有正確的行動絕對不可或缺的，兩者同樣重要，沒有誰比誰更重要。兩者都必須受到正確的控制，才能得到

正確的行動。某些動作比較由頭的位置來引導，所以我們較容易把注意力放在頭部，但若沒有對骨盆的適當控制，頭也無法做到。就性行為而言，骨盆完整的移動能力是不可或缺的。我在《高等柔道》一書中談過身體有障礙的案例。大部分人似乎都有僵硬的頸部與僵硬的臀部，但他們顯然仍有辦法活出滿意的生活（詳見我的書《身體與成熟的行為》），答案就在於，這些人對特定的生活情境已有所調適，但遇到環境會突然變化的情境就會完全失調。他們只能處理在行動前可以先計畫好動作的情境，或是重複熟悉的行動。

　　讀者也可以在《身體與成熟的行為》一書中找到完整的解釋，說明焦慮在這種仰臥姿勢中會如何逐漸減輕。當然了，不需要解釋就能感覺到效果，因為效果不是透過暗示得到的，而是生理的現象，這個現象與副交感神經和交感神經之間的平衡有關。（稍後會討論）

　　學習正確行動的下一步就是最簡單的動作：從平躺的姿勢坐起來。這是小孩最早學習到的全身動作之一。小孩坐起來的第一個方式通常是頭的背部往地板或床下壓，抬高並扭轉臀部，讓雙膝轉向地板，於是一側的肩膀離開地板，讓前額碰觸地板，在這個姿勢下用四肢支撐身體，最後坐起來。大人學習這個動作時，如果沒有人指導或缺少足夠的說明，不太容易把這個動作做好。

　　但我們不需要很詳細地模仿自然的動作，就可以學會正確的控制。所以我們可以從起身動作的下一步開始，因為我們已具備任何動作所需的肌肉能力，而小孩則是不得不遵循確切的過程。

　　請像先前一樣平躺，臉朝上，彎曲雙膝讓腳掌站在地板上，抬頭到空間中正常的垂直位置。請確定頸部肌肉沒有僵硬，然後用眼睛掃描視平線，並感覺頭部可以跟隨眼睛而沒有緊繃，呼吸的韻律也沒有改變。然後抬起雙腳離地，彎曲大腿，讓雙膝在下腹部上方，保持這個姿勢，直到你感覺呼吸再次變得均勻。然後把雙腳放回地面，再次抬起雙膝，確定你沒有屏住呼吸，也沒有抗拒，沒有不必要的肌肉收縮，且動作是完全可以反轉的（可以在任何一刻停下來，平順地反向進行）。

　　來回重複幾次，然後把一隻手掌放在下腹，再試一次，在動作符合正確行動的所有要求時，觀察下腹部的飽滿。然後把雙手放在膝蓋上，輕推雙膝，好像要把膝蓋推向遠方，同時保持腹部在同樣的狀態。請注意，為了在坐起來的過程不用費力、不閉住呼吸，同時讓動作在整個過程中保持反轉的能力，你的下巴要稍微向喉嚨移動。這個壓力是必要的，好讓寰椎可以只憑壓縮的力量就支持頭部。重複做之前，請先重新調整腹部的狀態──不緊繃，且是飽滿的──然後坐起來。坐起來的過程應該會感覺進行得非常優雅而愉悅，整個動作看起來與感覺起來就像一個單純而持續的過程。請以數學的角度來了解「持續」這個字眼；也就是身體所有脊椎動作的速度是逐漸改變的（時距曲線圖都沒有曲折點），骨盆每一點往上的角速度在每一刻都是相同的。

　　請非常緩慢地進行，盡可能久一點，直到你確定你的感覺與事實是符合的，也就是別人可以在你的動作中辨認出上述的所有重

把雙手放在膝蓋上，輕推雙膝，好像要把膝蓋推向遠方。

點。於是你會知道正確的行動會有什麼感覺。根據這個判斷方法，繼續學習如何用雙腳起身、站立、說話、吃東西、做愛、工作、排泄與思考。練習時，最好能花一段較長的時間接受指導，對一般人而言，總共大約三十堂課就足夠了。但其實不是學習什麼新東西，而是對正確的行動得到更清楚、更敏銳的身體感覺。學生也可以從我的書《身體與成熟的行為》所描述的誘發方法，以及其他讓技巧更精細的方法，得到幫助，恢復所有關節完整的靈活度，特別是髖關節與頭部完整的移動能力。聰明的讀者應該能單單根據正確行動的感覺而重新發現這些方法。這個任務並不容易，但並不是不可能。

意志的努力與肌肉的緊張

每一個人都知道痙攣的感覺，這是整個肌肉組織激烈收縮的經

驗，比如面對出乎意料的致命危險。站在高樓的頂端，光是想著要跳到隔避大樓的頂端，即使只有幾公尺遠，也會相當清楚感覺到肌肉組織即將整個收縮起來。這種肌肉高度緊縮的狀態下，不可能讓人跳過去，也不可能讓人在這個狀態下服從命令。但如果跳過去是為了脫離另一個更大的危險，就可能嘗試，不過，如果沒有即時抒解緊張，並用最大的意志努力來嘗試，很可能不會成功。

人在全身肌肉組織完全緊縮的狀態中，不會受到暗示的影響。人在激烈的暴怒或生氣時，完全無法接受外在或內在的任何暗示。

催眠的狀態中，人也會完全失去控制自己的能力，卻是處於最強烈的不由自主容易被暗示的狀態。達到這個容易被暗示的狀態之前，必須先讓肌肉組織全然放鬆。此外，就如舒茲教授所說的，放鬆必須盡可能擴及微血管與小血管的鬆弛。肌肉的放鬆會伴隨四肢與身體的沉重感覺，血管的擴張會伴隨溫暖的感覺。人在這種全然的放鬆中，會處於最容易接受暗示的狀態。不需要失去意識就能達到這種全然接受暗示的狀態。人在肌肉與血管完全放鬆的狀態中，並沒有失去意識，但會敞開自己接受來自外在與自己內在的暗示。

人在全然緊縮的狀態中，會完全失去身體與四肢的重量感。在全然緊縮與全然放鬆這兩種極端狀態之間，有各種不同等級的變化，中間的狀態是沒有自主的收縮，身體由張力收縮（tonic contraction）來支持，伴隨輕盈的感覺與身體的統合感。這個狀態中，可暗示性大於全然收縮的狀態，小於全然放鬆的狀態，這是最理想的學習狀態；也就是最適於得到新反應的狀態。這種狀態下的新經驗會有較大的轉移作用，比緊縮狀態更容易把學習轉移到相鄰

的模式，自我控制也更容易。

可被暗示的狀態也是被動的狀態，整個肌肉組織是放鬆的，血管是擴張的，身體沉重而溫暖，沒有被激發去做任何事的感覺。然而，張力狀態中，肌肉既不是軟綿綿的，也不是緊縮的，身體會覺得輕盈，血管沒有擴張也沒有收縮，身體既不溫暖也不寒冷，就只是涼涼的。整個架構被調整到一種狀態，不是為了激烈的用力，而是為了平順、容易的行動，比如清晰的思考、跳舞或以單腳旋轉。這些狀態顯然與交感神經和副交感神經間的平衡有很大的關聯。交感神經系統的激發見於自主決斷的狀態，比如打鬥或產生激烈的力量。副交感神經會帶來寧靜感，並促進修復的功能。

完全放鬆的狀態中，自主決斷的性質會降低，因為此性質不適合全然被動的可暗示性。因此有可能在一個人裡面產生有益的內在變化。然而，完全放鬆時，自主決斷的程度太低，並不適於主動學習新的行動方式。張力狀態較適於一般的主動自我導向。張力收縮是一種慣性而持久的肌肉收縮，相對又有容易被察覺的整體輕盈感，這是處於主動的正常姿勢，而不是完全放鬆時的不活動狀態。

不可能立刻達到張力狀態的動姿，只有透過漸近的學習，才能學會抑制不需要的肌肉收縮，並運用交互的神經支配與交互功能的誘發性質，才能達到真正的張力姿勢或動姿。

第十四章

初步的
整體檢視

四、五堂課之後，頭部會更容易來到正常的垂直位置，眼睛的軸線會成為水平，可以毫不緊繃地維持這個姿勢兩、三分鐘。呼吸會變得均勻、深沉，這是因為運用到整個腹部與胸腔。全身充滿輕鬆、安詳的感覺。嘴巴周圍的肌肉與手指的肌肉，特別是大拇指的肌肉，會放掉緊繃而覺得輕盈。這是身體處於單一啟動與單一動機的狀態所感受到的第一印象。這時只剩一些嚴重的不必要肌肉收縮仍未被移除；不過，感覺已清晰到足以被辨識出來。

屈肌收縮時，伸肌會延長。因此，站立時，你的姿勢會比較挺直，這是出於伸張反射與神經誘發現象（詳見《身體與成熟的行為》）的潛在效果。因此，姿勢會被同樣的內在機制矯正，就像良好的體態一樣，而不是被意志的努力矯正（每當你的注意力轉移時，意志的作用就會失敗）。

學會辨識什麼姿勢會產生執行清楚動機的感覺後，就有可能把這種技巧擴展到其他層面的活動。一般說來，當人感覺到肌肉解除收縮時，也會覺察到肌肉收縮的動機，某些非常明顯的對立動機會突然清楚顯露出來，如果這些動機沒有受到當下環境特別強烈的支持，甚至有可能立刻被去除。

就算對寄生的動機沒有自發的認識，也足以想到是身體的什麼特殊部位感覺到肌肉收縮的解除，而覺察到它。以此方式，即使是在這個階段，也可能對身體的姿態與感覺大致有個初步的整體檢視。

經過幾分鐘肺部的適當換氣後，嘴巴的肌肉會放鬆。飲食往往牽涉到不必要的動機。有些人一輩子吃東西是為了成為「強壯的男孩或女孩」，而不是因為身體有需要進食的特殊緊張感。有些人吃

東西是帶著模糊的經濟不安全感，或是念茲在茲的社會地位。有些人吃東西主要是為了減輕無能的感覺。地點、咀嚼的方式、坐姿、呼吸，都受到消化功能的影響，也都對消化功能有決定性的影響力。有的人是出於義務感而強迫自己持續去做心裡根本不想做的事，有的人是為了填滿胃部時飽漲的感覺而一直塞進食物。她的呼吸不規律，每一口食物都需要加以注意。現在，這些錯誤都是可以被矯正的。

不當飲食的種類難以計數，無法一一列舉。但它們都有一個共通點：有一個完全與解除飢餓的緊張感無關的動機，同時會根據慣性執行這個動機，而讓飲食成為情緒困擾的來源。這個人通常會堅持某種飲食，但沒有人可以維持這種飲食一段時間而不造成類似的消化問題。血液的鹼性有一部分會被消化道過度的酸性所中和，隨之而有疼痛、消化不良、噁心、便祕或腹瀉。每一個症狀都對應到一個特殊慣性模式的交錯動機。

腸道較長的人具有較長的身體與較短的雙腿，這種人誤用豐富肉類或蛋白質飲食時的不適感，就像腸道較短卻吃素的人一樣。所有誤導自己的情形，都是把強烈的情緒動機移植到基本的飲食動機。有些人進餐時喝太多水，並不是因為他們覺得口渴，而是因為他們認為這樣做對身體「好」。由於我們的飲食本能相當薄弱，沒有方法來抗拒任何情緒性的寄生動機，這些動機會建立不良的飲食習慣而破壞我們的健康。

原本應該與飲食無關的慣性動機往往會誇大規律性與不規律性。讀者現在應該有能力辨識最明顯的慣性動機，不是透過對食物

化學與消化生理學的知識來辨識，而是透過不當動機的所有行為中
呈現出來的抗拒、無法反轉與暫停呼吸的感覺來辨識。

　　這種初步的檢視非常重要，不只是為了身體的健康，也因為同
樣的事會出現於無能的性行為，就像會牽涉到她做的每件事一樣。
消化問題的不適感往往會被誤以為是性的問題，原因就在於最關鍵
的安全感─依賴模式扭曲了情緒的質地，混雜的動機會讓這個人的
行動無法抒解當下的緊張，而是呼應另一個她無法辨識的緊張。她
會習慣性地把得到稱讚、情感與安全感的渴望，誤以為是性的渴
望，而發現自己性冷感，並不是因為她沒有性能力，而是因為她的
自我導向妨礙了副交感神經的運作，所以性的緊張沒得到抒解。

　　隨著對肌肉不必要收縮的辨識能力增加，即使在這個階段，也
可能有能力在一堂課結束時，隨著呼吸變得非常規律與輕鬆，而注
意到肛門括約肌常常習慣性地緊縮。男性通常會發現他們可以藉由
緊縮肛門括約肌而維持勃起，或促進不良的勃起，他們通常不知道
自己到底在做什麼，但因為模糊的費力感而覺得滿足，於是在屏住
呼吸與聆聽自己時，什麼也不敢做，就怕妨礙了勃起。焦慮的預期
與緊縮的肛門括約肌會妨礙性緊張的累積，因為性緊張的累積需要
骨盆底部與骨骼肌的收縮狀態完全沒有受到任何自主動作的干擾。

　　透過辨識肛門括約肌是否收縮，就有可能發現造成它收縮的不
必要動機。一旦下層的骨盆底部放掉肛門括約肌不當的慣性緊繃，
骨盆的動作就有可能具有更大的自由度。

　　雖然這種檢視只是大致查看一個人不適當的控制，並沒有移除
其原因，但光是意識到自己其實在性行為中做出某種會帶來抗拒感

與焦慮感的事情，就可帶來很大的抒解。沒有這種認識時，人會有即將發生處罰、遺棄或其他災難的感覺，以至於全身的緊張感會加劇到產生冒汗、心悸、腹瀉、漲氣，或任何其他個人化的表現形式。所有這些現象都沒有明顯可見的原因，讓人不得不相信自己有某種根本的錯誤，報應的時間已經逼近。辨識交錯動機的能力越來越強之後，就能感覺到緊繃與焦慮其實是自己做了什麼造成的，而現在知道如何以更好的方式來處理。於是罪惡感或羞愧感就會消退。受過充分訓練而能清晰思考的人，往往能非常清楚感覺到自己錯誤的行動，而有能力去改變他們的環境，以消除慣性的錯誤反應，而不需要更多的學習。我們不需要達到絕對的完美；能跟隨眼前的任務，不因為糾纏不斷、未被辨識的動機而轉移注意力，就已足夠。學習把自己放入更適宜的情境，並在不利的情境中讓自己的姿態與反應有更大的彈性，就必然會越來越進步。

　　請不要嘗試用意志的努力來糾正你的錯誤。當我們做出這種努力時，就會感覺到未被辨識、不必要的動機造成的抗拒。那麼，我們同時就是在鍛練和增強抗拒，只是程度有所不同。在感覺到明顯進步之前，需要大量的能量與持續力。請有耐心，直到你學會把身與心帶入一種較容易控制、也更能執行明確動機的狀態。當你學會控制交感神經與副交感神經的平衡時，就會出現這種狀態。

第十五章

關於技巧

　　整個人必須同時移動。當去除了互相矛盾的動機，就有這樣做的能力；同時也會消除覺察到或沒有覺察到的肌肉緊縮。若要在所有情境中都有可能做到這一點，就必須學習把自己帶入有能的狀態，能正確執行我們想做的。有無數的方法可以達到這個狀態，問題在於各個情形下，哪一個方法是最恰當、合宜的。我們已看見，環境、心與身是不可分割的一體，如果只處理其中任何一部分，沒有任何方法會是有效的。但是，單以某種心理或身體的治療就有可能得到改善。這種矛盾的情形是因為看似只處理心或身的那些方法，其實是把人當成一個整體來處理——不論他們是否承認。問題只在於：「整體情境的哪個部分是比較直接被處理的？」如果在各個情境中，直接處理整體架構，就更容易得到想要的結果。

　　我們必須了解，重要的不在於我們能有效處理什麼事，比如用外科手術還是心理治療處理十二指腸潰瘍，而在於我們這麼做時，必須看見環境、心與身是功能性的整體。這個整體性對我們所有人似乎是一種障礙，因為身—心概念在我們的語言與認識中是抽象的概念，大部分人都同意身與心是同一件事的兩個面向，或是同一實體的兩極，但無法接受沒有環境就沒有心。如果忽視神經系統在環境中——也就是身體與外在世界——的個人經驗，就完全沒有留下什麼可以回憶的心理生活。思想或感受，如果沒有個人對環境的經驗而產生的實際內容，就只不過是神經系統結構中的一些電流變化。這些電流變化與環境的連結，才讓電流的變化成為某人情感中的某個感受，或紅色的感覺，或成為連續性、加速度、美麗或正義的觀念。

　　我們來檢視上述例子的功能性整體。並不是每一個人都會因為合理或想像中的擔憂而得到潰瘍，人必須在擔憂之前就先學會成為「患有潰瘍」的人，才能讓他得到潰瘍。神經系統的個人歷史、遺傳條件、實際的物理環境，以及社會環境，會形成一個人對事件的態度與反應——簡言之，它們會形成性格。正是一個人自身的歷史，形成他面對自身錯誤的態度、對別人犯錯的態度、他的體態、飲食與過度塞滿胃部的方式、非要準時不可的強迫性、對待周遭事物有如機器般精準的反應、一定要讓事情都正確的強迫要求、他想完美的神經質傾向、沒有處理失敗的能力，以及他對妻子、小孩、下屬與上司的要求——遑論他的性生活，這當然不會與之無關。

　　這個人對環境的調適，會形成他的動姿，讓他在遇到任何對他重要的事時，都以高漲的情緒張力來反應。腎上腺素的分泌增加，肌肉緊張度在每一個動作中都被強化；簡言之，所有功能運作中都潛藏著擔憂與焦慮。就連他開心、歡樂的時候都沾染上一層憂慮：他無法開懷大笑，只能微笑；他的動姿都不是自發的。

　　到了某個階段，潰瘍就會成為造成潰瘍的行為調適方式中最明顯的症狀，到了這個階段，外科手術就成為救命的緊急方法。然而，手術絕不是純屬身體的事，一個人要躺下來讓別人在自己體內舞弄刀子，是很情緒性的經驗，相當於在精神分析師的沙發上傾洩。具有一些理解力的人，也許會從這個經驗獲益，開始思考，並看見事物的真實面。他也許會認識到，匆忙本身是沒有意義的，因為他躺在床上不能動彈時，世界仍像沒發生什麼事一樣繼續運轉。他也許能得到洞識，看見自己在事物的整體架構中是微不足道的，以及他

對自己與對那些依靠他的人獨一無二的重要性。簡言之，他可能突然成熟，起身成為一個全新的人。

此外，整個過程還會伴隨麻醉造成的衝擊，他會面對無法移動、食物要由某個專家來調配的事實。長達數週的時間，他無法沉溺在所有過去的習慣之中，那些習慣才是問題的真正關鍵。外科手術的介入是一種情緒性的經驗，不論我們是否想要，也是一堂人生的功課。如果學習得以發生，就會產生身心的變化，成功是必然的結果。相反的，如果發生的只是某個組織的移除，雖然會有相應的局部改善，但不久就會遇到和先前一樣的惱人潰瘍，不同的只是現在的胃已是經過縫合的胃。

同樣的，心理學家的治療有可能純屬心靈的探索，只有小小的效果，也可能是涵蓋環境、身心、情緒的完整經驗，伴隨相應的動姿變化。在老練而客觀的精神分析師面前，病人的呼吸會改變，呼吸與血液鹼度的關係遠遠超過一般所以為的。呼吸的改善會減少病人的強迫性，整體情緒張力的降低會明顯改變肌肉的緊張程度，隨之會有姿勢的改善。他甚至可能不再匆匆進食。再次強調，進步的情形會與身心環境的改良成正比，否則就算對伊底帕斯、閹割與其他情結有一大堆知識，症狀有一些小小的改善，但在精神分析師取得最後的勝利前，他看不見的對手，潛意識——惡毒、沒有教養的潛意識——在「抗拒」的最後拼搏中，會製造一次出血而贏得勝利。因為現在大家都知道，「潛意識」喜歡外科醫師甚於精神分析師。

我們可以看見，任何方法都可能解決問題，這要依據當事人如何運用這個方法。然而，一個方法的優點根據的是它直接做了什

麼。如何把直接引發的變化整合（或說是把學習轉移）到一個人的基本動姿，則取決於這個人的學習能力。請牢記這個法則，就能了解，改善一個人的學習能力，才是良好動姿的真正基礎，因此也是無法用別的方式來形容的「身與心」良好健康的基石。從這個角度來看，顯然就必須把進步導向所有行動共通之處；也就是神經系統的各種基本性質，激發、抑制、誘發等等，這是意識心靈對整個系統運作的控制方法。如果我們能透過學習來控制動機、抑制與誘發，而讓整個架構產生更和諧的運作，就能好好掌握自己，這是有意識的生活的本質。

　　我們為什麼從身體開始？主要理由如下：當我們做某件事或無法做某件事時，會經驗到某種對我們每一個人都非常熟悉的狀態，但就每一個人而言又是相當不同的狀態。這種狀態下的個人化語言是感覺與動覺，因此很難轉譯成具有共通意義的口述語言。你口中的輕鬆、愛或溫柔，與我使用相同字眼時的意義並不相同。我們可以把主觀經驗轉譯成彼此最接近的方式，就是使用象徵，「我覺得好像在飛翔」、或「好像下沉」或「好像爆炸」，都是主觀身體感覺的象徵性表達。

　　佛洛伊德的偉大成就之一就是向病人詮釋主觀的個人化語言，他的方法會破除個人象徵性的這層障礙，讓人覺察自身行動背後的真正動機。透過直接用身體表現（比如請人擺出特定的姿勢或做出某個精確的動作），就有可能避免耗時費力且往往錯誤地把個人化語言轉譯成口述語言，反之亦然。我們不再需要對身體的感覺找出合理的解釋，也不需要確認口述語言是否被這個人正確轉譯成他自

己的主觀語言。這種直接的教導讓人主觀了解身體感覺的正確意義，而讓他看見自己的動機，而不只是他平常所知道的。動機的覺察是必要的，接下來才能學習新的動機管理方式，進而改變行為。佛洛伊德認為精神分析並不是一種把各種動機彼此釐清的運作方式，而是教人管理各個動機的方法。

我現在介紹的技巧主要是學習更好的行動方式，並運用身體，以他自己的身體語言來直接學習。這樣可以避免常見的抗拒，因為這個人會學習去感覺自己內在的抗拒，而不會強烈危及他的情緒安全感，於是得到化解抗拒的方法。當然了，這個技巧並不是對所有狀況都是最佳選擇，當人格碎裂的程度太深，不能把再教育的事交到當事人手中時，就不適用這種捷徑。這種人無法致力於辛苦的學習任務，需要專家的指導，所以必須運用其他方法。然而，大部分自己主動尋求改善的人，都可以照顧自己，也必然會因為這個技巧而得到滿足。

這個技巧的主要特徵就在於可以在所有層面運用完整的功能運作，背後的理念並不認為自發性是以剛好出現、無法控制的動力來執行的，而是當整個行動不是出於強迫性時，就是自發的。這種構想聽起來很模糊，但只是一開始如此，因為強迫性是一種明確的寄生性添加物。舉例來說，當人可以控制發聲的整個範圍，就能運用適當或合宜的音調和語調，且不覺得有強迫性。如果只能產生一種音調，即使這個音調在大部分環境都有滿意的效果，但總是會有某些環境是慣性方式無法滿足的，如果沒有別的方法可資運用，原本慣性而適當的方式就會因為缺少變化或選擇而成為強迫性的方式。

強迫性的動姿本身並不是不好；它會具有強迫性，只是因為以不適當的方式執行，這種方式是在以前適合的情形下的執行經驗。這個人無法脫離過去的經驗，而在當前執行過去的經驗，就好像機器人以設定好的固定反應來回應所有經驗一樣。

當一個人因為欠缺自我控制的能力，而強迫性地堅持僵化的道德準則時，就像是無法彎曲脊椎而挺直的人。健康的脊椎能有無數不同的形態，所以能保持適當的弧度（需要時，甚至也能保持僵硬），同樣的，道德準則應該是有彈性的，可以運用於對立的兩極。只有這樣，我們才能接納道德約束而不帶著反抗與強迫性，而得到必要的自由。由於無法拒絕而不曾拒絕任何人的人，也許看似善良，但大部分時間卻因為自身的良善而受苦。他以這種了不起的方式對待自己與別人時，所造成的傷害，遠大於在需要時可以良善、在合理時也可以殘忍的健康人士所做的。否則，若認為用刀割人皮肉必然是壞事，那外科手術就是一門惡毒的專業。

沒有能力去做的情形，幾乎毫無例外都是出於強迫性地只運用功能的一個面向，而排除所有其他面向。行動需要大部分的大腦皮質參與，持續受到抑制的區域則會妨礙整個行動，所以性無能不是局部的失能，而是動姿的整體性失敗。

因此，我們不教導「正確的呼吸方法」，而是教導所有可能的呼吸方式。我們不教導人收小腹保持平坦，而是教導腹部肌肉收縮的所有可能性，從鼓漲擴張腹腔到完全壓縮腹腔，就像瑜伽所練習的。骨盆、頭、身體的每一個關節，也是如此。結果就是在各個處境中，身體架構會自行調整到最佳的可能方式，因為我們會覺察到

寄生性的肌肉收縮除了破壞動姿之外，沒有任何別的作用。於是各種抑制與激發的作用都得到探索，讓人能做出有意識的行動，也有能力為之承擔完全的責任。

　　這個重新教育身體架構的方法幾乎與健身運動完全無關，我們並不是透過重複練習、鍛鍊肌肉或增加速度與力量，來得到各個關節完整的運轉範圍，而是擴大並改進大腦對各種肌肉動作的控制。我們以非常緩慢的方式進行動作。動作進行時的所有困難，並不是用意志和力量、過度努力達到目標動作來消除，而是用誘發的方式讓錯誤的控制可以被感知。於是藉由恢復能力，可以抑制緊縮的部分，並激發軟弱無力的部分，而消除自相對抗的行動。只要幾分鐘就能重新建立某處關節的完整活動範圍，而純靠鍛鍊卻可能需要幾個月才能達到這個結果，這種情形並不罕見。此外，當事人能學會學習的藝術，而這可以應用到所有功能。一旦當事人得到的控制力被整合到平常的行為，就可以不靠任何特殊的注意力，也不用持續鍛鍊關節，而保持效果。（譯註：這裡強調有可能快速得到效果，也可能在整合後維持效果，但沒有談到「整合」所需要的時間。）

　　以下有幾個實例。探索脊椎彎曲更完整的範圍，目的是學習去感覺伸肌減少收縮時是什麼狀態。請從平躺臉朝上的姿勢開始，抬高雙腿與臀部，離開地面（並以雙手輕輕支持臀部），把重量放在雙肩，保持不動，以你最舒適的方式來做這個動作。

　　這個形態的可能性非常多樣化，請觀察你自己的體態，目的是與你稍後會自發呈現的體態做比較。放掉下腹不必要的緊張，讓呼吸有自然的韻律，如果身體還有因為屏住呼吸而造成的緊繃，不但

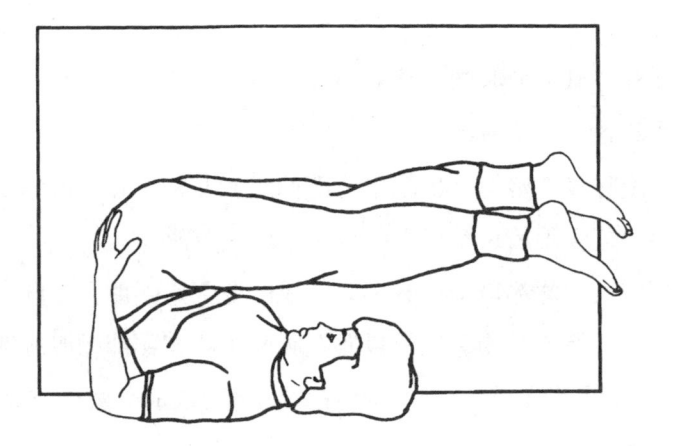

抬起雙腿與臀部，離開地面，把重量放在雙肩。

會讓呼吸變得粗重而不規律，雙腿也會固著在原來的位置。只要你的呼吸韻律可以持續（表示抑制了所有不必要的肌肉收縮），雙腿就會與呼吸同步而輕柔的擺動。保持這個姿勢約一分鐘，甚至想著是呼吸帶動的，讓均勻的呼吸得以建立。寄生性的緊繃有可能是出於保持緊繃的動機，也可能是出於自認老邁的想法，或是害怕頸部肌肉軟弱無力（這種害怕會製造出頸部面臨危險的感覺），或是出於任何其他你可能發現的動機。僅僅藉由清楚投射想要脫離緊繃的想法而抑制不必要的動機，就可以在幾秒鐘之內讓脊椎彎曲的弧度增加；有些人會突然發現自己在原本未辨識出來的僵硬中藏著個人動機，這種情形並不罕見。當脊椎彎曲的弧度增加，每次吐氣時，雙腿會往頭的方向移動，吸氣時則會離開頭部。這表示吸氣的動作是由背部伸肌的緊繃造成的，所以每一個人都還可能更多地延伸雙腿，事實上，每一次吐氣時都會延伸更多。

在這個姿勢中，把雙手放到膝蓋上，用膝蓋壓手掌，可以進一步減少背部肌肉的收縮。這個壓力必須很輕柔，且持續十到二十秒之後才放掉。這是臀部與腹部曲肌的持續收縮，如果保持這種收縮而不妨礙呼吸，會進一步減少背部伸肌的收縮。在身體彎曲的任何姿勢中，把雙手放在膝蓋上，你可以沒有緊繃。

有些人的背部是垂直的，有些人的背部是圓形且朝向垂直的方向傾斜，前者的身體會把重量放在肩膀上緣與頸部相接的部位，後者則會讓肩胛與地面接觸。兩者都有可能抬頭離開地面，特別是在用雙手輕柔地幫忙時。

接下來顯然可以讓身體往彎向頭頂的方向，讓雙腳毫無阻礙的跨越頭頂，除非肩膀與頸部的關節變僵硬。如果擔心疼痛或危險，就會屏住呼吸，而產生肩頸的僵硬。但透過學習抑制這種寄生性的動機，身體就可以更彎向頭頂的方向。

你可以藉由讓一腳碰觸地面，而彎曲得更多，比如，以右腳為例，讓右腳碰觸頭頂右側的地面，然後換左腳碰觸頭頂左側的地面。以雙腳輪流碰觸地面的探索過程中，可以讓腳尖碰觸地面各處的點，形成一個很大的弧形，然後讓雙腳都放在頭頂上方的地面。

身體的感覺現在已被記住，一旦身體伸直成平躺的姿勢，只要藉由恢復先前記住的感覺或身體意象，就可以再次完全彎曲身體，讓雙腳碰觸頭頂的地板。藉由清楚投射心中的身體意象，避免整條脊椎產生造成干擾的肌肉收縮，就有可能讓身體彎曲到用腳背碰觸地板的程度。對於心態上認為「我不夠好」、「這件事好難」、「這需要訓練」或「我太老了」等等的人，我會請他們只維持在目標動

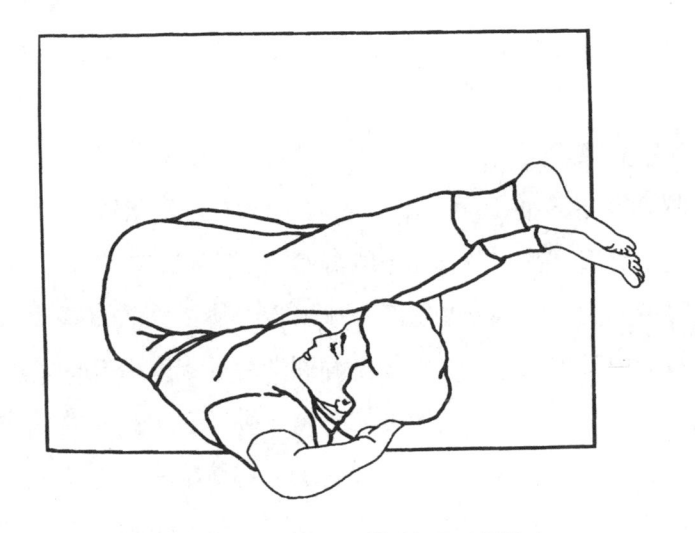

抬頭離開地面，特別是在雙手輕柔地幫忙時

作所必須的幾個方向，以去除或避開這些寄生性動機。許多人在三到四堂課之內就成功超越原本的期待，特別是在不同姿勢中會有相同肌肉群緊繃的人，學習的成果會主動轉移到其他姿勢。這些情形中，成功是相當普遍的。

　　現在請非常緩慢地起身，沒有任何緊繃，花一分鐘左右，觀察並注意誘發現象在背部伸肌的效果。這些肌肉已有相當長的時間受到抑制，現在開始有活化的張力，會把身體拉升到正確的張力姿勢。你現在站起來時會覺得變高了，但你並沒有刻意這樣做；此外，原本習慣的體態現在會讓你覺得不舒服。然而，我要請你回復到習慣的體態，好讓你能學習到，更正確的姿勢是如何讓你覺得更好，而了解到，透過探討功能的完整範圍，你會更容易選擇較滿意的方式，而不是較不滿意的方式；所謂較好的姿勢，並不是在缺乏選擇

的情形下找到並維持的姿勢,而是藉由擴大能力的範圍而得到的姿勢。

除了立即看到的效果,這堂課還可以學到更多東西。內在方向的控制會進步,並學會清晰思考的重要,同時讓目標動作得以執行。這種學習是用一個人自己的身體語言完成的;長達數週的言語交談恐怕無法這麼深刻地認識下述事實:無能去做的情形,是因為主動投射出寄生的慣性模式,當神經激發的程度降低時,就可以覺察到這些模式。當緊張的程度較小時,動覺會比較細緻,而能偵測到更小的差異。不過,這堂課最有趣的特徵也許是會發現自己的資源不但沒有得到充分的運用,甚至是受到自己主動的妨礙而無法運用。

若想用精神分析讓一個人從情緒上了解,自己身上所發生的事,其實是自我運用不良的結果,並了解他會不自覺地使用嬰兒的情緒模式,就必須對他的行為與態度做出適時的詮釋,來突破他對精神分析師的抗拒。我們的方式則是從最被密切了解的身體語言來直接去除抗拒;這個人並沒有被要求放棄舊有的模式,因為在有其他替代方式之前,他無法做到。但藉由擴大他的能力範圍,他會得到選擇的自由,而消除別無選擇時的強迫性。做的能力會消除舊有、無能的動姿,其機制就如同我們會拒絕所有無法把門打開的行動,選擇可以開門的行動。當人擁有正確的方法,就會願意放棄運作不良的行動;甚至會因為先前沒有想到這個方法而覺得自己有點愚蠢。

彎曲身體的動作在人際間沒有什麼重要性(事實上,我們的身

體是否靈活，又有什麼關係呢），卻具有更深層的內在個人意含。任何行為的重要性都來自其社會價值，但從內在功能運作的觀點來看，生理性的行動被排除到無法運用的程度，是非常嚴重的問題。一個人的動姿也是如此，不論是嘗試彎曲身體、解決重要社會問題，或是排便，他出於任何原因而動員自己的方式是一種個人化的常態，除非被直接處理過，否則其改變會非常緩慢。

　　因此，有經驗的老師能發現形形色色不必要的動機，這些動機會妨礙我們完成完整的彎曲動作，即使是這些初步的靜態動姿，也會受到妨礙。他能注意到 X 夫人即使在失去平衡時，仍會併攏雙膝，而通常身體反射性的矯正反應會讓一腿離開另一腿，以重新得到平衡。他也許會很有把握地相信 X 夫人對性的態度是無法擺脫羞恥感，或是有其他無法控制的動機。他能看到另一個人（G 先生）一直在注意自己的肛門，後來很可能發現痔瘡和便祕對 G 先生的情緒狀態有很重要的影響。老師根據經驗，能發現一個人心中的自我意象，有什麼身體部位是或多或少固定不變的，且會在每一個行動中製造寄生性的收縮。

　　然而，談這些發現並沒有什麼好處，只會引發大量的合理化解釋，這些是維持個人原有動姿所必要的；它們構成精神分析師所說的抗拒。我們的方式是先給學生方法，可以在行動時不會帶入慣性的自我動員，一旦他在某個特定功能中掌握到更完整的行動範圍，就能消除慣性的方式（慣性的方式中，抗拒是調適的一部分，若不抗拒，這個人就完全無法去做）。由於有其他可用的選擇方式，那個特定功能中的強迫性就被消除了。在這個時刻，就會清楚意識到

抗拒，往往像是突然的洞見，或是禪修所說的悟道。

　　藉由讓抗拒成為不必要的，而化解抗拒。結果產生的突然洞見只會飽含適度的情感，不會產生精神分析過早詮釋所帶來的危險。我稍後會提出幾個突然產生洞見的實例。

　　這個姿勢還有許多其他優點。由於身體與地心引力的關係是顛倒的，頭部的血流供應會增加好幾分鐘，一旦血管被迫擴張的情形結束，原本擴張的血管就會收縮，頭部會覺得變冷，有如在適當自我控制的狀態。許多語言都有諺語是以頭部冰冷的感覺（或更模糊地說「血液冷卻下來」），表示有能力自我控制的狀態，比如英文的cool-headed、法文的avec sang froid、俄文的chladnokrovno、德文的kaltblütig、希伯來文的be-kor ruach等。這時的呼吸也是由柔軟的腹部內容物擠壓而排出空氣所造成，不是平常的拉扯方式造成的。此外，其餘正常運作的神經中樞與隨後的誘發作用也會帶來新的張力狀態。

　　探索一個功能更充分的範圍後（此處的實例就是脊椎的彎曲），下一步就是學習反轉的能力。反轉能力之於身體行動的動力學，就相當於不穩定的平衡之於靜止狀態。現在要把注意力放到一個人在行動中導引自己的方式。一個動作的動力學會因為這個人的身體意象而有相當大的變化。因此，一個人做動作時有可能把注意力聚焦於雙腳，該處肌肉立刻收縮，在行動中扮演領導的角色。身體其餘部分會自行調整，讓雙腳可以準確地跟隨心中投射的軌跡，以之為要達到的目標。

　　請注意，並不是只有導向軌跡的幾何圖形，還有沿著整條軌跡

的速度，以及速度的變化——簡言之，就是節奏——都同時在動作中被感知。這種學習在於得到能力，可以把動作投射到空間中，並加以跟隨；在動作之前投射動覺，然後在實際表現出來時執行身體感覺的身—心意象。例如，頭部可能被感知為「我」的所在位置，而頭部就立刻固定不動了。這個人的心中之眼聚焦於頭部區域的動覺；身體其餘部分成為輔助者，用來避免妨礙頭部的軌跡。我們不可能用語言文字精確解釋這裡或那裡的「我」的感覺到底是什麼意思，而不讓人覺得語帶神祕或甚至不太理性。嘗試把任何內在的身體感覺轉譯成語言文字時，也有相同的困難。唯一的方式就是用身體來經驗相同的事，並形成某種象徵，做為辨識它的標記（好讓我們能較容易進行實驗）。

　　現在請從一般平躺背部貼地的姿勢，直接滾動身體成最後的姿勢，雙腳碰觸頭頂上方的地板。大部分人會屏住呼吸，臉部漲紅，感覺要費很大的力氣。若要找到更好的方式，就必須學習在心裡投射行動時，以不妨礙呼吸、不緊繃脖子，也不會讓頭部固定不動的任何方式進行——簡言之，就是不做任何與動作無關的事。這似乎是很艱難的任務，因為必須學習把許多動作整合成單一的獨特複雜動作。這是出於無知而放入行動的錯誤元素，無知會造成我們需要訓練、訓練、更多的訓練。透過主動學習從「訓練」轉移出來的東西，就有可能去除大部分無用的費力。藉由探索行動在空間與時間中的所有可能性，並評估反轉的能力，以此做為哪些部分要加以排除的指標，就可以得到嘗試錯誤的學習方式的所有優點，還可以附帶得到清晰的單一動機。

　　反轉能力的核對標準在於，行動者能經驗到身體動姿的整個行動過程中，可以隨時停止且不需要任何準備就可以反轉。這可以讓人在自己身上產生一種不熟悉的形態與方向性，並在整個動作過程中一直維持這種形態與狀態。身體經驗是了解反轉能力的基本要素。再怎麼多的知性理解也只不過是非常粗略的替代品。

　　每一個人都必須有充分的時間來親身經驗。較好的做法是讓大家有個人化的選擇。正確的做法必然不能有「做對」的道德強迫性，因為這是來自他人的權威；一定要得到當事人的同意，並讓他建立自己的偏好。老師的任務是以有條有理的方式提供各種層次的經驗，好讓學生的區辨能力快速增長，並伴隨著（1）減少意志的努力，（2）對自己的清楚認識，且具有不帶著懷疑與猶豫而做的能力。

　　請繼續嘗試滾動到最終的姿勢，運用下述兩種方法來核對並糾正你自己：（1）發生自主的干擾時，將呼吸與動作區分開來，以及（2）反轉身體動作的能力，不斷順著相同的軌跡回來。從動作一開始、動作的整個過程，以及動作之前與之後，都必須用反轉能力來核對；也就是在任何一刻都要得到激發與抑制之間不穩定的平衡。千萬不要期待或想要達到完美。完美來自實際去做需要做的部分，別無它法。如果以完全符合這兩項核對方法（呼吸與反轉的能力）的方式來進行整條脊椎的動作，就不可能得不到高度協調的自我運用，並在實作中掌握如何抑制不需要的肌肉收縮──這種收縮就相當於缺少較清楚的動機管理。對學習而言，時間與經驗是必要的，任何走捷徑的方式都會對學習造成傷害，只有改善教學的方法，才能減少學習的時間。

　　嘗試新的做事方式時，在掌握反轉能力之前，請把注意力導向身體的感覺。你很快就能學會相當清楚地辨識到，下腹的鼓漲是必要的，以讓全身有可能在行動中沒有寄生性的肌肉緊繃。當你感覺肚臍下的部位（大約是身體的重心所在）是行動的來源或核心時，就會得到輕鬆、順暢、可反轉且自發的動姿。如果這個部位成為我們先前談到的「我」的所在位置，而身體其餘部位是用來協助它在空間的移位或固定，就可以在所有行動中得到協調、可反轉、不費力的動作。當可以不靠意志直接控制的那些肌肉收縮，就讓脊椎與頭得到支撐時，身體就會覺得輕盈，因為行動本身以外的原因而有的那些肌肉收縮會讓脊椎縮短。

　　不用說，若是從閱讀剛才的描述來想像這種專注的學習，就足以把任何人都打垮。但實際去做的話，剛才描述的整個程序大約只有十分鐘左右，最棒的部分則是在安靜的專注中以好玩的心情進行。

　　現在請從坐姿滾到背部著地，過程中完全不改變頭、胸或腹部的相對位置，也沒有干擾你的呼吸；也就是不要收縮腹部使之變平。如果以我描述的方式進行動作，你的身體就很容易滾動，把骨盆帶離地面，假如動作是緩慢進行的話，身體會平衡地掛在肩膀和頭的上方。（或是你可能完全翻滾到頭的上方，讓雙膝也碰到地面。這種完全的翻滾比較少見，因為大部分人會緊縮頸部背面的伸肌，不讓身體繼續翻滾過去。）每次到達上述姿勢時，至少維持一分鐘，隨時調整你的呼吸，好讓動作不會因為胸腔變僵硬而受干擾。

第十六章

生理學與
社會體制

許多事過於明顯，以至於我們很少想到它們的重要性。表面上很簡單的事往往比看起來的複雜許多，如果對它們有所了解，可以讓生活更輕鬆、也更有趣。假設一磅馬鈴薯的價格是一便士，那麼兩磅就要兩便士，十磅就要十便士，這非常簡單。科學家說這是正比律（law of proportionality）。唉，正比律也許是最容易了解的定律，但在詳細了解之後，就會發現它其實是最複雜的事。因為只有在物體的量大到交易不會明顯影響總量時，才會符合這個定律。正比律只能應用在天文數字。任何時刻中，可資運用的自由基電子數量很小時，比如在單一分子的薄層，歐姆定律（電阻固定時，電流與電壓成正比）就不再適用；雖然電壓不變，但電流仍會上下波動。

簡單事物的複雜性其實如此巨大，以至於我們要耗費非常大量的心力，才能因應身體對食物與遮蔽處的需要在個體結構所造成的影響。因為我們在每一個情境與最抽象的思考中，不論乍看之下可能多麼不合理，都會找到一項經濟因素。同樣的，性的問題也幾乎會影響每一項動機與行為。我們對社會、工作、物質與情緒安全感所做的調整，都與性欲密切相關。大家都知道，如果沒有社會，就不會有自卑感或優越感；這時每一個體本身就是自己的基準。我們很容易就能了解自卑感會抑制性能力。因此，性無能與性冷感就有可能是社會的調適問題，與解剖結構毫無關係。如果能了解看起來似乎純屬生理功能的性能力與環境和社會體制有什麼關係，是非常有用的。當我們清楚了解到底發生了什麼事，就能裝備得更周全，來處理失敗的機制。

當我們生氣、恐懼、爭鬥、在重要的任務受挫時，是完全沒有

性欲的。野生動物常常在進行性行為之前激烈的打鬥，於是在非常激烈的身體活動之後，且往往是在徹底筋疲力竭的狀態中，建立出性的緊張，然後進行性行為。雖然聽起來有點兒奇怪，但至少可以這麼說，性行為應該以這種方式發生。

　　然而，人也會發生同樣的情形。歷史上，在艱苦的戰鬥、飢餓與匱乏之後，筋疲力竭的軍人會強暴占領區的婦女。同樣的，在極度緊繃與疲累的期間之後，性行為會增加。戰爭時期的出生率會增加，恐怕與這個主題並不是沒有關係的。

　　奮鬥不懈、自主決斷的金融家、劇場藝術家、演員與畫家，都比祕書和公務員展現出更大的性欲。即使前者的經濟狀況不穩定，不如後者，仍然表現出較高的性欲。當他們的努力特別成功，得到公眾的認可後，甚至會比平時更為活躍。

　　所有這些看似不相關的事，都有一個共通的基礎，就是先有一段緊張的活動期，這時會有升高的肌肉張力、強烈的自我覺知、自主決斷的整合，與自我保護，隨後通常會爆發高漲的性欲。自主決斷的活動期間，注意力會被導向行動本身，行動者會討厭任何干擾，身心沒有空間可以留給任何關於性的想法或感受。這種狀態見於交感神經系統被強烈激發時。透過刺激這個系統，身體適合激烈的行動，而且這個系統的激發會產生必要的變化。交感神經系統會掌管並調節整個架構，以做出更精細的自我保護與自主決斷的行動。其刺激會增加血中腎上腺素的量，讓脈搏加速，增加肌肉的張力與覺察力。

　　副交感神經系統就如其名稱所暗示的，以交互或拮抗的方式與

交感神經系統密切相關；前者的刺激會抑制後者，反之亦然。身體的許多反應——例如瞳孔的擴張——可以用兩種方式產生：（1）刺激交感神經或（2）抑制副交感神經，或兩者顛倒過來。副交感神經系統會幫助消化、保護眼睛不受到過度的光照、減少肌肉張力、降低心跳、擴張血管，以及從整體性來控制身體的修復功能。兩個系統處在拉鋸的關係；神經的激發會在兩者間平衡的轉移，調節整個架構，有時進行劇烈的活動，有時進行安靜的修復。

這種平衡主要是被我們的意識態度與行動所影響。當我們談到自我控制，是指我們有能力影響這兩個神經系統，使其中之一較具支配狀態，以符合我們想要進行的活動。如果想放鬆，並對異性有反應，就必須讓副交感神經來支配，並讓交感神經暫停下來。只要有任何東西刺激交感神經系統——也就是任何強烈激發自我保護與決斷功能的因素——性行為就會部分或完全被抑制。

所有互相拮抗或交互發生的功能也都會表現出誘發現象；亦即，一方被激發的時間越久，另一方就越會受到抑制，一旦抑制解除，原本被抑制的部分就會爆發更大的激發。時間因素對誘發現象非常重要，因此，如果我們只是瞥一眼白紙上的黑色墨點，然後去看一張乾淨的白紙，就不會發生什麼特別的事。但如果我們凝視黑點四十秒以上，然後注視白紙夠久的時間（所需的時間因人而異，約在二十秒到四十秒之間），就會在白紙上看見一個白點，一個比紙更白的點。行動維持的時間，以及行動的獨特性（就這個例子而言，可說是單一顏色的性質），是產生誘發現象所必要的。極端的強度，若接近疼痛的閾限，也會產生誘發現象。簡言之，極度或長

久的神經激發若是盡可能局限於單一動機的行動，一旦神經的激發消除時，就會產生強烈的抑制。反之亦然，長久且強烈的抑制之後，原本被抑制的中樞接下來就會爆發神經的激發。

　　前述實驗讓我們認識誘發現象的兩個面向。黑點周圍是白色的；前者消除了神經的激發，後者造成強烈的激發。當我們接下來看著全白的紙時，中間的點會變成白色，而周圍的區域變成黑色。當激發或抑制被維持過久，直到開始疲勞，原本被激發的中樞會繼續被激發，很難將之抑制下來；此外，原本被抑制的中樞會持續被抑制，很難加以激發。產生誘發現象或疲勞所需的時間與強度，是各個神經系統的基本性質，但就像神經系統的所有其他功能性質一樣，可以被學習所影響。

　　兩個系統負責支配大部分內臟的神經，但不是均勻一致的。頸部與薦部的神經纖維形成骨盆的內臟神經，負責供應大腸、直腸與膀胱的運動神經纖維，以及生殖器官的擴張血管的神經纖維。這些神經與神經纖維組成副交感神經系統。勃起是因為骨盆的內臟神經受到刺激造成的，使陰莖的血管擴張，充滿血液。

　　前述的經驗與稍後會提供的經驗，都是為了增加副交感神經系統的控制範圍，並幫助學習者認識與控制其支配力。釐清動機則是為了把這些動機分成兩組：第一組動機屬於依賴功能，關係到個體的自我保護與自主決斷，這些動機在生理上與習慣上都與交感神經的刺激有關，第二組屬於修復的功能，是安靜休息的，與穩定和輕鬆有關。單一動機的重要性基本上在於身—心實體無法同時以最佳的方式符合這兩種活動。中性的狀態中，我們大多是中立的，不會

被哪一個方式推動。這種狀態以及自由轉移平衡的方法，正是我們嘗試要學習去控制的。

心智功能是透過包覆意識的外囊經驗形成的；因此心智狀態與身體狀態在功能上是相關的。一方會恢復另一方，就好像某個狀況的任何部分會讓整體恢復一樣。兩條管道必須受到均等的運用，才能得到想要的結果。

性行為具有兩種不同的功能：（1）繁殖，與（2）調節交感神經—副交感神經的平衡。這種雙重功能很少被人充分了解。一般認為性行為是用來滿足（1）繁殖的目的，與（2）合法的或是在特殊狀況下容許的尋找樂趣的好色欲望。交感神經的強烈刺激同時會產生強而有力、自主決斷、保護的能力，疲勞時會消退，讓副交感神經來支配。這種相互關係有利於明顯的性欲、權力、占有欲、貪婪與色欲。這些性質會不加區分地混雜在一起，如果沒有受到社會的檢核與節制，會被認為是反社會的性質。

適當的性行為會伴隨樂趣，更正確的說法是滿足感，但許多人卻總是因為性行為而帶來極大的失望，人數遠超過我們所知的，他們在性行為中得不到樂趣，反而有巨大的道德挫折感，與相當大的身體不適感。然而他們持續承受痛苦，這當然不是為了繁衍人類的目的，因為他們盡一切可能避免懷孕。他們不是因為期待得到樂趣而渴望性行為，甚至根本不太知道這種樂趣，而是為了放鬆與平靜的需求。兩個系統輪流激發與休息的生物性需求會被感覺為一種強烈的驅動力，每當驅動力出現時，就會尋求這種平衡，於是可以得到兩個系統正常而有力的運作。為了能適當運作，所有神經結構都

需要充分的活動與隨後的充分休息。這種週期性波動是神經活動的普遍需求，只要去檢視任何一種功能，就能確認這個法則是沒有例外的。

　　就系統的適當運作而言，充分的滿足感是性行為的核心，因為這只會來自副交感神經受到足夠的刺激，就好像品嘗的動作之於食物的關係。對樂趣的期待是強烈的驅動力，以表現生物所需的行為，維持系統的規律運作。從任何其他角度來看，食物的風味與性的滿足感都不是不可或缺的，但如果少了它們，就會妨礙進食與正常的神經活動。

　　保護功能與修復功能組成一個擺盪的整體；一方的谷底越深，另一方的峰頂就會越高。我們社會的一般日常生活中，保護的功能並不是透過直接的打鬥來運作的，而是表現在長期的奮鬥與競爭，以取得經濟的獨立或藝術的讚譽（結果也等於是經濟的獨立），也會表現在其他的社會活動。像我們這樣的社會中，所有具有建設性的事業活動，都含有競爭的元素，競爭需要自我的組織，也需要持續抱持單一的理念與目標，我們對此找不到比戰鬥更好的表達方式。我們「為了和平」而戰，我們有「救世軍」，我們會為了「基督的戰場」而戰，我們會為了「邁向任何一件事的頂峰」與所有出人頭地的事而奮鬥。這種表達方式似乎符合那些身為銀行家、企業家、演員、畫家、詩人與摔跤家等男男女女的態度。就單一顏色刺激之後交感神經系統支配的情形而言，打鬥的動物也有相同的態度。同樣的，我們也在所有活力充沛、有創意、全心投入的人身上看見高漲的性欲。除了副交感神經的強烈刺激，沒有任何其他更好

的方式，可以抒緩交感神經，讓它休息。經過激烈的爭吵或打架之後，大部分伴侶都會發現自己的性欲增強，性行為也比平時更為激烈。

副交感神經的強烈刺激會產生性高潮；也就是男女兩性的整個骨盆底部肌肉不自主的收縮，同時伴隨男性的射精。骨盆底部的肌肉收縮是反射性的，肛門括約肌收縮造成的任何自主干擾，或骨盆本身不自主的動作，都會減少甚至終止正常的副交感神經活動。這種情形下，性高潮的強度會減少或完全沒有，而無法充分提供生理的需要，於是正常情形下與性高潮無法分開的快樂感覺也會提早結束。交感—副交感平衡的調節受到干擾，強烈的滿足感原本是正常反應，會隨著副交感作用增強到極致而得到，並隨著韻律起落而消退，但如今被想要成功的意志與控制自己的企圖所取代，而讓交感神經開始運作，做出自主決斷的努力，於是感覺到的不是寧靜安穩，而是惱怒與厭惡，不是放鬆，而是肌肉的緊繃。

像我們這樣的社會中，保護與自主決斷的功能在依賴期一直被過度激發，以至於成為主要的支配動機。那個階段中，會用盡一切可能的方法來抑制性行為的主要修復反應，結果就干擾到兩組功能之間均勻輪替的支配性。只有在保護與自主決斷的功能被刺激到極限時，也就是在人所投入的社會活動領域得到成功的行動時，交感神經系統才會停下來，允許更充分的副交感神經刺激，而得到更充分的性高潮。每一個人都可以回想自己的經驗，性能力這種突然增強的情形可以回溯到保護與自主決斷的功能受到特別徹底的激發，然後肌肉的緊繃停止了，呼吸變得均勻，下腹覺得飽滿，隨之而有

副交感神經支配的所有生理現象，比如血管擴張、脈搏緩慢。當交感神經充分休息時，焦躁消失了，勃起更為堅挺，高潮更為強烈。

有了這種洞見，深入看見其中的機制，我們就能了解，從我們在一般文件簽名的小事，乃至外在世界廣泛的利害關係，都會如何對我們的性行為產生這種直接的影響。我們不但能了解本章一開始談到的所有現象之間的關聯，也能清楚看見進一步改善的道路。

若要對整個情況得到正確的觀點，就必須牢牢記住一項重要的生理學事實，就是神經細胞的疲勞現象。如果我們讓強烈的活動集中在少數細胞，即使只是很短的期間，這些細胞也會疲勞。第一度的疲勞並不是拒絕運作，而是竭盡全力的活動，因此，如果我們過度使用一小群肌肉，盡可能以最大的強度重複完全相同的動作，嘗試六次之後，力量就會大幅滑落，然而，疲勞現象主要並不在於我們沒有能力控制動作，這些肌肉並沒有變得鬆軟無力，而是剛好相反，它們會自己收縮，頻繁到造成一陣一陣的收縮，或稱為抽筋。

同樣的事也會發生在大腦皮質細胞的第一度疲勞，如果我們以極大的強度去想一件特定的事，持續一段時間，想法會縈繞腦海，揮之不去，細胞在疲勞之後仍持續運作。只有激發另一組細胞，在生理上抑制疲勞的細胞，或是等疲勞的細胞完全耗盡之後，揮之不去的想法才會停下來。巴夫洛夫的理論談到大腦運動皮質有如馬賽克的交織結構，可以對這些現象提供滿意的解釋。一般說來，若要產生任何協調的行動，某些中樞必須被激發，而周圍鄰近的細胞必須被抑制。越是明確、清楚的行動，活躍的細胞數目就越少，而周邊的細胞被抑制的情形就越徹底。完全被激發的單一細胞很快就會

疲勞，因此很難自由地讓單一肌肉以快速連續的方式重複完整的行動。

當自主決斷的功能持續被過度激發時，我們想要放鬆的努力仍會讓交感神經保持活躍與過度刺激，疲勞的細胞會持續被激發，無法被抑制，直到完全耗盡。過度被激發的大腦會失去抑制的能力，因此失眠和強烈渴望入睡，都會讓人無法睡著。這個理論導致巴夫洛夫設計出一種方法，透過誘發睡眠和延長睡眠來治療精神官能症。對於這些情形中，當事人經驗到的自主決斷功能過度激發與修復功能發生障礙所造成的不良作用，我們提出了一個解釋。

性的學習期

充分的性高潮會伴隨強烈的滿足感，這是保護、自主決斷與修復功能的順暢運作所必須的生理過程。生理上，充分的性高潮與生育同樣重要。從個別架構的功能運作的角度來看，充分的性高潮甚至比生育更為重要，因為社會適應不良狀況下的親職，對父母與子女都會造成障礙。沒有充分性高潮能力的人，無法得到自主決斷功能與修復功能間的順暢平衡。沒有充分的性高潮，就沒有實現生物的功能；這種性交只會降低整個架構的生命力。不論一個人的生活可能如何不同，如果沒有偶爾完全放棄保護與自主決斷的習慣——就好像在一男一女之間，只有坦誠、自發與和諧的關係才會發生的情形——就會對某種被感覺為平靜幸福的理想狀態，一直保持焦慮的渴望。

　　大部分性無能與性冷感的情形，分析到最後都會發現具有一種不適當的人際互動。這些情形中，女性與男性的友誼是膚淺而有條件的；人會過於自我中心，同時又極度貪婪地想得到情感。自主決斷與人際交流之間的內在衝突永遠得不到情緒上的化解，只能壓抑一個又一個的衝動。人際互動與性欲在本質上是同一件事，性功能是一個人想要與其他個體交流和交融的驅力在生物面的表現。最極端的個人主義者必須放棄某種程度的自立自足，才可能有性關係。適當的人際互動需要有一種覺察，了解個人的幸福與他人有關。

　　當然了，問題有許多面向；各種文化會有不同的解決方式。沒有任何一種解決方法能得到全然的成功；每一種都有其困難之處。但那些能持續存在的方法，必然具有相當大的優點，才能一直存在。我們自己的文化中，性的成熟並不是發生在經濟上依賴父母的階段結束的時候，所以生理上的成人仍有相當長的時期逗留在嬰兒式的依賴。因此，僅僅是這個因素，就會讓我們所有人的人際互動與性仍然密切相關，不過這其實只是許多關聯中的一個。

　　我們的教育中，自主決斷力是全然受到肯定的能力，然而，性與經濟能力在性功能的形成階段仍然互不相容。這個階段並沒有給予人最需要的指導，而是教導人要壓抑自己。每一個能伸出援手的人仍持續散播衝突，傳統並沒有傳遞下去，迫使每一個人從一開始就處於最不利的處境。

　　於是，性成熟的青少年被迫去強調自主決斷的能力，以得到社會對性渴望的容忍。我們通常會發現，性功能產生困擾的大部分情形中，當事人也有社會適應的基本問題，外在或許看似完美，卻沒

有情緒上的滿足感。這種人需要促進社會地位與經濟獨立，因為積極培養適當的自主決斷能力，可以直接改善性的困擾。人際互動的層級越高的人（當然了，不論是什麼職業），也會建立更高的性緊張。

因此，每一個人都絕對需要學習去辨識強迫性的自主決斷動機，在需要的時候會採用並主動維持這些動機，並知道在什麼時候必須加以放棄，好讓副交感神經的支配得到充分的自由。

現在，我們面前有一個清楚的課題。當交感神經與副交感神經的自由流動得以建立時，就不會再出現似有若無的勃起、不冷不熱的高潮、性冷感與了無生氣的生活。適當的自主決斷能力必須得到積極的培養，這種功能的學習與實踐才是真正的進步。我們可以也必須學習去感覺和控制副交感神經的支配，以學習去分辨自主決斷與保護的動機，這些動機會激發交感神經，並妨礙勃起與性高潮。我們也必須學習去分辨那些未被意識到的慣性自主決斷動機，這些動機會維持肌肉的緊張，直接妨礙了骨盆底部、下腹部、臀部與肛門括約肌的不自主收縮，而無法形成性高潮。簡言之，我們必須學習有條理而順暢地控制我們的整體架構、情緒與肌肉，它們是同一個功能性的整體。

我們必須了解，造成妨礙的並不是肌肉實際的收縮，而是（1）大腦皮質持續受到激發的部位，以及（2）長久受到抑制的部位，這兩者會妨礙激發與抑制的自由流動，而無法做出單一動機的運作。我們投射出的每一個新模式，都要先配合上述兩者，有所妥協（好讓未被辨識的慣性僵化部位能保持原狀，不受干擾），才能加以執行，結果就是被束縛的感覺，無法改變，就如生動的俗話所說的：

「我們改變越多，越是保持不變。」

肌肉的控制是我們所擁有的最偉大經驗。新姿態的結果會立刻被個體以個人化的語言所感知。內臟狀態受到的影響非常直接，比如脈搏、呼吸與血管狀態都立刻且同時牽涉其中。當人一旦從自己的身體辨識出交錯動機的感覺，就比從口語分析去尋找象徵以幫助我們了解一個人話語中真正的感受與意含，更容易解開糾結的交錯動機。新的行動必須先在如下的情境中被經驗：可以讓人辨識新行動的舒適感與慣性行動的不適感。從身體的肌肉控制開始，具有一項重要的優點，就是我們在這個領域中可以相當有說服力地顯示出什麼是正確的行動，而不會引發反抗。

我們有兩種取向的方法可以選擇：挑出最糟糕的錯誤，然後一個一個加以矯正，或是以有系統的方式進行。衡量這兩個方法的所有優點之後，總是會發現第二種方法比較合適。我們到目前為止，就是沿著這個思路進行。

第一件要做的事就是恢復骨盆充分的靈活性。骨盆支持身體的整個重量，從這個觀點來看，可說是身體最重要的部位。所有最精確的定向器官都位於頭部，如果沒有骨盆對身體的支持，好讓整條脊椎都沒有不必要的肌肉緊繃，頭部就無法得到適當的支撐。如果沒有適當的骨盆控制，頭部姿態的調整就會成為既吃力又不討好的工作。頭部的控制是最精細的自我運用所不可或缺的；我們其實就是從抬頭離開地面開始的，但要做到這個簡單的動作，必須在抬頭之前，先讓胸腔固定在骨盆上。關於何者優先的問題，是徒勞無益的，因為各處肌肉的收縮其實是同時發生的，不過，嚴格說來，所

有大範圍且快速的動作中，骨盆的肌肉會最先收縮，而緩慢的動作中，則是頭部先移動。

透過建立骨盆區域充分的移動範圍與控制，我們得以消除皮質中樞的僵化狀態，由此促使我們實現想要進行的動作；於是改善整體架構的反轉能力。不論是男人或女人，能夠達到全然性高潮的人，都比其他人具有更好的骨盆控制。他們整體的步態與動作比較不會緊繃，動姿也更為單純、輕鬆。相反的，苦於任何性困擾的人，骨盆或多或少比較保持不動，骨盆的某些動作模式完全被壓抑。有些人的動作就像是往前性交或完全插入的姿勢，其實排除了骨盆的正常運用，程度可達到持續保持骨盆留在後縮的位置。有些人則是持續保持骨盆在完全插入的姿勢，讓髖關節完全伸展開來。這兩種情形中，正常性交的動機都受到扭曲，或是付之闕如。這個人並不是自發的行動，而是出於各種不必要、屬於自主決斷範疇的理由，其行動既不是來自滿足感，也不是由滿足感來維持的。第一種情形中，性交的動機混雜了自我貶抑或軟弱、內疚或羞愧，或是自認醜陋。兩種人都很難在伴侶面前裸露自己的身體，特別是未達到完全勃起狀態的男性。裸露身體時，他們會緊繃，失去平常透過正確調整而能擁有的小小自發性。第二種情形中，這個人會因為性交而非常焦慮，懷疑自己是否能持續夠久的時間，或甚至懷疑到底是否會發生，以至於勃起一達到夠硬的程度，就急著插入，這種人很可悲，因為女性只會經驗到死氣沉沉的骨盆，而男性會遵照那一刻出現的支配動機，在插入之後立刻射精。他們把性高潮的觀念當成行為的核心，然而，適當的動姿中，性高潮的開始就好像吞口水的那一刻

一樣，不會受到當事人意識的關注。不適當的動姿中，他們甚至不會考慮到往前性交或插入與抽出時有節奏的動作：或是完全不動，或是激烈、快速地攪動，同時身體僵硬，呈現出慣性的肌肉模式。只要骨盆保持僵硬，任何行動都不可能出現有節奏的動作。身體的實際狀態會反映心理與內臟的狀態，並加以維持，這種惡性循環會讓人一直留在緊繃的狀態，覺得好像被邪惡的力量所支配。

　　因此可以明顯看見，讓骨盆自由，不受慣性肌肉收縮的限制，是多麼的重要。重點不在於骨盆某個位置本身有什麼特質。一旦去除了強迫性，任何肌肉收縮都符合正常的運作，即使再怎麼彆扭的肌肉收縮，最多也只會產生輕微的不適。不受限的自由是必要的，如此才能消除一個人行事態度中的慣性強迫模式。當骨盆缺少靈活性所形成的大腦皮質模式得以化解，上述的態度也會得到化解。因為只要持續缺乏這種靈活性，這位沒有體認自己心理狀態的人就不會知道這一次會再度失敗的原因——好像是惡魔在運行，從內在造成破壞，但他的惡意卻沒有任何明顯可見的跡象，以至於只有實際去做時才知道會失敗。我們並沒有直接調整肌肉的收縮，而是去嘗試錯誤。情緒性情結的化解會逐漸消除焦慮，肌肉的緊繃也會消失；也就是說，原本持續被激發的大腦皮質中樞會開始正常運作——行動終於變得更為順暢、容易。人在這種情形下，可能開始覺察緊張的存在，並加以排除，卻仍不了解到底發生了什麼事。於是接下來會有成功與失敗的時期，每一次失敗都會把這個人帶回原點。學習辨識到底發生了什麼事，並對之取得直接的控制，會讓你知道為什麼會成功或失敗，而不是任其自行發生。

如果沒有這種覺察，每一次回到原狀都會把人帶回較短期間的心理治療──直到下一次又回到原狀。任何種類的精湛治療，最終都會讓失敗的焦慮降低，復發的情形也較不強烈，不久之後，就要付出非常痛苦的代價才能達到想要的狀態，但如果採用更直接的學習，就可以避免這麼大的代價。

澄清某些觀念

所有需要學習期的人類功能，比如愛、恨、說話、思考、行走、坐下、性，以及其他功能，沒有哪個部分的學習期是可以省略而不用付出代價的。當然了，有時會因為特殊的運氣，以及留在慣性而無變化的情境，也許可以避免付出代價。然而，一般情形下，對各個功能的完整範圍進行摸索與探究，並在過程中犯錯，是良好學習所不可或缺的。學習的期間，犯錯是正確的行動；它們就是學習的一部分。如果缺少了學習如何做的過程中最重要的項目，也就是從個人經驗中知道不要去做什麼，就無法成為任何領域的專家。老師的工作只是避免學生犯下致命的錯誤，或是那些會造成永久傷害的錯誤。

沒有能力去做的情形中，有許多是缺乏必要的個人經驗。這個人被迫密切遵循完全不能稍有偏離的步驟，即使是最微小的細節也必須如此，這種行動的所有意圖與目標都有強迫性的特徵，而這個人也會持續承受失敗的危險。大部分人的性行為都因為這種錯誤而受苦。如果不徹底處理正常學習期被省略的部分，就無法得到持久

、滿意的矯正。

不過，大部分情形下，年輕人在追求、跳舞、親吻與多少有些親密接觸的調情中，都有相當可觀的學習期，因此，最後這一步並不是完全新奇、困難的任務。

大部分因性能力不足而受苦的人，一方面屬於太早就需要勇敢面對社會的那一群人，另一方面則是那些比教宗更虔誠的天主教徒，他們沒有從宗教得到益處，卻跳過了可以做為橋梁的追求異性學習階段。性能力不足的人有這個共通點：性功能的發展並沒有均勻分布於成長過程，他們過去面對的任務遠超過腦袋所能理解的，且到現在仍是如此。

他們的位置類似自我教育者。從某個角度來看，這種人遠遠高於接受一般正式學校教育的同輩。他們偶爾會成功，成為童話故事中白手起家的人。但失敗的比例相當高，他們因為錯誤的自我教育，導致悲慘的生活，覺得自己只要受到賞識，其實可以達到顛峰。他們的問題不在於欠缺賞識，而是缺少唯有透過適當的學習期才能得到的技巧。能力非常好的人往往只是因為跳過或過於快速地通過正常學習期的某個部分，而毀壞了自己的人生。我認識一些極度有天分的工程師，他們無法達到自己應得的位置，只是因為他們竟然笨到以為只要了解力學和數學就已足夠，因此完全忽略做出實物的苦工夫。他們仍然具有機械方面的才華，但他們能做的只是發明，卻無法把這些發明化為最終可以成功上市的產品。他們越快坐下來填補學習期的缺口，就越有機會得到應有的成果。

舉例來說，從來不曾幫助妻子感覺到充分性高潮的男子，可能

會從醫生得到建議，或是從書上看到，得知女性在性行為之前
愛撫、親吻和擁抱。他沒有做這些原本應該「自然」發生的事，這
個事實顯示他不曾覺得有這樣做的自信或能力。他被迫面對考驗，
所以接近伴侶的心情完全不同於成熟男性在相同位置時的心情，他
現在是遵循別人給他的指示來進行，多半沒有任何自發的欲望要這
樣做，要不了不久就會恢復他的慣性程序，並得到慣性的結果。

　　所有學習而得的行為中，如果沒有帶來想要的結果，就表示學
習階段跳過了不可或缺的部分，只具有知性的理解，並沒有真正通
透。這種情形越快修復越好。

　　我們在大部分行為中，可以看見其他人的費力之處、他們的錯
誤以及矯正錯誤的方式。其中有老師，也有學生。但在性行為中，
這是不可能的；如果有人打算辦一間實際的學校，即使得到允許，
也沒有受到公共的譴責，但由於我們的社會型態，這間學校的效益
仍很可疑。因為這種教學必須採取完全不同於傳統程序的方式，結
果會讓所學的程序很難被運用於正常的處境。除非男方與女方都是
同一所學校的學生，否則所學的程序就會成為障礙，而不是助益。
這種伴侶會因為完全依賴彼此，以至於兩人內心的對立與怨恨必然
會滋長，直到雙方完全不和。此外，他們會覺得自己與別人都不一
樣，也就是不正常。越是仔細思量這件事的可能性，就越覺得這件
事不可行；因此根本沒有這種機構。

　　找到出路之前，容我們簡短看一看正常的學習期是由什麼組成
的。男性與女性在早期童年都會意識到自己的性器官，並玩弄性器
官。其來源就只是這些部位具有較大的敏感度，以及它們會產生特

殊的感覺。玩弄性器官是性學習期的正常過程，就好像爬行是學習走路的正常方式。馬林諾斯基（Bronisław Malinowski）曾指出某些部落的例子，下一步就是玩弄異性的性感帶。許多人的性功能只發展到自慰的程度，不曾進一步發展。更多人的發展甚至停滯在撫摸調情的階段，主要透過愛撫與親吻而為伴侶帶來高潮，如此就覺得完全滿足了。原始社會中，從玩弄性器官到插入，會有一段漸進的過程，插入在一開始是有困難的，只有慢慢進行，才會讓充分勃起的能力取代早期形式的性滿足感。不久後，自然而然的，就像學習走路一樣不帶任何成敗的感覺，這個人會達到學習期的最終階段，就是伴侶雙方的性滿足感會累積到全然的性高潮，並帶著友好的感覺與相互的親密感，而這種感覺總是來自完全放下自主決斷的力量；這時雙方會完全拋開男子氣概的驕傲與女性陰柔的被動，根本不會想表現任何形象。

但在我們的社會中，最終的殘酷考驗之前，性的學習期是被禁止的。第一次性行為發生在這個人認為自己是成人，且被別人也認為是成人的時候。他被期待具有天生的「本能」，可以用「自然而有的」方式做每一件事，但事實上，他自然而有的只是一股欲望罷了。就連這股欲望在每一個體身上採取的形式，也強烈受到個人歷史的影響，以至於「自然」這個字眼在這個脈絡中只不過是一種說法，而不是事實的描述。

有些人很大膽，在童年早期就敢觸犯社會對性行為的禁令。但他們並沒有比別人好多少，因為會有一連串不必要的情緒壓力伴隨著性行為而來。如果是女性，她們必然會流露出滿足感，但其伴侶

對她們會失去對一般女性原有的尊重。她們往往因此覺得內疚，並發現自己在比較被社會接納的處境中，無法得到相同的滿足感。

如果想要重新調整性功能，以達到正常的成熟度，卻不經歷中間的階段，所面臨的困難就相當於想要直接成為完美的網球選手，卻沒有先經歷笨拙、錯誤的動作，這些動作必須被丟棄，然後才能透過身體的感覺發現正確的動作比較好。否則就好像嘗試設計一張完美的椅子，卻不曾先在椅子上試坐一樣。我認為所有正常性行為的情形中，至少或多或少都曾不經意地經歷過這種學習期的過程，或是發生在婚姻的早期階段。無法有真正進步的性冷感與性無能的人，許多是因為忽略這種不可或缺的學習，如果沒有讓這個人經歷短期的這種學習期，再怎麼多的精神分析都無法改善其功能。

凡是學習期有所欠缺、倉促帶過或甚至完全省略的人，性問題就是這個人的核心。這種情形總是牽涉到自主決斷能力的大量運用，造成充分的性高潮很少出現，或甚至不可能出現。健康的發展中，性問題很單純（離開核心的位置，不像其他人幾乎完全占據核心的位置），於是這個人可以用具有發展性的方式，來引導他的整個存有與能量，在力量與經驗中成長。有時候，在充分且全心全意的（也就是成功的）享受自主決斷的動姿狀態之後，性活動本身不會占據核心的位置，但整個生命會被全然丟入毫無保留的親密之中，這是性高潮能讓整個神經系統產生合諧運作的唯一方式。一旦達到這種境地，就完全沒有緊張，整個問題會退回它的適當位置，在意識的陰影中保持休眠。

正確的行為中，性活動就像血液循環一樣重要。同樣的，除非

有問題，否則它不會出現在覺察的前景。當我們學習如何更好地運用自己時，從一開始就應該把釋放出來的生命力用在良好的目標，因為這會直接改善動姿，進而也增進生命力。我們對這種釋放出來的能量所能做出的最重要的運用，就是增進我們的安全感，包括經濟上與情緒上的安全感，兩者其實是同一件事。這不只是指工作而已，還表示讓自己在工作上成為無法被取代的人。如果有問題，且職業並非適情適性，就必須改變——但必須先處理這兩種困擾背後的一切莫名動機。這可能很難做到，因此必須留到整體狀態得到改善，且情緒的難處得到解決之後，才這樣做。那時自然就會知道要採取哪些必要的步驟。只要是適合自己的職業，每一個專業都有空間發揮創意去運用自己，即使什麼都不做，也是如此。給予這個建議很容易，但要加以遵守，就沒那麼容易了。每一個人以前都可能經歷過這種事，但當思考能力被交錯動機遮蔽時，就有可能在這一秒覺得所有解決方法都很有吸引力，卻在下一秒又覺得非常討厭或無趣。如果有任何未被辨識的動機得到化解，會讓你在環境中造成一些改變——即使只是吃東西的方式、呼吸、飲食內容或睡眠的小小改變——都是更美好未來的好預兆。人就像任何生物一樣，只能在條件適合的環境中成長茁壯，成熟的人會改變環境，使之適合自己，他的身體與心靈具有彈性，而有能力在各種不同的情境中調整自己。除非一個人能改變環境，好讓舊有的慣性反應不會一再重現，否則安穩或進步不會一直增長，甚至無法維持很久。如果舊有的習慣得到環境的支持，就會像腳掌的雞眼一樣持續存在，只要腳掌仍承受不當的壓力，雞眼就會再度長大，這讓雞眼成為指標，可

用來判定我們是否對不健康與造成疼痛的情境做出健康與正確的調
適。

　　如果一個人找不到任何自己深感興趣的事，毫無疑問就表示有
互相衝突的動機——沒有支配的動機，所以無法採取行動，也無法
引起任何興趣。目前有一股趨勢是透過理智的努力來得到成果，而
省略一般活動所有層面的學習期，特別是性活動。但是，意志的努
力是沒有用的；什麼都解決不了。交錯動機糾結在一起，正確的取
向是至少要解開其中一條線頭，然後就會立刻在內在發現更多被埋
藏的能力與生命力寶藏，遠超過任何人所以為的。我們的社會如果
沒有足夠的空間讓每一個人充分活著（不論這個人是誰），這個社
會就無法存在。舉例來說，自我批判的人沒有為自己找到空間（他
們不知道有空間，也不相信自己），這些人相信世界是為他們而設
的，自己是獨一無二、未被賞識的人，比他們知道的任何其他人都
更好。乍看之下相當矛盾，在自己身上挑錯的人，也認為自己比任
何別的人更好。

　　當你學會影響世界，即使只是小小的影響，世界也會變得相當
有趣。我們有那麼多事可以做，好讓這個世界更適合我們，實在很
難想像竟然有人會把自己浪費在可憐的內在掙扎。顯然的，我們必
須做一些事來改變教育，以及改善支配教育的社會體制，好讓許多
受到重創的心靈不會一直持續下去。但若要讓這種改變成為可能，
這一代人就必須為自己做一點事，不再受制於那些維持不幸與無能
的信念。各種形式的性無能與性冷感中，除了少數先天的結構畸
形，大部分受苦的人都是不適當教學與不正確學習的受害者。要求

人去做超過其能力的事，又不提供達到這些要求所需的方法，必然會造成人格的畸型。如果了解這一點，應該就足以消除焦慮，讓大部分人能開始學習動姿的正確樣式。但要達到成熟，就必須做好改變的準備，並放棄原本珍視的信念與習慣（這些舊有的模式一旦去除了強迫性，日後也許會再度被採用）。

人往往無法從任何重新調適的方法得到所有益處，因為他們既想改變自己，同時又想保持不變。這不只是因為他們相信自己可以保有慣性的人格，只改變他們不喜歡的某些行為特徵（然而，動姿的徹底改變其實總是會導致心態、表現行動的方式、聲音、呼吸與肌肉的用力方式都產生變化），也是出於習慣的惰性造成的結果。人總是可以替自己找到充分的解釋，證實所有日常活動中自身行為的合理性。只有透過親身經驗各種動機對身體狀態與動姿的影響，來學習辨識動機，並解開其糾結，才能去除其強迫性與我們對習慣的慣性、機械式服從。

人若拒絕考慮改變的傾向，並勉強以習慣性的合理化解釋來看待自己在日常行為中的動姿，等於扼殺了任何可以轉化成學習的幼苗。學習的轉化在性的學習期特別重要，因為這無法以實務來教導，否則只會製造更多、更大的困難。在客觀判斷非常重要的那一刻，學習者總是必須自己來判斷。若要矯正整體性的錯誤動姿，沒有別的方法，唯一的方式就是透過學習反轉的能力來去除強迫性。

當激發與抑制這兩種交互功能處於不穩定的均衡狀態時，就能得到反轉的能力，因為意志的控制在這個時候是容易的。接近均衡狀態時，只需要小小的力量就能把平衡轉移到任何方向，因為不穩

定的平衡相當於系統處於具有最大潛在能量的形態。我們以前所學的一切，現在都有助於這個目的。請注意兩個事實：（1）心智功能是透過有機體的個別經驗形成的，所以大腦的運作與身體的狀態是一致的，以及（2）意識的控制讓我們能把大腦的運作和執行的架構區分開來，或是允許情境重現，就像先前發生時一樣（或是任何我們選擇的其他形態）。這兩個事實給予我們有力而方便的方法，可以抑制肌肉組織，不去執行大腦皮質的神經衝動，只透過心智活動來學習。（這一刻，請讀者回想學習彈鋼琴但沒有實際敲打琴鍵的例子。）

在構想我們想要的行動時，抑制身體的行動，這種方式對所有一般人與專家而言，都是最有效的正確學習方法。一項表現出來的動作立刻就成為過去，而過去是完全無法改變的。我們可以用新的動作來補償或糾正過去動作的作用，但無法把先前的動作帶回來糾正它。所有具有良好動姿的專家都曾學會在行動發生之前，先管理自己的動機資本。我們必須學習把自己的動機導向與其執行區分開來，直到這種區分變得非常熟悉而快速，好像與行動是幾乎同時發生的。到了那個階段，我們的行動就是自發的，沒有內在的抗拒，也沒有寄生的動機。

當學習一種新的動姿模式時，即使只是學習時的練習，也必須讓自己越來越接近具有反轉能力的動姿。在做的那一瞬間，我們必須學習拒絕做出進一步的行動；於是約略得到反轉的能力，剛好足以排除強烈的強迫性。我們在這個瞬間會覺察到明顯的肌肉緊張，以及背後的動機。此時就可以抑制肌肉的緊張，讓整個人可以更接

近動姿的張力狀態。緊張降低後，會提高可暗示性；亦即更輕鬆的導向，也可說是以非自主決斷的自我導向來控制，這表示反轉的能力會得到進一步的改善。我們從先前的內容得知，這些狀態相當於副交感神經支配時引發的狀態。

因此，各個狀態會把整個人導向另一個狀態。從抑制與激發的觀點來看，大腦皮質的狀態會促進緊張的排除，緊張的降低又會帶來更容易反轉的狀態。緊張進一步降低後，呼吸變得有節奏；簡言之，整個人都以這種方式做好準備，調整到容易而平順的控制。表現是平穩的、身體處於張力優良的動姿，身體是溫暖的，前額是冰涼的，不會感覺到自己有任何分離的部位，整個人感覺起來是單一的整體，下腹部感覺起來就是自我的根源，由骨盆領導所有行動，於是達到自發的動姿。

惡性循環

到目前為止的所有討論中，還沒有談到一件事實：性關係並不是一個人的私事，而是牽涉到異性伴侶的經驗。那位伴侶成長於相似的依賴情境，因此我們會發現他們被培養出來的行為方式是一致的。兩套行為必然是互相支持的，才會持續存在。一方的性無能會被另一方的反應助長，必然會造成不正確的回應。

女性在懷孕期與生下小孩之後，對協助與保護的需求，會助長這種行為方式，讓男性保持行動的動機，以達到那種效果。就純粹的性動機而言，慣性的依賴模式是寄生性的，必須加以丟棄，才能

得到正確的行動，然而，慣性的依賴模式會因為伴侶的需求而恢復，不論她自己是否知道。

因此，在我們社會當前男性—女性依賴關係的形式下，很難維持性動機的純粹性。性無能會因為這種惡性循環而持續下去。

在我們的社會中，遵循不同的依賴方式與模式，是非常有啟發性的。需要性行為來抒解的身體緊張是相當普遍的，且只對伴侶提出一個條件，就是足夠的性能力，以充分釋放緊張。更基本的條件是不言而喻的，只是往往被忽視，就是不自主的反射性收縮，它能協助身體產生緊張或神經激發，逐漸增強到足以產生性高潮。如果沒有身體的緊張，就沒有釋放身體緊張的空間。許多人以無益的方式掙扎，藉由「意志」或想像力的內在努力，嘗試增加性欲的身體緊張度，然而這必須也只能透過外在環境對適當反應的支持而達到，也就是伴侶透過單純的性動機一起付諸行動。

無論如何，慣性的依賴模式其實會讓伴侶的選擇被限制在極度狹窄的範圍。伴侶的經濟狀況、種族、宗教信仰、國籍、社會地位、時尚程度，以及各種其他的慣性模式，都會把選擇對象限制在如此狹窄的範圍，以至於只有成熟而有能力的成人才能真正選擇伴侶。大部分人做選擇時的動機，是違背性欲動機的。無能的人的性動機是如此深埋在其他寄生動機之下，以至於選擇對象時，往往局限於根本不存在的假想伴侶。一個人所著迷的嚴格選擇，正反映出這個人的無能。

因此，無能的人（帶著這麼多自相矛盾、持續運作的動機）會

發現自己無法決定什麼人是他真正想要的伴侶。性的動機會讓大部分伴侶都是可接受的，而自相矛盾的動機則會排斥大部分伴侶。這種惡性循環會持續下去，無能的人會執行所有自相矛盾的動機，而讓無能持續下去。

第十七章

腹部、骨盆與頭部

　　脊椎是由骨盆承載的。頭部就像華人特技演員放在竹棍頂端的
盤子。身體的各個部分都懸掛在脊椎上或肋骨上，肋骨本身也掛在
脊椎上。因此，骨盆是身體的承載者。如果骨盆的各個關節沒有良
好的控制，就不可能有良好的行動。身體最強壯的肌肉就是讓骨盆
關節活動的肌肉；臀肌（屁股的肌肉）與四頭肌（大腿的大肌肉）
是所有肌肉中具有最大橫切面的肌肉。簡言之，身體的力量是由下
腹部與更廣泛的骨盆區域力量所決定。正確的行動中，會根據肌肉
大小按比例分擔工作，大肌肉分擔較多工作，小肌肉分擔較少工
作。所有感覺起來輕鬆且不會產生肌肉緊繃感的行動，都是如此進
行的。所有覺得費力的行動，都是讓身體周邊較小的肌肉做出過多
的工作，超過它們應做的分量，比如手掌、腳掌、手臂與雙腿。於
是這種動姿會讓骨盆以某種方式固定不動，而無法承載它應該承載
的縱向排列的脊椎重量。

　　如果骨盆不能讓它的所有關節自由移動，亦即髖關節與下背部
的關節，就不可能有正確的姿勢或動姿。只要骨盆可能的移動方式
中有一項受到限制，行動的流暢性就會受到破壞，於是肩帶或雙腿
就必須用很大的力量，才能完成骨盆活動度不受阻礙時可以優雅、
輕鬆完成的事。此外，就行動的品質而言，任何其他部位的用力都
無法取代正確的骨盆動作。某些柔道專家是骨盆控制藝術的大師，
相較於技術不夠精湛的人，他們的優勢讓人目眩神迷。

　　從過去到現在，可能沒有任何其他身體部位像腹部一樣充滿了
這麼多半真半假的說法。有些學派認為腹部必須盡可能像木板一樣
平坦而緊實；把腹部縮起來幾乎是舉世公認的建議。再一次的，我

認為柔道大師對腹部運作的認識，比任何其他學派都更為正確，其中有些人對腹部的控制已達完美的境界。腹部的沉重內容物、肺臟、心臟與發聲器官，以及所有支撐這些器官的肌肉，最終全都懸掛在脊椎上。腹部本身的內容物，也就是橫膈膜下面的一切，都是由骨盆底部的肌肉支持的。所有這些肌肉都必須有張力收縮；也就是說，它們的緊張程度不應該受到自主行動的干擾。如果脊椎與頭部得到適當的支撐，骨盆底部、腹部、橫膈膜、喉嚨與舌頭的緊張度就是由自身重量決定的，任何自主的內縮、緊繃或外推所造成的干擾都不符合正確的姿勢。腹部區域肌肉張力的這種變化只有為了特殊目的時，才是必要的。站立或坐下時，除了起身或坐下的動作之外，身體任何部位都不需要做什麼別的動作。意識的控制應該用來排除所有寄生性肌肉收縮，這種肌肉收縮是因為習慣而留存，而這些習慣的養成則是出於模仿或服從武斷且僵化的人。

　　強調腹部緊實的學派會談到古希臘雕像的平坦腹部，以此為完美的原型。大部分希臘雕像確實顯示出非常好的動姿（就雕像而言，姿勢這個靜態的字眼可說是同樣正確的），但你若仔細檢視，就會發現他們的腹部並沒有自主的緊繃。下腹是飽滿的；亦即可以感覺到內臟安放在腹部，重量是放在腹壁上的，肌肉因為這個重量而有力地提起。若要以自主收縮產生同樣程度的平坦腹部（把肚子內縮或拉高），骨盆頂端就會過度往後傾斜，或是胸腔會變僵硬，且下排肋骨會過於往前凸起。

　　事實上，分別討論腹部、骨盆、胸腔或頸部的正確用力方式，是完全徒勞無益的。它們之中只要有任何一個部位用力，其他部位

也都會有某種程度的用力，所以不論是進行什麼動作，都必然是在這種用力的情形下進行的，因此都是協調不良的動作。

頭跨坐在脊椎頂端，由頸部的肌肉維持頭部的位置，頭的重量會自動決定適當的肌肉張力，以維持頭的位置，好讓耳內的前庭器官能偵測身體垂直方向最微小幅度的偏移，以及穩定移動時的任何微小變化，也就是速度與加速度的變化。當頭與身體之間有正確的關係，所有憑意志可以直接減少的肌肉收縮，都會造成頭部位置的改變。這時的頭部會自由飄浮，好像軟木塞在水上漂浮一樣順暢。動姿中，頭部的機制至關重要。

頭部包含所有成對的感覺器官，這些器官讓我們與遠方的世界連結，因此被稱為遠距接收器官（teleceptor）。如果我們無法立刻知道資訊來自什麼方向、距離多遠，那麼外在世界的資訊就是無用的。分布在兩側的成對器官是立體視覺與評估聲音的方向與距離所必要的。雙眼與雙耳的神經支配都會讓頭部反射性的轉動，直到兩側器官對遠方的訊號受到均等的激發。雙眼特別會一起移動，好讓目標物的影像能在視網膜以相同的方式重疊。

頭部雖然有本身的惰性與重量，但能毫不遲延地跟隨眼睛，因為頭部的關節接合處很接近頭的重心。眼睛或耳朵的激發會增加頸部肌肉的張力，讓頭只消耗潛在的能量就能轉動（除了抬頭直接往上看的時候），肌肉大多時候只要指揮頭部的「下垂」。

眼睛對頸部的反射動作具有優先的控制力。優先的控制力通常比較精細，如果時間允許，可以讓動作有更細膩的變化層次。如果你盡可能用最少的力量，好讓你能開始分辨身體感覺中更細微的差

異，就可能偵測到下述兩種動作的明顯差異。首先，同時向右轉動頭與眼睛，重複幾次，並注意頭部的移動是否有忽動忽停或忽快忽慢的情形。接下來，向右轉動頭部，但眼睛快速而不中斷地以水平掃瞄的方式向右移動，你喜歡多快就多快，然後才固定看向先前實驗中頭部停止的方向。交替重複這兩種動作，你會發現，當運用眼睛時，頭部的移動在整個過程中會比較平順。當你運用眼睛先看，頭部再跟著眼睛轉動時，也可以毫不費力在任何一處反轉頭的動作。相反的，如果你沒有用眼睛來帶領，頭在轉到右側的終點之前，很難反轉頭的動作，除非你事先決定好這麼做。

　　這些簡單的實驗相當清楚地顯示出人類神經系統的兩種不同特徵：（1）眼睛的反射動作對頸部反射動作具有優先的影響力，以及（2）意識的意志控制具有更優先的影響力，使我們能放掉眼睛的控制，讓較低階的頸部反射動作以自己的方式運作。（或是當我們想要時，也可以中斷這種暫時交付的控制權，轉而讓眼睛來主導。）當進入的訊號出乎意料之外或異常強烈時，頸部的反射動作會自動運作。在一般的覺察中，眼睛則是領導者。高等的動物，比如猿，眼睛所扮演的角色類似人類。低等動物中，比如兔子，頸部的反射動作扮演更為自動的角色，頭部的位置會決定身體其餘部位的張力。

　　我們現在可以說明適當的自我運用具有什麼普遍特徵。頭部應該保持完全的自由，浮跨在脊柱頂端。頸部與喉嚨的所有緊張都會干擾頭的移動，讓原本協調的行動變得不太完美。脊柱頂端的寰椎應該總是指向頭顱頂點的方向，當頭在站立的姿勢保持平衡，身體從骨盆往上的所有部位都沒有可以自主控制的緊張時，如果有一道

水柱從脊柱往上噴出，就會撞到頭顱頂端。我們稍後會提出一些指標，可以由此辨識身體適當的排列會有什麼相應的感覺。

　　頸部緊張的最常見原因就是害怕失敗；也就是說，這種緊張表達出內心知道自己沒有好好去做的能力。這個人會過於快速、急切地動用所有力量與行動，相信這樣會確保成功。這種行動缺乏變化的層次感與協調性；急忙與費力都無法取代技巧，反而表示這個人懷疑自己是否有能力處理這種情境。這種情形下，成功的動機高於行動的動機。失敗是正確行動必然會有的產物；沒有失敗，怎麼會有正確的行動？失敗會被正確的行動所消除，而不是因為害怕失敗而消除。在正確的動姿中，失敗的可能性並不會引起強迫性的緊張。一旦對失敗的恐懼成為所有行動的情緒元素時，個人的安全感就會被它牢牢牽著走，就像強迫性慣性態度造成的結果一樣。這個人會對自己過於挑剔、產生偏見，以至於往往在自己身上看見客觀的觀察者不會看到的失敗。這個人會感覺到剛才描述的內在緊張，並覺察到有什麼東西不對勁，不過他無法辨認出肌肉緊張的問題，這種緊張會把他的頭或脊柱的另一個關節往下壓。當他學會辨認寄生性的行動，以及這種行動強迫性存在的根源，就能對之重新獲得意識的控制，而自發性也得以恢復。

腹部的控制

　　如果沒有人與人之間實際的接觸，很難準確傳達什麼是適當的腹部控制。唯一的方式就是邀請讀者去做某些動作或採取某些姿

態，依靠自己的能力來感覺這些不同身體狀態間的差異，最終為自己發現其中的意涵。外在可見或可觸摸出來的差異非常微小，除非是訓練有素的老師，否則很難發現。

　　很重要的一點是要了解這裡並沒有什麼神祕之處，也沒有什麼「專家」以外的凡夫俗子所不知道的祕密控制方法。專家只是會運用方法而做到其他每一個人憑運氣偶然會做到的事。但刻意想要做到時，運氣會失敗，因為大部分人不像專家，不知道自己到底在做什麼，因此無法學習去控制它。我們都偶然會有一段時間感覺優雅、輕鬆，同時又有力；我們處於「良好的形式」。我們在那一刻的控制優於平時，且有能力以更滿意的方式運用自己。我們想要有能力自由複製這種狀態，像某些人一樣，完全沒有困難。但這種人很罕見，我們很容易以為他們具有某種我們所沒有的東西，其實唯一的差異只在於他們能經常運用與保持自我的導向，而我們只能在短暫的期間偶一為之。顯然的，如果我們根本沒有某種東西，就無法學習去運用它。

　　我們從腹部的控制開始。當你揮舞斧頭要砍東西時，會先用雙手舉起斧頭到頭頂上方，就在斧頭改變方向，開始往下揮動的那一刻，你的腹部就處於良好的收縮狀態。但只有在雙臂沒有刻意用力，且胸腔得到支持，而讓肺部可以在向前揮動時自由吐出空氣，才是真的良好狀態。請試著在沒有拿斧頭的情形下，重複幾次這個動作，然後停在雙手高舉在頭上的那一刻，觀察下腹部的收縮狀態。這時骨盆的位置與下腹的狀態就有可能非常接近我心中所想的樣子。

請坐在椅子上，雙腳分開，左右大腿之間成直角，眼睛看正前方，然後把雙手放在膝蓋上，讓背部往後垂，直到腰部碰到椅背。突然把下腹部向前方推出，好讓空氣從肺部經過嘴巴自由吐出，有點像狗吠或咳嗽的方式。仔細觀察自己，你會發現肩膀僵硬，頭的背部往後頸拉過去，下巴凸出，在腹部的前方。請重複幾次這個動作，然後再一次突然把下腹部往前推出，自由吐氣，然後保持不動幾秒鐘，觀察並注意腹部的飽滿與收縮狀態。現在讓你的背部離開椅背，下腹更往前推出，背部成為拱形，再次從肺吐出空氣，頭抬高成垂直的排列，肩膀放鬆，停止下腹部的強烈收縮，但仍保持飽滿的圓形。如果你的呼吸變得輕鬆有規律，肩膀靜止而覺得鬆弛，且頭可以跟著眼睛向左向右轉到肩膀後方約四十五度角，而在頸部、肩膀與下巴沒有任何改變，你就再次抓到要領了。

請重複整個過程好幾次。測試是否正確，就看你能否在

當揮舞斧頭，用雙手舉起斧頭到頭頂上方（就在斧頭改變方向，開始往下方揮動的那一刻）。

最後的姿態保持兩、三分鐘，而不感到緊繃，也不覺得有要矯正自
己的傾向。此外，保持這個姿態時，你的臉部肌肉應該是放鬆的，
整個人瀰漫一種寧靜感。等待時，幸福感會越來越明顯。如果你會
覺得時間漫長，就從頭開始——你還沒有抓到要領。

　　現在讓背部靠在椅背，頭部再次向前下垂，腰椎靠在椅背上，
雙手放在大腿靠近腹部的位置；閉上雙眼。椅子不可以太高，要適
合你，這一點很重要；也就是大腿的膕繩肌不應該受到大腿重量的
壓迫。如有需要，請在腳下放墊子，好讓你是坐在臀部上，同時大
腿不會緊緊壓住椅子。

　　閉上嘴巴，上下排牙齒輕輕接觸，盡可能不費力地讓下巴向

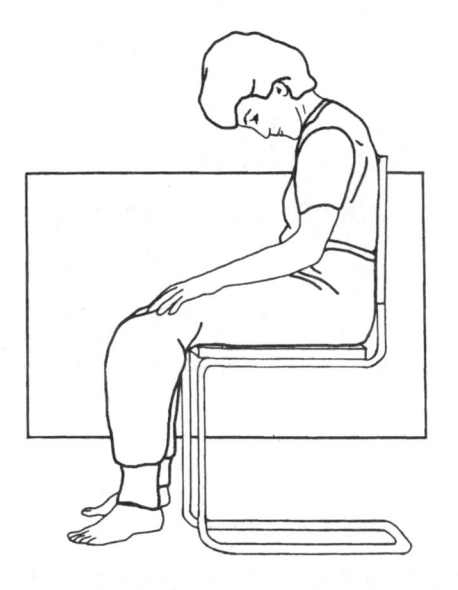

下巴沿著胸骨向喉嚨內縮（坐在椅子上，腰部往後垂，觀察自己）。

前方推出，保持這個姿勢幾秒鐘，你會開始覺察到頸背肌肉的收縮。收回下巴，直到頸背的緊張消失。請注意下巴往前推出時會伴隨呼吸韻律的中斷，也就是當下巴緊緊向前伸時，你也會屏住呼吸。現在把下巴沿著胸骨往喉嚨內縮，等幾秒鐘，注意下巴下方的緊張，然後讓下巴往前方移動，直到這個緊張消失，現在你的頭與頸椎的關係比先前越來越正確。請用比先前更少的緊張

程度，再次重複相同的步驟。頭部的中立位置會變得非常清楚；亦即你已學會抑制自主來源的肌肉緊張，即使頭部保持在這個位置的肌肉張力狀態出現很細微的偏差時，也能加以察覺。

現在完全不改變你保持頭部姿勢的方式，盡可能輕柔地把腹部最下方的部位向前推出。如果你無法這樣做，請把兩手的指尖放在腹部最下方的兩側，剛好在陰毛上方，然後只用腹部肌肉的力量把手指尖往下推；如果軀幹的其餘部位沒有緊繃，且頭像先前一樣得到自由的支持，腹部的推出會讓空氣從肺部排出。請保持腹部往前推出幾秒鐘，然後放掉這個緊張。仍然讓腰椎向後靠，頂住椅背，然後把腹部內縮，仍然向先前一樣輕柔地做。如果你沒有在身體其餘部位引發任何肌肉收縮，腹部的內縮同樣也會讓空氣從肺部排出。這一點非常重要，因為許多半真半假的說法所教導的橫膈膜呼吸法，會讓人無法做出協調的行動。還有一點也很重要，必須注意，如果你交替進行下腹部的外推與內縮，就會發現不論持續做多久，你在這兩種變化中都在吐氣。你顯然不需要吸氣。事實確實如此──你不需要用任何自主的行動來吸氣。如果你沒有引發頸部、喉嚨、舌頭、軀幹與橫膈膜肌肉的自主收縮，當下腹前推或內縮時排出空氣的作用結束時，空氣會立刻填滿肺部。由於鼻道在這種吐氣突然升起的壓力影響下會收縮，並讓空氣自由進入，所以吸氣是完全無聲的。

像先前一樣，用指尖輕壓下腹，重複下腹部的推出與內縮五、六次。如果你沒有引發可以自主排除的緊張（也就是頸部保持在中間的狀態，手臂與肩膀自由下垂），就會發現你的呼吸均勻且完全

沒有聲音，且會有輕鬆、安靜的感覺。請注意，每次吸氣都會帶來這樣的感覺：（1）下端的肋骨與椅背的接觸面積會增加，與（2）鎖骨與胸骨之間的關節會展開。整個胸廓在擴展且打開時，會被提高；內臟器官的重量與胸廓本身的重量則會把胸腔下拉，於是減少內在的容積而排出空氣。

這種呼吸見於所有正確的動姿。技術精湛的柔道大師即使在激烈的行動中，也會保持這種呼吸，每一次位置的變化都是由下腹啟動，從肺中吐氣，不需任何意識的注意就能換氣。柔道大師可以毫不費力就讓一打年紀比他年輕一半的人筋疲力竭。張力呼吸與自主的肌肉收縮是不相容的，這一點比高超的身體技巧更為重要，自主的肌肉收縮來自慣性的害怕失敗、懷疑、不安全感，以及得到稱讚的需求。事實上，學習辨識正確動姿的感受時，如果學生在客觀學習的動機之外也懷有寄生的動機時，下巴的肌肉會緊繃，牙齒會用力咬緊，眉頭會皺起來，眼睛也會用力，而這堂課就難以達到原本的效果。因為在所有功能運作中，下列兩者間必須有持續的回饋，才能產生調節良好的活動：（1）控制的機制與執行的機制，以及（2）環境（此處就是指身體）。其中一方的改善會根據身體狀況而調節另一方，進而又改善前者，假使完美是必要的，就會一直持續下去而達到最理想的運作狀態。物質世界讓神經系統能在激發與抑制之間形成平衡，以得到可控制的身體活動。對於任何活動層面的每一功能，調節適當的系統能完全消除抑制，也完全去除激發，只執行適合當下需要的部分。只有在行動的各個層次或層面都擁有完整範圍的運作時，才能完全去除強迫性，而讓我們的行動成為自發之我

的表現。所有具有創造力的男男女女都知道這種時刻，這時他們能以這種方式行動。我們通常相信人必須等待靈感或某種啟發，才能產生這種快樂的時刻。但成熟、有創造力的人已學會對自己有充足的認識，能把自己帶入可反轉的動姿狀態。因此，他們能在幾個月之前就預先公布靈感開始運作的時刻。對成熟的小提琴家、成熟的走鋼索特技表演者、親密關係中的成熟男女，以及所有學會區分強迫性與自發性的人而言，都是如此；他們是真正充分有能的人。

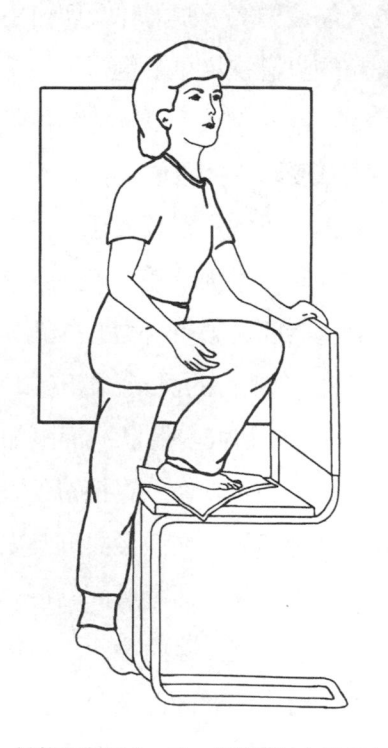

一手放在椅背上，另一側的腳站在椅子上。

請站在椅子前面，最好在椅子上放一張紙，以免弄髒椅子、破壞家庭的和諧，然後把一隻手放在椅背上（以左手為例），另一側的腳放在椅子上（以這個例子而言就是右腳），然後內縮腹部呈現平坦的狀態，嘗試站到椅子上，你會發現自己的呼吸暫停，並在腿部感覺到清楚的緊繃感；緊繃的感覺會一直持續，直到下腹部發生某種情形。再試一次，這一回讓下腹部處於斧頭改變方向、開始往下時的相同狀態，或是像先前坐姿練習的最終狀

態。你現在可以站到椅子上，而完全不改變呼吸，也沒有任何用力的感覺。

　　經驗過這種下腹飽滿的感覺之後，每當你改變姿態或是開始或停止任何行動時，如果行動是輕鬆而單純的，呼吸的節奏也沒有被打斷，就會很容易就發現這個感覺。

　　我在先前描述腹部的控制時，以不太嚴謹的方式使用「正確」與「對」這樣的字眼。但事情本身並沒有「對」或「正確」可言；我們應該每次都要問：「就什麼而言是正確的？」「就什麼而言是對的？」每當我們做出一個新的姿態，或是開始或停止任何動作時，我們所談的腹部控制都是潛在的正確。這是身體最適當的狀態，我們在這種狀態中，能從一種使用自己的方式轉換到另一種。也就是說，這是活躍的身體在換檔時所經過的空檔。不論我們要做的是任何別的什麼事，如果在行動中想要以最有利的方式運用我們的身與心，就要通過這個狀態。理由在於骨盆是支持身體的機械性基礎，必須為脊椎提供堅實而安全的支持。骨盆的靈活性是必要的，如此才可能在每一次動作中都讓脊椎能對抗壓迫的力量。這樣才能讓肌肉免於可避免的神經衝動（若是壓力沒有順著脊椎弧線方向進行而造成剪力作用或滑動作用，為了保護脊椎，低等神經中樞就會產生神經衝動），於是肌肉可以自由導向我們的需要，而沒有內在的矛盾。

　　除了上述這一點，還有下述的事實，適當的骨盆或腹部控制必然伴隨著協調的激發與抑制，以得到不穩定的均衡，然後才可能執

行預定的動作，並在過程中的任何時刻或任一點停止動作、反轉動作或繼續進行動作，這是我們為什麼稱之為控制的原因，也是它如此重要的原因。當我們想做某件事，卻發現有困難時，總是因為執行了自己沒有意識到的動機而產生不必要的肌肉收縮。我們必須強迫自己有足夠程度的神經激發，不只是要克服客觀的困難，也為了克服內在的抗拒。我們會在頭與骨盆之間的某個部位做出一些動作，以符合我們覺得自己能力不足、無法勝任、不夠好的個人經驗──或試圖表現出相反的情形──簡言之，就是強迫性。

現在要先請你以自己能想像得到的所有方式，嘗試從椅子上起身。然後建立下腹部的飽滿，好讓整個身體可以向前彎曲，而頭與沿著脊椎的整個軀幹沒有任何相對的變化（彎曲的動作只在雙腿的關節，也就是髖部、膝蓋與腳踝。同時請確定這些關節都不會固定在一處而無法移動）。我們有可能藉由移動骨盆而持續往頭的方向推擠脊柱，就從椅子站起來而沒有任何費力的感覺，呼吸也沒有任何變化。如果你習慣用很大的力量來做，就可能在嘗試以不同方式進行動作時，感覺不到差異。但如果你運用反轉能力來測試，很快就會感覺到差異。請嘗試在進行動作的任何時刻反轉身體動作，且沒有一點延遲或費力，呼吸的節奏也不會中斷。若想得到這種反轉能力，就要在你學習去做時，讓有能力移動身體的肌肉來工作；也就是由一端附著在骨盆的肌肉來工作，四肢的肌肉只負責定向與指引的功能。當所有寄生的肌肉收縮都被消除時，就會感覺到下腹的飽滿，這是最佳的參考指標，由此可以恢復正確的姿勢，而不需要牢記身體所有部位之間數不清而又繁瑣的相對排列關係。請小心不

要用到意志的努力或嘗試在心裡抓取一個正確動姿的圖像；正確的行動只能透過實際經驗而習得。

下腹控制在性行為中的重要性是無與倫比的。性高潮是不自主的反射性神經激發，牽涉到整個骨盆底部的肌肉收縮，包括臀部與腹部。如果動作的自由度被原先就存在的肌肉收縮所限制，性高潮就無法充分發展，多半在萌芽時就夭折了。互相矛盾的動機會被感覺為抗拒；也就是會有大量的肌肉用力，頸部與肩膀緊繃、呼吸不順，且沒有滿足感。

如果你在建立先前的坐姿時觀察自己，可能會更意識到正確腹部控制的重要性。請注意，當你的背部離開椅背，並得到飽滿的下腹時，你的肛門括約肌會相當明顯地放鬆，一旦你內縮腹部以讓腹部平坦而失去飽滿的腹部時，肛門括約肌就會立刻再次收縮。肛門括約肌的收縮與性高潮的韻律是同步的，一直保持在收縮狀態，不但無法促進性高潮的正常過程，反而會加以阻礙與干擾。有些人會刻意收縮肛門括約肌，以延遲性高潮。從這個角度來看，收縮肛門括約肌當然會有幫助，但隨後的性高潮多少會比較平淡。

由於正確的腹部控制可以讓骨盆免於不必要的肌肉收縮，也建立不受干擾的個人呼吸節奏，於是能放鬆下顎、嘴巴與雙手的肌肉，確實會讓身體盡可能做好準備，由副交感神經來支配，於是達到協調良好的人自發做事的狀態（並相信所有人都可以類似的方式來做）。但我們比這些「正常」人更具有一項優勢，因為他們不知道自己是如何成功的，只要不失敗就好了。然而藉由應用良好的控制方法，讓身體自然而然做出正確的生理運作，就能確保自己不會

發生這種不幸。

在每一次快速的姿態變化中，正確的腹部控制都會具有前述適當行動的所有特徵。你可以在優秀的高爾夫球選手揮桿時觀察到，也可以在優秀的歌唱家、溜冰家、舞者，以及能有滿足性交的每一位男男女女的全然性高潮中，觀察到這一點。

教導較佳動姿與協調性的過程中，你會驚訝地發現許多人會用極端痛苦的方式來去除骨盆的某些動作，以此為目標。不論男女，都在動姿中排除任何可能暗示性行為或排便行為的骨盆姿態。當有人示範正確的動作時，你會發現大部分學生都會清楚意識到這個姿態在暗示什麼，有些人甚至會表達出來。許多人非常不願繼續下去，內心有如此明顯的抗拒，以至於只有靠老師的榜樣與就事論事的態度，才能鼓勵較不被壓抑的學生，透過他們共同的示範，其他人才願意跟著做。一旦他們的臉龐放鬆下來，得到正確的結果，就更能說明，動姿的崩壞大多是為了順應環境而造成的結果，我們會因為環境而排除許多可能的動作，只去使用那些被環境支持的動作，所以事實上是社會環境形成我們神經系統的路徑。這項教導的重要性在於能讓學生去除壓抑，擺脫守規距與從眾的幼稚觀念。這些觀念是所有成熟的人都不予理會的。於是我們可以很有說服力地證明，具有成熟身心的人確實會相當自由地運用骨盆，他們的舉止中找不到任何怪異或不雅之處。剛好相反，他們會因為自發、優雅的行動，而受人推崇。

在這個時刻，我們就可以向每一個人展示，骨盆自由度被排除時會造成哪些相關限制。舉例來說，僵硬的髖關節會造成膝蓋無法

打開到骨骼原本可以展開的極限，而僵硬的原因是則是出於情緒的壓抑所造成的慣性。這部位的肌肉本身並不短，而是習慣性的緊縮，而你就像我的學生一樣可以恢復關節的完整活動範圍，不需要透過長期的運動與拉筋，而是在此時此地透過降低肌肉收縮的感知閾限（譯註：意即增加你對肌肉收縮的感知能力），就可以達到。做法如下，首先，在一般的平躺姿勢中，請學生在舒適的範圍內盡可能張開雙膝，越寬越好。然後施力迫使雙膝靠攏，並請學生對抗這個力量，保持雙膝張開的狀態，維持這個力量大約三十秒，直到表現出誘發作用，這時大腿內側肌肉的收縮會因為回應拮抗肌的過度激發而放鬆下來，拮抗肌會為了克服雙膝外側所受的壓力而收縮。然後請學生閉上眼睛，以消除他們的控制；從肢體來的資訊只剩一個來源，就是動覺。然後逐漸減少壓力，請學生只根據身體的感覺來保持內側肌肉的緊張狀態和先前一樣，沒有改變，當學生覺得他的雙膝張開的程度與先前一樣時，再請他張開眼睛，親眼看見他的肌肉「變長了」，新的肌肉零收縮的程度明顯低於先前的狀態。有些人只要重複一兩次就足以恢復完整的骨骼活動範圍；有些人需要多重複幾次；至於那些只有部分改善的人，就需要以個別的方式處理。這是學習的本質，因為結果來自控制機制的重新調整，而讓來自肌肉的資訊比先前更貼近事實。

　　請注意，這個結果不是來自鍛練、重複動作與拉筋，因為這些做法同時是在練習錯誤的行動。真正的進步只來自把有意識的意志努力放在專注的目標而產生的差異。此外，拉筋意味著伸長肌肉，這樣會讓肌肉接收到收縮肌肉的神經衝動；伸長是出於肌肉纖維被

拉扯到超出其彈性範圍而造成的變形。這種拉筋會在肌肉產生我們熟悉的疼痛，持續數天，直到損傷被修復為止，有時會長達七到十四天，這與年紀有關。在這之後，肌肉會回復先前的長短，所以如果要維持其長度，就必須不顧疼痛持續拉筋；強迫拉長肌肉纖維就需要修復的過程。無論如何，每一個人憑經驗都會知道，只要停止訓練一個月左右，整個疼痛的過程就必然會重複發生。

相反的，前述的方法是透過重新教育神經中樞的控制，並消除自相矛盾的神經衝動，而讓肌肉可以恢復完整的活動範圍。其優點相當明顯；因為肌肉的基本性質是收縮的能力，不是長度。誘發法會增加收縮的範圍，由此也會增強力量。長度的增加是附帶的作用；這剛好就是健康、不受抑制的肌肉的正常長度。

常見的伸手碰腳趾的拉筋方式正是一個實例，以不適當的方法修復骨盆動作範圍各種廣泛限制的其中一種。只要沒有去除大腦皮質對拉長肌肉的抑制作用，肌肉單純的機械性變形必然會不斷重複，而浪費生命。非常熱衷這種鍛練方式的人，正是以合理化的方式展現他們對強迫性傾向的熱衷。不被壓抑而自發的人，就像未被壓抑的小孩一樣，可以不用鍛練就碰觸到腳趾，他們運用骨盆的完整活動範圍來繫鞋帶、洗腳，安然處於不因循守舊的姿態，諸如此類。他們所享受的，不只是毫無益處的碰觸腳趾的能力，還有骨盆完整的靈活性，這是在抑制與激發的控制之間更充分來回擺盪而有的結果，因此他們也具有更充分的情緒擺盪、更充分的性高潮，以及更充分的社交友誼。

腹部控制的動態性質是很難好好說明的觀念。直接的教學中，

大部分人關注的是靜態的固定性，往往「保持」腹部一直處於他們認為的正確位置。「正確的位置」與自發狀態有一個重要的差異，自發狀態下，身體感覺起來有如一個結合良好的整體，不但重量較輕，也更為靈活，各處的關節自由有如最順暢、最潤滑的機件。請必須學會並記住這一點：我們關注的是動姿，不是靜態的姿勢，我們關注的是做的方式，而不是把自己固定在一種方式，即使這是體態最優美的姿勢。我們也必須記得，腹部的控制之於身體就有如拱門上的拱心石——只有拱心石，你仍無法擁有一具拱門，其他石頭仍必須像拱心石一樣被仔細地雕琢。骨盆區域是動作的基石，也就是生命的基石。骨盆帶著外生殖器，必須擺脫強迫性與僵化的束縛，並能實實在在地向所有方向移動，圍繞著身體的重心而轉動，有如環繞著球心的球體。

　　飽滿的腹部讓骨盆非常接近圓球體，球心就是行動的中心。第一薦椎是身體所有壓力都會經過的點，這個點必須可以自由移動，也是在所有行動中代表身體的點。所有性無能的情形中，不論是機械性、情緒性、性欲或其他原因的性無能，身體都有強迫性的固著與僵硬，限制了這個點的靈活性，失去動作的變化層次，並將它局限在精確的軌道，其他軌道或多或少會被習慣的強迫性排除。焦慮的化解會被主觀感覺為骨盆中心恢復某種程度的移動自由。腹部的張力會因為眼睛、嘴巴、肩膀、外生殖器、肛門括約肌、雙腿與腳趾、手指、肋骨與（最重要的）頭部的放鬆，而受到影響。

　　任何特定的無能情形，包括性無能與性冷感，都有骨盆活動度不足與腹部張力不良的情形，這是出於個人經驗，完全不是出於生

物的遺傳。

最主要的問題在於恢復自我導向的自發性，以及在行動的各個層面有能力從極度激發到絕對抑制之間自由的移動。身體中，這會表現於所有接合之處恢復完滿的活動範圍，不只是主要的大關節，也包括脊椎的關節，特別是與頭部關節和骨盆這兩個接合之處。

現在請平躺，臉朝天花板，盡可能不費力地延伸頭與四肢。然後把雙手放在腹部，手指輕觸腹部。有三個特別重要的點：（1）肚臍下方大約一吋的點，與（2和3）腹部兩側、恥骨上方的左右兩個點，從這兩個點可以用手指戳入身體軸心強壯的腹部肌肉的兩側。請將腹部向外推出，讓第一個點可以把手指盡可能推高，且不會造成胸腔與肩膀變僵硬。試著做幾次，直到你能讓下腹漲滿，同時不會做出任何其他動作。一開始你還無法做到，然而，引導你的注意力去抑制你覺察到的所有其他的肌肉收縮，就已足夠。你逐漸會覺察到現在還感覺不到的肌肉收縮。

經過幾次嘗試之後，把腹部突然向前推，但不要太激烈，讓這個動作把空氣從肺部向外吐出。重複五、六次，直到你認為可以把這個動作做好。然後把指尖放在腹股溝兩個較低的點，把腹部往前推出，讓手指尖和臍下那一點同樣鼓起來，腹部感覺變圓，像氣球或足球一樣鼓起來。現在請試著鼓起較低的兩點，但不鼓起臍下的第一個點。你可能發現你根本做不到，不用擔心，再次嘗試，請注意在肚臍以上完全不做任何事，並特別注意你的下背。如果你刻意向先前一樣盡可能把較低的兩點與臍下那一點推高，就會感覺到下背部變飽滿，並碰觸地面。如果你現在開始讓骨盆到肩膀之間的脊

椎碰觸地面，都沒有中斷，就會發現你可以毫無困難地把較低的兩個點往前推出，而不會讓臍下區域的緊張狀態產生任何變化。如果你持續做幾次，就會注意到腹部會感覺好像氣球輕柔滾動，每當脊椎碰觸地板時，氣球就往臉的方向滾動。每當你把腹部往前推而鼓漲腹部時，如果同時吐氣，會突然覺得像是要發出低沉的呼嚕聲，有點像是在一開始吐出氣流時，想要發出沒有母音的「ㄏㄜㄜㄜㄇ（hrrrm）」的聲音。經過幾次試驗之後，你現在可能可以嘗試把較低的兩點往前推，而不會有讓下背接觸地面的骨盆動作。繼續做這些動作，連續幾天，直到你能區分這兩種動作，並能在一開始嘗試時就準確地做出其中的任一種動作。你會在自己身上看到精細的下腹控制的作用。重要的是要知道，你只是在學習運用某種你未曾使用的控制，並不是為了某種你應該能做卻沒能做到的事來審查自己。有些人——比如那些有幸成長於既不會過度充滿善意、也不會過度嚴苛的環境，以及沒有過早承受情緒磨難的人——這種人會驚訝地發現，別人需要指導的事，對他們而言卻是如此自然與明顯，以至於他們不曾絲毫懷疑過事情可能沒有那麼簡單。對這種人而言，本書教導的許多事就好像教媽媽剝馬鈴薯皮一樣容易，他們閱讀本書所能得到的唯一好處，就是知道不用改變自己的方式而去模仿受人崇拜者的做事方式，除非是可能在某些層面，受人崇拜者的行動真的比大部分人良好許多。

　　現在請站起來，雙腳張得很開，膝蓋在腳掌上方，與地面垂直。更精確地說，就是嘗試在左右兩側分別建立一個與地面垂直的平面，這個平面通過股骨、髖骨正中間、脛骨、腳跟正中間，並碰

觸第二腳趾靠近大腳趾的那一側（譯註：股骨即大腿骨，髕骨是膝蓋骨，脛骨是小腿中間偏內側的骨頭）。站立或移動時，兩個膝蓋都一直保持在這兩個垂直的平面（除非動作的目的是與之相反的意圖）。當膝蓋彎曲以降低身體時，雙膝會在各自的平面裡上下移動，並遠離這兩個平面交會之處（假設這兩個平面是真的，會以某個角度交會）；換句話說，當膝蓋彎曲時，兩個膝蓋必然會互相遠離。這是符合膝蓋解剖結構的移動方式，讓膝蓋可以支持身體而不緊繃。如果臀部沒有不必要的肌肉收縮，且下腹部保持良好的張力，腿就會以這種方式正確地懸垂在臀部下方。

現在讓你的雙膝稍微彎曲，髖關節往後移動，且盡可能避免屏住呼吸與緊繃肩膀。把下腹部往前方與下方推出而變得飽滿，讓腰部的弧形完全成形。胸腔仍保持沒有肌肉的收縮，安放在骨盆與圓滾飽滿的腹部所形成的堅固基礎之上，所以肩膀是下垂的。然後抬頭，直到你的鼻子往下垂直投射時，正好對到下腹部。頭部在與寰椎接合之處往後彎，直到頭顱背面因為頸部的肌肉而無法繼續後彎，這個動作可以把頭帶到正確的排列。然後張開嘴巴，伸出舌頭去碰觸下巴（如果下顎完全下垂並向前推出，喉嚨沒有緊繃，自然呼吸，就有可能做到）。

舌頭如前述般伸出，放掉頸部的緊繃，讓頭往前傾斜，如果下顎和舌頭的形態沒有改變，頭停住的位置就會是身體受到張力支撐時的排列。頭部應該不受干擾且自由，除了放鬆頸部肌肉讓頭後彎之外，什麼都不用做，不是藉由主動做任何事來抬頭。整個過程中，用的力量越少，就越接近正確的結果。你的鼻子現在或多或少是在

下腹部的正上方（先前的測試比你鼻子的位置更可靠，因為不用考慮鼻子的長度與形狀）。

　　請把雙手放在下腹的下方，藉由轉動飽滿的腹部，抬高整個肚子，直到你能只靠轉動眼睛往下看見食指下面的中指。這樣轉動整個肚子向上的動作中，應該從肺部往外吐氣，向下轉動到原初的位置時，也同樣應該吐氣。如果向上與向下滾動腹部的交替動作是以適當的方式進行（也就是胸腔、肩膀與頸部沒有任何肌肉的收縮，且每一輪約進行數秒鐘），你就會發現很難覺察你在什麼時候吸氣，因為現在的吸氣是自動進行的，也應該如此。

　　重複這種吐氣動作大約十二次，然後嘗試不靠手的協助就讓腹部向上滾動，接著讓肚子滾回來。請記住，除非身體的其餘部分完全不動，否則這個動作沒有什麼用處。當所有不必要的肌肉收縮都被排除，且腹部的向上滾動可以沒有緊繃地在吐氣時進行，就重複做大約二十次。

　　休息一下之後，下一步就是回復原初的姿態，然後不靠雙手的協助，讓腹部向上滾動。

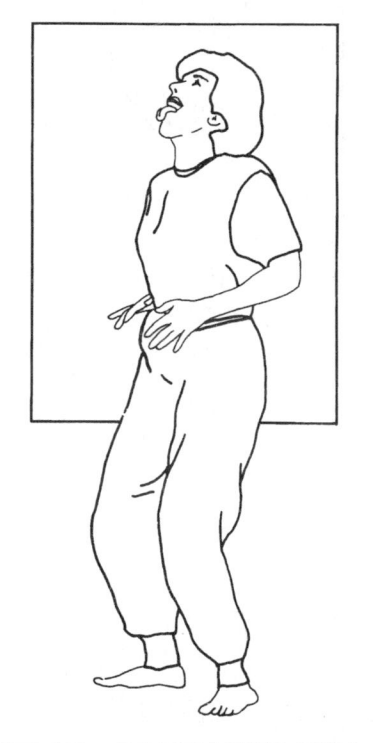

張開嘴巴，伸出舌頭去碰觸你的下巴。

　　保持腹部停在往上到極致的位置，大約三十秒，允許胸腔做它自然會做的事，而讓呼吸持續不斷。稍微試幾次就夠了。

　　等比較熟練、輕鬆之後，進行飽滿圓滾腹部往上滾動的動作時，就要與雙手的力量對抗；也就是當你向上滾動腹部時，雙手要把腹部往下推。如果你的控制技巧不夠好，在做這兩個互相對抗的動作時，手臂、肩、頸會緊繃的話，可以把一件寬大的衣物（類似印度人的綁腰帶）緊緊綁在腰部，然後進行鼓起下腹（使之變圓）的動作，並讓腹部往上滾動，對抗綁起來的衣服的束縛力量。假如你正確地遵循指示，腹壁的張力會很快改善，數週之內（如果是在一對一的指導之下，所花的時間會減少很多），你的整個身體與臉部表情的輕盈感都會有明顯的改善。

　　下述的練習中，你也許可以立刻感覺到差異。請站在一張椅子前，好像準備坐下；然後像剛才所描述的方式站著，並像先前一樣調整全身，直到從薦椎到寰椎的整條脊柱是垂直的，這是剛才描述的調整而

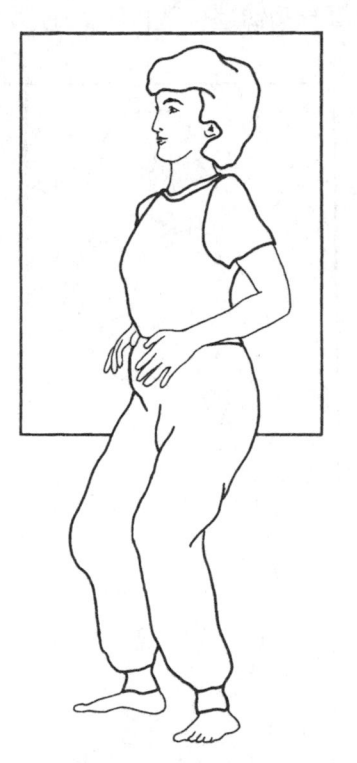

進行飽滿圓滾腹部往上滾動的動作時，與雙手的力量對抗（站姿）。

有的結果。然後讓下腹飽滿而圓滾，像先前一樣用雙手提高肚子，同時慢慢坐下，以彎曲膝蓋的方式放低身體，讓骨盆下降到椅子上。我說你「也許」會感覺到差異，但你的姿勢大體上可能是良好的，身體會像一個整體一樣降低，就像平常一樣，沒有任何屏住氣息或不必要的用力；若是如此，你就不會發現任何差異。另一方面，你可能有不良的姿勢，儘管根據這個描述進行，仍然有太多緊繃，以至於要花一些時間，才足以有更多的收穫，而能覺察到進步。（一對一的指導下，差異可能非常明顯，好像得到啟示一樣。）

小說教學

第十八章

既然你對於把神經的激發從交感神經轉移到副交感神經支配的控制，已有一些粗略的認識，就應該能把自己帶入中間的狀態，這時下腹部是飽滿的，身體站立得較直，呼吸變均勻，原本咬緊下顎的肌肉開始鬆開，嘴巴的肌肉放鬆，頭可以在所有方向都跟隨眼睛而不需事先改變脖子和肩關節的位置。身與心都準備好執行任何清楚的動機，於是可以進一步檢視與處理已經鬆動的糾結動機，直到能找到重要的線頭。

我們的目標是發現你真正想要的是什麼。這絕對不是容易的任務，而你自己當然不知道是什麼，如果你知道的話，就必然已經具有一個足以出面支配的動機，讓你能運用自己來達到那個結果。若是如此，本書能給你的東西都是你已經知道的，也是對你已很明顯的事（雖然可能還有點模糊）。

最難辨識的交錯動機就是與修復的動機混雜在一起的自主決斷動機。這其實是我們這個時代一般說來最嚴重的問題。社會層面上，這是社會與個體之間由來已久未解決的衝突，也就是集體主義與個人主義之間的衝突。我們既是世界上（也就是對我們重要的世界）最重要的人，但從宇宙的觀點來看，又是完全無足輕重的人。對於昨日的世界，或是今後幾年的世界，我們是否能看見、走路或思考，有什麼重要性可言呢？然而，我們對於不能做某些別人能做的事，會有多麼巨大的失望啊？有些最優秀的人類腦袋長期困在這種衝突之中，每隔一陣子就陷入某種模式。有些偉大的宗教導師教導全然的謙卑與徹底的無足輕重，而他們的反對者則擁護瘋狂的自主決斷能力。

　　這個問題是無解的，因為當我們提出問題時，就在無意間準備了一個框架，答案必須與之相符。我們期待且相信，真理是獨一無二且絕對的；所謂事實就是絕對如此；我們尋找唯一且確切的答案——然而我們在現實中，即使以物質中最單純的粒子為例，也根本找不到這種明確性。當我們能辨識電子的那一刻，電子是以物質表現，但在其他情況下，電子卻又以波表現。一個現象的隨機性越大，根據這個現象而有的法則就越準確而可預測。真理、事實、確定性、或然率、意義，以及任何其他東西，都只在既定的範疇之內才是有效的，在這個範疇之外，就無法適用，在範疇的邊界時，則可能既有效又無效，或既不有效也非無效。在我們的身體邊界之內，以及身體所處的有限空間與時間之內，我們是宇宙最重要的部分，但在這些範圍之外，我們既不重要，也沒有任何意義。在自己的直接範圍內，我們是主人，但在這些範圍之外則是奴隸。但這些主張不具有任何實用的價值，除非我們如實接受這種情況。

　　體認我們的所思、所做或所不能做的，都是無足輕重、微不足道的，就能找到我們對自己充分的掌握，達到我們能力的潛在極限。那種不穩定的均衡，在每一個行動中放棄、然後又在下一個行動中恢復的那種平衡，正是人類成熟狀態的本質。若要在自己的界限中得到那種掌握能力，就必須區分什麼是源自身體生理性緊張的動機，什麼是在依賴的脅迫中形成的習慣所移植上去的動機。一旦我們能辨識自己到底在做什麼，就開始感覺到情境是在我們的控制之下，而能在逆境中仍保有平靜的心靈。我會舉幾個具體的例子，讓這一點變得更為清楚。

請從坐姿開始，讓腹部受到適當的支撐，不改變腳掌的位置，然後嘗試站起來。首先，請試著直直地往上離開椅子，你會感覺到呼吸暫停、腹部肌肉緊繃；你會失去正確的控制。再試一次，坐在椅子上，身體向前傾斜，除了讓脊椎往前傾斜，脊椎的姿態完全沒有任何改變。繼續進行，先把下腹部往前推出一點點，然後嘗試站起來，你會再度感覺到呼吸暫停，大腿的四頭肌（膝蓋上方的大肌肉）會強力收縮；你的呼吸顯示出緊繃，你的動作是不正確的，因為你以不適當的方式控制腹部。腹部已失去某些飽滿的程度，變得僵硬。最後，請讓飽滿的腹部往前移動，可說是由腹部帶動身體，直到發現自己站起來，而腹部的收縮沒有任何改變。這一次，你的呼吸完全沒有受到干擾，沒有費力的感覺，且四頭肌的收縮微小到很難發現。

對所有小孩而言，正確的腹部控制原本是正常的。許多移動模式被排除在正常使用之外，是因為灌輸了許多武斷而錯誤的觀念，認為要小心、謹慎，或注意動作是否得體。一旦恢復被遺忘的控制（任何人都能想起青少年初期常常享受這種控制的快樂時光），重新調整而得到的新行為就變得比較容易。接下來就會覺得自己有能力把這個姿態擴及所有自發的正確行動。音樂家、舞蹈家，以及運用肌肉技巧做為表現方式的所有人，都會發現，藉由良好運用下腹部的控制，可以大幅縮短自己的學習期，並提高他們渴望的技巧層次。可惜我們無法在此詳細闡述良好訓練的整個過程。但如果你成功得到這種控制的感覺，就不需要擔心——進步雖然緩慢，但會持

續下去。

交錯動機

　　許多人一直無法辨識的最有害動機就是渴望得到稱讚。這種人往往成長於以絕對的態度強調好意的家庭，嚴重程度相當於極權統治。這種父母認為自己是精英，撫養小孩時讓孩子覺得自己是獨一無二的，她的教養與優雅是無人可比的。這種小孩會因為持續受到評價，就連服從的意圖也被評價，而被驅策成過度有禮、清潔、善良的人。她如果有任何其他方向的傾向，必然會受到責難、排斥。小孩會發現自己一直在承受父母喜愛與拒絕的沖洗，這會扭曲她的情緒平衡。當其他小朋友的行為舉止不符合父母對她的期望時，她會指責朋友，因此得到父母的稱讚，但當她因此得到父母的喜愛時，也失去建立友誼的能力，這個損失從此以後會讓她受苦不已。

　　如果小孩有幸在學校階段遇到明智的老師，情感與評價就不會變得具有強迫性。否則，稱讚的需求會變得過於強烈，以至於小孩會常常譴責自己，甚至承認一些虛構的不當行為，以引發父母或老師稱讚她的正直。模式會變得根深柢固，以至於這個人會不斷在自己身上找出錯誤，並責怪自己，甚至真的痛恨邪惡的自己。於是所有自發性都被根除了，有隻內在的眼睛一直睜著，觀察、折磨、懲罰自己。這樣的人會害怕說話結巴的人、有抽搐症的人，以及「無能」這個字眼。他們有時會承認自己的惡毒、軟弱、怯懦或無能，因為他們無法符合強迫性正直的父母在他們面前映照出來的絕對標準。承認自己的失敗之後，就會一再預期他們應得的懲罰——這種

懲罰很少真的出現，除非環境有不利的發展，而讓強迫性習慣真的變得揮之不去。乍看之下，這種人甚至可能看起來很有天分，因為他們有的時候熱衷於活動，且有真實的成長，這時他們很有機會改善動姿。然而，他們似乎常常認為上坡的路過於陡峭，而停在某個角落——從一般的標準來看，這是相當合理的——但對他們而言，卻是失敗與無能的明證。一般說來，所有這種自我批評都是不符合事實的，他們就像任何其他人一樣有能力，也不比任何人差勁，只是他們對稱讚有強迫而慣性的需求，造成他們自主決斷的驅動力過於強烈而持續不斷。他們的肌肉組織緊繃，無法讓自己完全放鬆下來，因此而有性能力的失敗感，這並不是由伴侶關係的情感品質來衡量的，而只是由性行為的次數與時間長短來度量的。

　　K先生就是個好例子。他已婚，育有三個子女，收入不錯。就所有外在表現來看，他是個快樂的男人，但他的性生活卻非常痛苦。除了印象中少數幾次例外，他總是無法在想要時勃起，性交往往半途而廢。他不曾與妻子以外的女人有性關係，接受了數年的精神分析治療，整體說來對他有很大的助益，但這個問題仍然持續。他沒有以前那麼痛苦，但有幾次重度憂鬱，每隔幾個月才有一次性行為。他在等待特殊的心境，但由於消化不良與胸口的灼熱感，很難得到那種心境。他懷疑自己有胃潰瘍，或是癌症。

　　K先生是極度有禮、服裝整齊、舉止嚴謹而死板的人，腹部內縮，胸腔保持不動，呼吸短淺，下顎咬緊，嘴巴緊閉。

　　他的面容、體態與整體的舉止就好像在要求別人看見並承認他是大好人。顯然的，當個好人，或是改變自己的行為成為比原本更

好的人，是件好事。然而，想當好人的強迫性需要，卻完全是另一回事。在一個像我們這樣完全依賴彼此的社會中，對彼此友善是必要的，但不是為了從周圍的人得到稱讚。請務必記住，我們在此關注的不是道德，也不是行為及其目標的適當性，而是有沒有能力去執行我們想要的事。假如K先生的行為沒有強迫性，假如在他認為合宜的時候，就能執行他想做的事，也能在不合宜的時候節制自己，不要去做，那麼，他的問題就不屬於我們所要探討的範圍。他的動作與體態顯示他不得不以那種方式表現自己，基本上是為了得到肯定與稱讚，否則他會覺得情緒上的安全感受到損害。他的行為顯示行動中帶有未被辨識的動機，所以每一個動作都帶著慣性的寄生元素。他的行動就像所有缺少支配動機的情形一樣，心理背景中也有強迫性動機，還因為牽涉到稱讚的問題而缺乏反轉能力，因此，他的行動無法符合現實的需要。即使環境需要的是完全相反的事，他也無法不執行未被辨識的動機。不論他想要或不想要，他都不由自主要當好人，即使自己做出更好的判斷，也沒有用。

對許多人而言，這似乎是一種完美的情況——也許太好了，而不可能是真的。所以這種行為受到環境強烈的支持，每一個人，包括他自己，都稱讚他的行為，於是形成他的態度與習慣。有兩個重點必須注意：首先，長久來看，他那毫無保留的良好行為不但是被期待的，也被他視為義務。此外，他因為自己慣性且強迫性的行為而遇到的任何不便或抗拒，其實都是他主動製造出來的。

他必然會做出許多其他不需要的動作，但他自己不知道，因為背景的激發程度一直太高，而無法覺察較弱的激發。這是他的慣性

態度的具體實例，我向他表示，他的陰莖在那個時刻是緊繃且縮小的，血管緊縮，勃起不但是難以想像的，甚至連外觀都很難有變化。

他承認確實如此，卻看不到任何關聯。我沒有任何可見的證據或其他證據，就大膽提出這個建議。他的整體姿態、臉部肌肉、內縮的下腹，與緊繃在吸氣狀態的胸腔，都表示他在執行互相衝突的動機。他的某項舉止顯示他正激發自主決斷，想要搏得我對他舉止的稱讚，然而另一項舉止卻顯示出懷疑與焦慮。肌肉的緊張與不均勻、表淺、時而中斷的呼吸，伴隨著血管的收縮，都表示具有拮抗作用的副交感神經擴張血管的作用受到抑制——所以我大膽提出這個建議，其實是安全的。

毫無疑問，他總是保持這個慣性姿態，即使在接近妻子時，也是如此。也就是說，當他接近她時，他的心態是在期待他的善良與優越感能得到認可與稱讚，不過他內心卻相信自己無能。於是他的意圖是不斷尋找最細微的稱讚跡象，以得到認可。如果旁人沒有明確表現出這些跡象，即使是微不足道、最沒意義的細節也會讓他洩氣。他在這種特定狀態中，無法承受時間的延遲，因為他的勃起會隨著自主決斷的動作而開始與衰退。這種情形下，並沒有抒解真正的性緊張，而是讓一些糾結混雜的自主決斷動機得到滋長。自主決斷的狀態是如此強烈，而性欲的驅動力因此被強烈的抑制，以至於他往往寧可面對坦率的否定，因為這在他眼中正是放棄其意圖的正當理由，內在的掙扎也於是得以結束。一旦發生這種情形，就得以去除抑制，然後能充分勃起，於是他感覺到證明自己並沒有錯，而認可自己的行為。他全身瀰漫輕鬆、平靜的感覺，在全然勃起中沉

沉入睡。因此，只要他停止尋求稱讚，或是自己認可自己時，就是具有充分性能力的人。

他無法了解自己其實非常自私，一點也不善良，因為他完全不關心妻子在那一刻的態度。整個問題對他而言只在於他是否完美、性能力好不好，以及他是否有善良的表現。他沒有性緊張產生的友好渴望。支配他的只是想要得到稱讚的需求，這是交錯的動機，被誤以為是性欲。這其實是錯誤的行動；他接近妻子並不是因為感受到性緊張而驅使他尋求親密，但性交只能抒解性的緊張。自私的態度在兩個人為了相互滿足而結合的情境中，根本是矛盾的。我說他自私，是因為他完全在自主決斷的層面行動，行為的生理意含完全被抹殺了。這種行為最多只能達到生殖的目的（事實也確實如此），但就充分的滿足感而言，或是從修復功能與自主決斷功能間的調節來看，卻必然是徹底的失敗（通常確實如此）。

如果有人是從尋求稱讚的慣性態度開始──也就是會讓血管擴張變得很困難或不可能的自主決斷動機──那麼他的整個架構就不適合性交。這些情境下，他必須強迫自己勃起，然後製造某種性緊張。他憑意志的努力勃起，最可能的情形其實是（1）收縮肛門括約肌與橫隔膜，或是腹部的其他區域，以及（2）在心中觀想色情畫面。

K先生在學習過程中常常抱怨腦中一片空白，什麼都想不起來。兩種互相衝突的動機，如果同時出現又具有相同的強度，大腦會一片空白。舊有的慣性行動方式仍然是可接受的，因為在另一種行動模式加以取代之前，它是無法被完全抑制的。當我們想要丟

棄一種慣性模式時，如果它是過去為了既定動機而被執行的唯一模式，身體在新的模式建立之前，會有陌生感，我們會覺得好像失去對身體的控制力量，或是失去思考的力量。在完全準備好放棄舊有模式的這個階段，如果沒有積極提供嶄新而且更好的行動模式，舊有的模式不久就會被重新建立、回復原樣。如果舊模式無法被身體運用，但只要不曾在身體中感知到新的模式，舊有的模式仍會持續在想像中出現。只在頭腦中了解新的行動方式比較好，是不夠的；必須在身體的實際經驗中感覺到它是更好的。

讀者已知道這個技巧的基本原理是把身體帶入如下的狀態：不需預先做出進一步的改變，就可以進行任何行動。這個狀態中，姿態或行動的任何改變都會讓空氣從肺中自由吐出來，不需要有任何意識上的注意。從這個狀態開始，就有可能反轉慣性的模式，但在反轉模式之前，必須先可以熟練地抑制它。當性交的念頭以慣常的方式出現時，應該先把下腹部帶入先前經驗到的飽滿狀態，呼吸變得均勻而有節奏，並完全放掉性交的念頭（也就是必須決定不要做這件事），於是腹部的控制就可以得到進一步的改善，呼吸變得更單純而深沉，髖關節、肩膀與頸部的肌肉緊張，以及肛門括約肌和嘴巴四周的緊張，都會更減少。這個狀態會因為它引發的愉悅感而維持下去。如果性的緊張重新出現，就用先前同樣的方式再度放掉。以下的對話並不是完整的逐字稿記錄。

可是，如果我以這種特殊的方式表現，我太太會怎麼說呢？需要稱讚的模式是如此深植於K先生心裡，以至於幾乎可見於他的每一個行動或想法。我提醒他，他的妻子常常拒絕他的愛撫，但對她

或他都沒有發生什麼可怕的事；她的舉止對他而言並不怪異，同樣的，如果他按照我的建議來做，也不會發生什麼可怕的事。此外，她完全不知道他在做什麼，因為整個過程發生在內在，從外在觀察不到任何異於平常的行為。一旦掌握到如何拒絕舊有的模式，就會覺察到原本完全看不到的許多錯誤。

你說我會發現一大堆錯誤；那麼，我認為沒有任何事是我可以真的好好去做的了。我一直想到，太太不想要我時，她就只是說：「不要管我。」即使只是想著去做同樣的事，我都必須耗費很大的力氣，顯示我的行為有那麼多錯誤，以至於我困惑到不知道什麼是最重要的錯誤。我在坐起來的課程中，第一次感覺到反轉的能力時，我以為自己知道這是什麼意思。最近幾天，我好幾次感覺到非常類似的經驗，卻是在靈魂中，而不是身體中。我成功放掉性交的念頭，讓我驚訝的是，我發現自己會勃起，卻完全沒有性的緊張感。我不知道它是什麼時候開始的，等到完全勃起時才注意到。我想要性交，但太太的態度又把我帶回平常的心境，在我可以做點什麼之前，一切就都結束了。我試著要說的是，也許這完全不是我的錯。我不敢去想這件事，但我覺得如果是別的女人，可能就沒有這種困難了。

目前這個時刻，在我們從其他許多不必要的寄生動機之下挖出性動機之前，就想讓你的生活有任何重大的改變，還為時過早。就你的情形而言，身體結構與神經組織都完好無損，我認為先學習不

要妨礙神經系統的低等中樞，讓它們得到適當的運作，就已足夠。我們只要能指出不適當的動姿與控制就好，還不需要採取任何步驟，否則稍後當你的行為根據現實而調整時，你可能會後悔。就目前而言，你必須承認，即使是你自己的身體，雖然接受你的指示，但你還不知道發生了什麼事，所以你也無法判斷什麼是超出你潛在能力的事。性關係無法只由一個人來調整，你的妻子當然和你一樣有許多要學習的。但在這個階段，與其他女人發生關係，反而會對你造成更大的障礙。你以前當然想過別的女人，但除了道德的禁忌，還有別的因素阻止你在家庭之外建立性關係。只要你基本上仍然是強迫性的被自主決斷的動機驅使去性交，而不是出於對一個人自發的性欲，就可能會更強烈地感覺到焦慮，你的困難可能會比平常更大。稱讚的需求不會只是因為換了一個女人而降低，只有不會引發這種需求的人才能降低它。如果你有幸在適當的時機遇到這樣的人，你的整個發展過程就會完全不同。另一方面，你很難做出不一樣的反應，因為你的動姿就是會讓你拒絕這樣的女人。稱讚的需求讓你找到你的妻子，她會以你覺得和她在一起很安全的方式來維持並滿足這個需求，如果你在這個階段去找其他女人，幾乎一定會找到有同樣傾向的人。就目前而言，你也因為可以責怪妻子而減輕焦慮。所以從各個角度來看，在你可以對這麼重要的事做出決定之前，必須等待一段時間。

既然你現在比較熟悉反轉的能力，如果回顧自己的行為，就必然承認你根本不是自己所標榜的好人。你當然不是非常好的丈夫，也不是很好相處的丈夫。事實上，你過去的忠實只是出於強迫性，

同樣的，也不能用你妻子過去的行為來評斷她。毫無疑問，她也需要學習，因為她現在是根據過去的你來調整自己，但這不是採取任何激烈步驟的時候。就如你對自己的了解，你的性功能完全正常；問題在於人際的調適。你保有小孩子對稱讚的需求。當你得到全然的反轉能力，並能把性動機區分開來，據此行動，就能做出決定了。你可能發現自己的態度轉成男人對女人的態度，而不是想要表現自己多麼強壯或是多麼會完成家庭作業的青少年態度。這個改變會幫助你的妻子也成為真正的配偶，她現在只是你的法定配偶與子女的母親。

　　我完全迷惘了。我知道我的困擾是自己造成的，但現在要怎麼做呢？

　　你的疑惑正是進步的最佳跡象。成熟的意思是為自己生命的每一個面向負起責任。你詢問怎麼做，而不是要求別人幫助你，這種探索是健康的。可是沒有人能告訴你怎麼做，只會告訴你「要當好人」、「要振作起來」，或是給你別的你無法遵循的指引。你非常清楚你會成為什麼樣的人；問題在於學習去做。就你而言，如果你能執行想要的事，你的問題就會得到解決。你的臀部還無法完全展開，大腿內側肌肉仍然緊繃，下巴仍有往前的傾向。你的姿勢顯示焦慮還沒有完全化解，也還沒有完全成功地把清楚的身體意象投射出來，也沒有根據單一的支配動機來動員自己。因此，大腦皮質中舊有動姿的肌肉模式成為抑制與激發的中樞，會把任何新近展現出

來的想法或指引都扭曲成你已不想要的慣性方式。這種肌肉的緊張會讓整個情形恢復原狀。你製造出骨盆肌肉的緊縮，特別是肛門底部，想要用這個方式維持勃起。這種緊縮與你先前害怕和懷疑的經驗有關，當性交成為可能時，你就覺得一定要進行下去。對你妻子而言，你必然令人討厭，因為她不可能在一瞬間就有性欲，但你有時會有這種期待。所以驅策你的不是性欲，而是性能力被稱讚的需求，你為了另一個動機製造出性交的情境。因此，失敗的問題是你身體意象的核心，你可能強迫性地進行，對妻子沒有任何友好的感覺，只有熟悉感。你沒有表現出任何溫柔或活力，沒有做任何事讓妻子進入狀況。

我知道這個。很久以前我就在書上讀到，插入之前必須愛撫、親吻，撫摸其他部位。我曾試過，卻發現自己笨手笨腳，太太也不喜歡。我開始知道為什麼了。

這些詮釋可能不同於你以前從精神分析的經驗得到的洞識，但這本質上就是「母親情結」的另一種更具體的表達方式。這些詮釋會減輕一些焦慮，但若要真的有所不同，就必須學習以正確的方式引導自己，讓整個人處於適合執行它們的狀態。我們已學習去抑制需要被矯正或改變的行動；你應該嘗試把這種學習轉移到對你而言更重要的事。當你要以平常的方式去做時，暫停一下，完全放掉你的念頭，讓勃起消退，這不會是你最後一次勃起，你不需要濫用機會。如果這是最後一次的話，多麼好啊，你再也不需要學習任何東

西，可以自由參加日常事務，毫無困擾。每一位有生命力的男人往往都會找到更重要的事去做，不會想利用每一次勃起。你已具有粗略的反轉能力，但還需要進一步的改善。請繼續拒絕插入的機會，直到你能單單為了樂趣而親吻、擁抱、依偎和愛撫，繼續抑制插入的念頭，拒絕讓勃起顯露出來。當自主決斷的動機被抑制，與之相關的失敗恐懼與焦慮也會被抑制。透過減少腹部、骨盆、頸部、嘴巴、眼睛的所有緊張，並允許身體去呼吸，就會引發副交感神經的激發或支配；你會在親吻、愛撫與求愛的過程中發現細緻的樂趣。事實上，你會經歷大部分人在青春期經歷的學習期（那時因為道德感的強迫性而抑制插入的念頭）。此外，你也不會再成為過去性經驗中那個情緒低落、緊張不安的討厭鬼。看起來好像很矛盾，但完全為了自己的樂趣而做，你會同時滿足自己與妻子。

我很確定如果我繼續注意自己，你提到的事都不會發生。

我們訓練的期間，你可能會發現一開始有些困難。但隨著技巧的增進，困難會消失。你已經有這種經驗，並感覺到結果。你在課程中體認到對你有助益的身體感覺；接下來嘗試從你自己的身體、以你的語言來學習，看看在頭腦不理解的情形下，對你會有什麼幫助。我們並不是要成功一次，然後一直擔心失去能力，所謂功能的完整範圍就是指這個意思。如果你在觀察自己時，想學會正確的行動，可能發現在開始的階段很困難；但若沒有清楚指引你的執行器官，你就無法行動，就像所有學習一樣，有一個階段是誇張的意識

控制。你會逐漸不需要它，也不會知道自己是如何學會的，就好像不知道自己如何學會寫字和計算一樣。你過去花了許多年學習這些事；相較之下，當你以正確的方式學習時，只需要短得難以置信的時間。

我曾有一段上上下下、既快樂又絕望的狂亂期間。我照你上次說的來做，即使抑制性交的念頭，勃起的現象也沒有完全消失，陰莖一直保持飽滿，感覺很重。它沒有像平常那樣消下去，但也沒有行動的欲望。全身感覺到平靜的溫暖。妻子抱怨平常就有的頭痛，以前總是會讓我惱怒，我有一會兒感覺到自己心情的變化，但仍保有溫暖的感覺。然後魔鬼推了我一把，我把所有與你討論的事都告訴太太，我無法想像自己以前會這樣做，因為我會考慮太多事，但現在寧可以自己能這樣做而自豪。我預期她對我的自白會很高興，因為她總是抱怨我把事情悶在心裡，不讓她進入我的內心世界。

但我不知道發生了什麼事，太太完全失控，對我破口大罵，說我是最自私粗野的人，對每一個人都很好，就是對她不好；我完全沒有考慮她的感受，把她踩在腳底下。我怎麼可以這麼粗魯地和陌生人討論她的性行為，暴露她最後的隱私空間，卻完全沒有想到她對這件事的感受？她大哭又啜泣，從自憐轉成對我深深的怨恨。最後，筋疲力盡的她倒在床上，臉朝下，顯然平靜下來，除了整個身體仍常常抽動。

我不知道該怎麼辦，也不知道該說什麼。我怕會擾亂自己怪異又奇特的身體感覺。我覺得自己會告訴她這一切，就好像小孩會把

自己做過的頑皮事都告訴母親一樣，我知道我確實期待她對我的自白和說出祕密會感到高興。她說我自私，沒有考慮她的感受，我覺得她是對的。我確實完全沒有想到她。我第一次真正看見自己的行為是多麼被這個折磨人的稱讚渴望所扭曲，但我很平靜，我對她感到抱歉，但不內疚。我靠近床邊，跪下來，把手放在她肩膀上，告訴她我很抱歉，我真的這麼覺得，我從來沒有如此真誠的歉意。

我不在乎自己怎麼那麼沒有男子氣概，繼續告訴她，我為了自己的無能有多麼痛苦。我這麼做不只是為了自己，也希望她擁有嫁給任何一個男人所可能擁有的。我躺在床上，靠近她，她把頭放在我的胸膛，我覺得她全然放鬆，我用手輕撫她的頭髮。我開始感覺到充分的勃起，但身體沒有平常的緊繃，我覺得自己的臉是放鬆的，不敢稍有移動，因為怕會破壞它。我告訴自己不要性交，但溫暖的感覺一直持續，雖然沒有更進一步的勃起，但陰莖一直是飽滿的。

我們帶著真誠的親密感上床，我再次勃起，並插入，但我並不想移動，有一陣子留在她裡面不動，但持續全然的勃起。我感覺到太太體內有一些肌肉收縮，我在完全沒有任何動作的情形下射精，但我認為太太是滿足的。

完美是沒有極限的，在你達到毫無錯誤的表現之前，還有許多要做的。但我們必須跟隨我們的準則，也就是詢問我們現在能做什麼。第一件要做的就是落實已有的進步，然後加以推廣。你下次進入剛才所講的狀態時，請抑制新的模式，再次恢復舊有的模式，你

會改善這兩種模式的反轉能力，且兩者間的對比會增強，而讓你在新的狀態中會感覺更好，這會幫助你永遠抑制舊有的模式，你也會擺脫偶然又恢復原狀的憂慮。

如果你試著回想一下，就會發現在你以新的方式運用自己的那段期間，已不受過去慣有的消化問題困擾了。你必須繼續保持這種進步的速度，這會幫助你維持新的控制與整體的健康。

既然你已落實你的立場，也更有把握能讓自己進入正確的身心狀態以執行想要的動機，我們可以繼續解開性與稱讚模式之間的糾結。如果你檢視你告訴我的一切，特別是你說話的方式，就會發現自己被欲望推動，一直想從我這兒得到稱讚，遠超過你體認到的程度。你必須告訴我你做了什麼，但說話的方式洩露了你的期待，你想要我看見你的行為多麼良好、你是多麼好的學生。然而你現在已不記得過去教你閱讀和算數的老師，如果沒有他，你不會成為現在的你，可是對現在的你而言，他已不重要了。除了對他抱持敬意之外，你什麼也不欠他，而這種敬意恐怕主要還是出於習俗，而不是真心如此。你也不欠我什麼，我希望你將來的學習就像以前學習閱讀和算數一樣，我會像你其他的老師一樣，留在你記憶中被遺忘的角落。成熟的人做事是為了做而做，或是因為合宜而做，不是為了得到長輩、同儕或下屬的稱讚。

就你妻子而言，被稱讚的動機仍然太明顯了。你說你「不在意沒有男子氣概」、「為了她而做」諸如此類。這些態度本身沒有什麼錯，但就你的情形而言，卻非常重要。你可以因為你喜歡這樣做或因為它是合宜的，而繼續去做，但千萬不要在你沒有意識到的情形

下一再去做。當慣性模式中的任何元素被執行時，整個模式就有重新恢復的傾向。如果你留下許多舊有的習慣，長久下來，你會發現整個模式都會重新恢復，而開始相信自己必然是先天就有問題。然而，你現在可以看見，也可以感覺到，問題完全在於知道去做什麼，以及如何去做。

你常常談到「像別人所做的一樣」去做。如果這種比較對你真的有任何意義，那我們也可以認為已達到我們的目標，因為社會中有很大部分的人對性生活的滿意程度遠低於你現在所及的程度。由於你現在的行為可能會在你太太身上引發相當不同的反應，所以更多的進展會適時出現，她不再需要常常用頭痛來避免與你性交。你常常洩露自己的信念，認為她其實沒有性交的欲望，其實她是無法從中得到樂趣。

如果你的妻子接受教導，學會管理動機與正確地行動，那進步的幅度會更大。否則她只是順從你，但沒有想辦法釋放身體的緊張。安全感與性在她身上是密切交織的。她可能暗中認為自己不適合你，如果你娶的是更有「性吸引力」的其他女人，你可能是更快樂的人。把你想成好色而自私尋求快樂的人，她反而覺得安慰。同時，你的愛撫只會激怒她，因為她覺得自己被當成工具來使用。事實上，她是對的；你說自己以機械化的方式愛撫，目的是性，而不是因為你喜歡這樣做。

我建議你繼續運用你較好的做事方式，持續解開來自別人的自主決斷動機。隨著肌肉的緊張與焦慮得以減少，以及反轉能力更加進步，你會感覺到比以前更細微的差異，於是能在做出非常不適當

的事之前就感覺到不對勁。你會培養出自信，並為你面對的所有抗拒都擔起責任。你的目標是在自主決斷、保護與修復的功能間建立平衡，並學習控制這個平衡，隨著環境的需求在兩者間移動。如果沒有足以支配的單一動機，允許完全不自主而滿足感強烈的性高潮，你就無法得到這種掌握的能力。即使是被稱讚的需求，你也必須得到反轉的能力，學習在乎稱讚，但不具有非要不可的強迫性。

一旦你讓任何寄生的動機和這個動機一樣重要，就會發現自己再度陷入困難。源自社會、道德與自主決斷的不必要動機，在我們的社會中是無法完全消除的，我們必然會出於習慣而執行某些這方面的動機。然而，我們必須不讓它們成為支配的動機，否則就會覺得無力。我們出於長久的習慣而去做某些事，且無法在行為中加以辨識，於是不得不相信有某種邪靈附身在我們身上。

如果遇到困難，請記得你的心完全無法自己行動；它需要身體，你必須學習去控制的身體。也請記得，心是由我們的個人經驗形成的。透過你現在已掌握訣竅與方法，把你的身與心帶到適當的中立狀態，這個不穩定的狀態只會在特定行動中被放棄，然後在準備下一個行動時被恢復；一個行動是為了自主決斷的功能，另一個是為了修復的功能。

把身體帶入下腹飽滿與陰莖飽滿的狀態，你已學會如何去做，而焦慮將會消逝。於是你能執行合宜的行動，而性的動機只有在身體緊張的要求之下才變得重要。你過去在大部分時間都把性的動機推到前景，因為那時無法把它與自主決斷的自我運用區分開來，而因為環境的關係，自主決斷的功能一直是活躍的。性的問題變成你

的生活問題。現在可以讓它退入適當的位置。一旦緊張被完全釋
放，就沒有任何東西會維持這個動機的活躍。自主決斷與修復的功
能現在都可以擺盪到更高與更深的程度，兩者不會一起出現，而是
一次出現一個。你的工作、你的休閒，以及你的性生活，都會深深
引起你的興趣，且會越來越強烈。你會活起來，不再像過去那樣毫
無生機。

早洩

P先生是友善的年輕人，體格結實。頸部僵硬而強壯，頭部前
傾，下巴突出，骨盆前傾凸出，雙腳外轉，腳趾朝外。他的態度和
善，但害羞不安。他在幾分鐘之內不斷清喉嚨，用手帕擦臉，卻沒
有什麼明顯的理由。他的目光溫和，但有點過於柔順。

仔細檢視後可看出他的足弓扁平，腳趾形狀有如槌子，且腳趾
之間彼此緊貼，大拇趾與其他腳趾間沒有空隙。腳跟稍微轉向外
側。胸腔鼓起，幾乎是在吸氣的位置保持不動，他的呼吸主要是靠
下方的肋骨向側面移動。

他稍顯蒼白，有點近視。上唇緊繃不動，不曾露出上排牙齒。
他有輕微的週期性便祕，糞便的量會慢慢減少，直到有一天完全沒
有糞便，然後重新循環整個過程。

P先生個性嚴肅，不會說笑打趣，他是極度有條理、勤奮而認
真工作的人，沉溺於自我批評。

他站立時會緊繃雙腿與臀部，所有動作都很用力，但缺少擺動
與輕鬆。轉身時，全身肌肉都會極度收縮、緊繃，身體前傾，很難

放鬆下來。他會緊閉呼吸,骨盆保持的姿勢就好像要縮回陰莖以避免給人威脅感。雙膝向內轉,而讓站立時的所有錯誤都變得更誇張了。

　　這位年輕人在談到私密的身體功能時,遮遮掩掩地,當他嘗試去說時,會用各種抽象的字眼說些不相關的話,等於什麼也沒有說。他仍單身,與好幾位不同的女性保持親密的友誼。他抱怨性行為的時間太短,令人失望,特別會出現於剛開始一段新關係的時候。他在不斷性交之後,會有輕微的噁心感,接下來一、兩天會覺得全身緊繃,特別是在腰椎的區域。他偶爾會覺得一切都變得更簡單、輕鬆,可以控制性高潮的發生,後續的效應不會像平常那麼明顯,他在這種時刻會覺得安穩、輕快、人變得較高,身體也不會緊繃。他不知道到底發生了什麼事,讓他突然進入那種特殊的狀態,這時他覺得才是真正的自己。但他知道平常有某種東西會阻止他進入那種心境。他的感覺就好像平常在遵循一股不能偏離的軌道,但在那種明亮的時刻,他覺得好像有辦法不讓自己留在這條軌道上。一旦他能避開起初滑入軌道的路徑,就覺得自己可說是擁有自由意志,真的成為情境的主人。

　　他也討厭自己對別人缺少堅定的立場。如果沒有預先想好,他完全無法責備任何人,即使他知道應該這樣做,也做不到。他會設身處地為別人著想,想像這會如何讓人不舒服,他無法鼓起勇氣把他想像中會造成的痛苦加在別人身上。在這種時刻,他發現自己承受痛苦還比較容易,但稍後又為了他的軟弱而無法原諒自己。

　　青少年時期,他甚至無法在家族聚會中講話,遑論公眾的聚

會，不過他常常覺得自己有某些切題的話想說。即使是現在，他在突發狀況下仍無法為自己辯解，卻在下一刻才想到自己應該提出某個非常傑出的反駁。他有時擅長此道，特別是在前面提到的快樂心境，但在這個狀態時，卻很少發生這種需要他處理的狀況。

這個聰明、和善的人重新教育的進展非常快速，他確信自己是正常的人，並暗中相信自己天賦優異，毫無疑問，他確是如此。然而他同時也相信自己有某種心理缺陷，但又發現大部分人都是如此。他根本不考慮諮詢精神科醫師；他覺得這種想法太荒謬了。但他很熱衷運動，很想學習控制自己的身體。

我毫無困難就讓他同意，他對快速動作的反應就是讓自己緊繃，造成寬闊的站姿。我向他顯示，他在站姿中，把雙腳張得很開時，不只是比較穩定，同時也無法馬上改變姿勢，必須先把重心移到一腳或降低身體。他可以看見，若要抗拒姿勢的改變，就一定會緊繃，並嘗試保持平衡。這個姿勢是怎麼來的呢？可以被矯正嗎？他可以做什麼來改變它呢？還有就是，這與早洩有什麼關係呢？

寬闊的站姿是嬰兒的特徵。在腰椎的曲線形成之前，所有小孩都站得很開。骨盆會逐漸變靈活，髖關節能完全展開。充分成熟的身體中，骨盆會參與每一個動作，每走一步都會規律地擺動。骨盆需要長期的練習期，才能達到完整的靈活度。必須有充分的原因，才會妨礙一個人達到成熟骨盆控制的正常狀態，比如先天異常、意外傷害，或是學習過程因為複雜因素而停滯。顯然的，一個人比較喜歡不成熟的低等運用方式，必然是因為它對這個人有特殊的吸引力，且能滿足相當重要的需求，而這也必然會一再發生，阻止任何

進一步的發展。

學習停滯的源頭通常是情緒強度很大的單一事件，但除非這個事件強烈到造成無法彌補的傷害，否則遲早會恢復正常的發展。要讓學習持續停滯下去，就必須重複發生一連串的情境，不斷引發最初的事件；亦即症狀必然受到環境的支持，才會成為症狀。如前所述，請想像有一種懲罰符合制約反應的所有條件，無法在現實中測試，但日後可能會突然發生。

我先前已指出如實觀察的重要性。我們會站得很開，是為了避免跌倒。所以一個站立的人，如果沒有結構上的問題，雙腿卻打開得比他所需要的更寬，就是為了避免跌倒，不論他自己是否知道。這個習慣最初必然是因為害怕跌倒而形成的，且因為環境不斷在他心裡引發不安全感而維持下來。

小孩往往過早被鼓勵站起來；他們不時會因此而重重跌坐下來，伴隨頭部不舒服的突然扭動。成人習慣大聲喊叫，目的是給小孩信心，或是讓小孩忘記不愉快的事，然而大聲喊叫只會讓小孩嚇一跳、眨眼、緊縮身體。這種情形是無害的，但父母會為了自己的樂趣或向朋友炫耀而持續這種遊戲；他們往往成功地扭曲小孩對稱讚的態度，把嘲笑與疼痛連結起來。危險在於父母過於情緒化的整體態度，以及過度頻繁且過於強烈地要小孩承受評價與責備。小孩會學到保持自己已能掌握的站立方式，來避免這種不舒服的經驗，而感到安全，他現在更不願嘗試新的態度，所以正常的學習過程會暫時停滯。如果不管他，他很快就會重返正常的發展過程。然而，他會因為這個經驗，未來會更容易返回舊有的方式。一般常見的環

境與事件，對其他小孩可能沒有特殊的影響力，卻可能讓這位小孩返回他覺得比較安全、更為舒適的舊有方式。

P先生有一位喜歡把他推倒的哥哥，每當可以這樣做而不被發現時，哥哥就會推他，力道越來越強。弟弟還不知道如何適當移動以避免跌倒，卻發現緊繃與前傾是解決辦法，很快就學會在哥哥靠近時做好準備。這種安全感受損的狀態下，所有原本不具意義的事件都會得到特殊的意含。如果哥哥在他面前受到稱讚，他會想像父母和哥哥聯手對付他，他們都那麼強壯，且彼此相愛！他一直留神觀察，於是看見根本不存在的事。

人一旦開始覺察新的模式，就會在每個地方都看見它。當不成熟的心靈對某件事有某種程度的了解時，不論是在有它還是沒有它的地方，都會持續看見它。當人在安全感受到危及的狀態中，突然體認到「生存鬥爭」、「紅色威脅」（譯註：指二十世紀中葉美國興起的反共產主義風潮）與「信任陰謀」時，會隨時隨地不斷看見它們。

這位個案有生以來一直不斷被引發的想法，就是隨時都需要做好準備。然而，事實上，他不曾做好準備，因為他不曾形成頸部與背部完全展開的成人直立體態，這種姿態才可能讓人不預先做好準備就進行任何動作。他因為下述三種情形而覺得自己做對了：（1）增加靜態的穩定度，（2）各種不同的事件中，只挑選他的姿勢可以幫助他找到安全感的事件，以及（3）同樣的理由，小心避開所有那些會讓他無法採用預選模式的事件。惡性循環會從製造它並持續維持它的環境開始，無法停止，而成為慣性的模式。他現在會避開

需要迅速、自發反應的遊戲與動作，比如單腳跳、跳躍，以及所有牽涉到完整且正確展開髖關節的動作。

他與外在世界的所有關係都是圍繞著嬰兒的行為方式而形成的，這種方式是基於一個錯誤的觀念：靜態的穩定度與力量是適用於所有情況的方法。在預先篩選的條件下，就能避免任何讓這些方法失效或無法運作的情境，而讓嬰兒式行為一直能得到滿意的結果。事實上，他甚至能找到理由感到自豪，因為擁有石頭般的穩定度與堅固性，以及預見所有事件並做好準備的能力，而有足夠的預警與時間來做好準備。他因此相信這能讓他培養出力量，以報復那些比較靈活、敏捷的朋友。可惜的是，人體架構的適當運作，不見容於一直像石頭般僵固不動的情形。人體架構基本上是一種不穩定的結構，才能配合持續的變化，只有可以讓所有姿態都同樣容易達到的狀態，才能順暢運作，且有最好的運作。

當我們抒解了所有不必要的緊張（這是在發展過程中建立的，在那時是唯一可以用來回應環境的方法，但現在已沒有用處），就能得到更好且更輕鬆的行為舉止。因此，如果我們在站立時消除了所有不必要的東西，比如要站得像個男人、有女人味、充滿權威、好看、有效率、傲慢、自豪或溫順，以及所有其他的交錯動機（這是我們在童年與青少年由於全心相信自己在做正確的事而培養出來的），存留下來的就是出於身體結構與其神經機制而有的站姿。這種站姿很罕見，卻是我們都有能力做到的。

由於必須要有身體的經驗，才能形成大腦運動皮質的路徑，所以很多人誤以為必須努力重複一個行動——永無止盡地鍛練——才

能做出他們既想做卻又覺得做不到的事。這個全然錯誤的觀念會如此廣泛流傳的唯一理由，就是其中有這麼一個事實：我舉個簡單的例子，如果我們因為某種理由決定用鍛鍊的方法學習倒立（試著去這麼做），很快就會發現我們沒有足夠的意志力堅持下去，因為我們在一開始的時候，根本無法成功倒立。學習去做事的適當方法是先學習如何學習。所幸這並不是唯一可以得到結果的做法，但在每一個呈現出新困難與永無止盡新鍛鍊期的全新行動中，它是唯一可以增加學習能力的方法，而不只是改善這個或那個細節。

　　一般的行為──調適良好的行為，以及調適不良的行為──都必須被視為動態的現象。用這個觀點來看行為，在理論上有很大的優點。所有行為「本身」都同樣是好的，但在特殊的狀況中，有的比較合宜而成為正常的行為，其他則成為神經質的行為。這個觀點在我們的時代特別有用，因為不同的社會體制會互相競爭，原本調適良好的人會發現自己突然無法融入新的狀況，甚至寧死也不想改變他們的慣性模式。

第十九章

出路何在？

　　沒有容易的出路：顯然的，我們必須做點什麼來改變我們的教育以及支配教育的社會體制，當前的教育對許多年輕的心靈造成嚴重傷害。假如沒有那麼多成人的內心如此深植這些習慣，就比較容易讓青少年世代接受更合宜的態度。但實際上，社會體制的改變是一件費時而艱鉅的事。即使經過革命，社會的改變仍然非常緩慢。對個人而言，除了接受現狀，沒有別的選項，就好像我們接受所有其他壞事一樣。

　　但這種事情，說來容易做來難。受苦的人可以從這段討論得到的唯一慰藉，就是知道他們並不是天生就有缺陷，可以透過學習管理他們的動機資本，而擺脫他們的苦難。但為了達到這個目標，他們必須願意改變自己珍視的信念，成為完全不同的人。因為，似乎很矛盾的是，人一方面確實想改變自己，同時卻又想保持原樣。

　　不過，我們應該盡全力為我們的社會做出必要的改革，因為從現在的改變速度來看，顯然要有夠多數目的人改變自己對改變的態度，才可能發生明顯的進步。這個任務似乎難以達成，因為個人的平均壽命實在太短暫了。然而，開始把焦慮與當前的情境區分開來，是合宜的，不過這意味著要在不健康的狀況中調整自己。雖然困難，但不是不可能。

　　面對環境的變化時，必須牢牢記住，我們意圖去改變的實體是神經系統。了解這一點之後，許多狀況都可以被改變，而沒有太大的困難，進而非常明顯地改變神經系統的環境。改變環境如果是為了取得更多新鮮空氣，雖然是好事，卻沒有什麼用。最有效的改變牽涉到依賴關係，它是問題的起點，你可以很確定，當前的處境正

反映出這種不當的調適，原有的困擾也會繼續維持下去。依賴關係會形塑我們從出生以來的整個生命，且通常會設定未來發展的傾向，因此，凡是牽涉到依賴（也就是社會經濟因素）的問題，不論是哪一個面向，都是必須面對的重要議題。選擇社會階級相同、較高或較的伴侶；在那個選擇中，經濟考量是否扮演比平常更為重要的角色；寂寞；對單身的恐懼。這些都是依賴關係的某個面向，必須加以考量。

　　如前所述，一個人在性層面的重新教育，必須把這個人帶入成人的成熟狀態，這個狀態中，合宜性會取代對與錯。人為的原則不是自然的法則，必須加一些鹽來調味。把別人的話當成神聖不可改變的真理，是小孩子的態度。小孩必須接受這些「真理」，以得到成人的協助，直到他可以不需要別人的協助。在那之後，他必須成長，活出自己的生命，而不是延續舊日的童話，特別是這個舊日童話如果會讓你的生活成為長期的不幸時，更不應該如此。

　　這一點並不是什麼革命性的看法。當代的成熟成人可以毫無困難地找到謀生的職業，在工作中克服困難，這是很重要的生活樂趣。這樣的成人其實不會遵循母親告訴他的話，除非那是合宜的。

　　因此，最好的做法就是向那些知道如何生活的人學習，盡我們所能讓成熟之路變得更為平坦、較不危險，以利於後來的追隨者。

中文參考書目與資料

1. 摩謝・費登奎斯關於其方法的著作有七本，本書是第五本在台灣出版的中譯本（舊譯版書名《從身態改變心態》，於1998年由世茂出版，已絕版）。心靈工坊於2016年出版《費解的顯然》（*Elusive Obvious*）一書，是費登奎斯方法的入門書。並在2017年出版《動中覺察》（*Awareness Through Movement*），該書包含十二堂實務的課程。張老師文化在2017年出版《身體的智慧》（*Embodied Wisdom*），是摩謝的短篇論文集與訪談集。世茂出版社在1998年曾出版《大師之舞》（*Master Moves*），是其工作坊的記錄，目前已絕版。

2. 遠流出版社於2016年出版的《自癒是大腦的本能》（*The Brain's way of Healing*），其中第五章詳細介紹摩謝・費登奎斯其人其事，並對其方法做了一番簡介，第六章則介紹費登奎斯界一位曾經因病盲眼又得到改善的傳奇人物。

Holistic 128

成為有能的自己：
探索自發性與強迫性

The Potent Self: A Study of Spontaneity and Compulsion
作者—摩謝·費登奎斯（Moshé Feldenkrais）
編者—馬克·瑞斯（Mark Reese）
譯者—易之新

出版者—心靈工坊文化事業股份有限公司
發行人—王浩威　總編輯—徐嘉俊
執行編輯—許越智
封面設計—黃昭文　內頁排版—張瑜卿
通訊地址—10684 台北市大安區信義路四段 53 巷 8 號 2 樓
郵政劃撥—19546215　戶名—心靈工坊文化事業股份有限公司
電話—02）2702-9186　傳真—02）2702-9286
Email—service@psygarden.com.tw　網址—www.psygarden.com.tw

製版·印刷—中茂分色製版印刷事業股份有限公司
總經銷—大和書報圖書股份有限公司
電話—02）8990-2588　傳真—02）2990-1658
通訊地址—248 新北市新莊區五工五路二號
初版一刷—2018 年 11 月　初版五刷—2024 年 5 月
ISBN—978-986-357-134-6　定價—450 元

The Potent Self: A Study of Spontaneity and Compulsion
By Moshé Feldenkrais (Author), Mark Reese (Foreword)
Published by North Atlantic Books, Berkeley, California 2002
First published by Harper & Row, 1985
Copyright© 1985 by Moshé Feldenkrais, copyright © 2002 by Michel Silice
Complex Chinese Edition Copyright © 2018 by PsyGarden Publishing Company
ALL RIGHT RESERVED

國家圖書館出版品預行編目資料

成為有能的自己：探索自發性與強迫性
摩謝·費登奎斯（Moshé Feldenkrais）著；
馬克·瑞斯（Mark Reese）編；易之新譯.
---初版.---臺北市：心靈工坊文化，2018.11
面；公分.---（Holistic；128）
譯自：The potent self : a study of spontaneity and compulsion
ISBN 978-986-357-134-6（平裝）
1.心理衛生　2.自發性
172.9　　　　　　　　　　　　　　　　　107017776

書系編號 — Holistic 128　　　書名 — 成為有能的自己：探索自發性與強迫性

姓名　　　　　　　　　　　　是否已加入書香家族？ □是 □現在加入

電話 (O)　　　　　　　(H)　　　　　　手機

E-mail　　　　　生日　年　　月　　日

地址 □□□

服務機構　　　　　　　職稱

您的性別—□1.女 □2.男 □3.其他

婚姻狀況—□1.未婚 □2.已婚 □3.離婚 □4.不婚 □5.同志 □6.喪偶 □7.分居

請問您如何得知這本書？
□1.書店 □2.報章雜誌 □3.廣播電視 □4.親友推介 □5.心靈工坊書訊
□6.廣告DM □7.心靈工坊網站 □8.其他網路媒體 □9.其他

您購買本書的方式？
□1.書店 □2.劃撥郵購 □3.團體訂購 □4.網路訂購 □5.其他

您對本書的意見？
□ 封面設計　1.須再改進 2.尚可 3.滿意 4.非常滿意
□ 版面編排　1.須再改進 2.尚可 3.滿意 4.非常滿意
□ 內容　　　1.須再改進 2.尚可 3.滿意 4.非常滿意
□ 文筆／翻譯　1.須再改進 2.尚可 3.滿意 4.非常滿意
□ 價格　　　1.須再改進 2.尚可 3.滿意 4.非常滿意

您對我們有何建議？

廣　告　回　信
台北郵政登記證
台北廣字第1143號
免　貼　郵　票

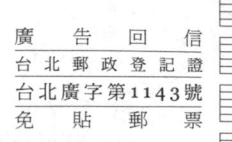

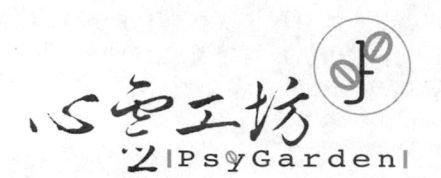

10684台北市信義路四段53巷8號2樓
讀者服務組　收

免　貼　郵　票

（對折線）

加入心靈工坊書香家族會員
共享知識的盛宴，成長的喜悅

請寄回這張回函卡（免貼郵票），
您就成為心靈工坊的書香家族會員，您將可以──

⊙隨時收到新書出版和活動訊息
....

⊙獲得各項回饋和優惠方案
....